suhrkamp taschenbuch 984

Stefan Zweig, geboren am 28. 11. 1881 in Wien – als zweiter Sohn des böhmischen Textilfabrikanten Moritz Zweig und der in Italien gebürtigen und dort aufgewachsenen Bankierstochter Ida Brettauer –, starb am 23. 2. 1942 in seinem brasilianischen Exil in Petrópolis.

Die Erstausgabe dieser fesselnd geschriebenen Monographie über einen der fünf größten Staaten der Erde erschien 1941 in kleiner Auflage in Stockholm und war fast 40 Jahre lang vergriffen. Dieses Buch war die letzte Publikation, die Zweig noch erlebt hat, bevor er sich im Februar 1942, aus Verzweiflung über den nicht enden wollenden Krieg, in seiner brasilianischen Wahlheimat das Leben nahm.

Es liegt an Zweigs Blick für das Charakteristische und Zukünftige, daß sich der größte Teil dieses Buches liest, als sei es heute geschrieben. In 16 Kapiteln, u. a. über die Geschichte Brasiliens, über den Kolonialismus, die Sklaverei, die Wirtschaft und Kultur des Landes, über den Siegeszug des Zuckerrohrs, der Baumwolle, des Gummis, des Tabaks und Kaffees und über den tückischen Virus des Diamanten- und Goldfiebers, glückt es ihm, ein Maximum an Information in so lebendiger Kausalität zu vergegenwärtigen, daß man nicht ein Sachbuch, sondern eine Novelle zu lesen meint. Doch geht es Zweig nicht nur darum, die Gegenwart aus der Vergangenheit zu erklären. Mitten im Zweiten Weltkrieg, auf dem Höhepunkt der Selbstzerstörung Europas und der gesamten abendländischen Zivilisation durch ideologischen Fanatismus, verweist Zweig auf Brasilien als Gegenmodell, auf die alternativen und zukunftsorientierten Möglichkeiten dieses Landes.

Stefan Zweig
Brasilien

Ein Land der Zukunft

Suhrkamp

Die Erstausgabe erschien 1941 im
Bermann-Fischer Verlag, Stockholm.
Alle nicht bezeichneten Fotos wurden freundlicherweise von
der Deutschen Presse-Agentur GmbH, Frankfurt am Main,
zur Verfügung gestellt.
Umschlagfoto von dpa

suhrkamp taschenbuch 984
Erste Auflage 1984
Mit freundlicher Genehmigung des
Williams Verlages Kurt L. Maschler, London

Lizenzausgabe mit freundlicher Genehmigung des
Insel Verlages, Frankfurt am Main
Suhrkamp Taschenbuch Verlag

Druck: Ebner Ulm · Printed in Germany
Umschlag nach Entwürfen von
Willy Fleckhaus und Rolf Staudt

3 4 5 6 7 8 – 93 92 91 90 89 88

Un pays nouveau, un port magnifique,
l'éloignement de la mesquine Europe, un nouvel
horizon politique, une terre d'avenir et un passé
presque inconnu qui invite l'homme d'étude à des recherches,
une nature splendide et le contact avec
des idées exotiques nouvelles.

Der österreichische Diplomat
Graf Prokesch-Osten 1868 an Gobineau,
als dieser zögerte, den Gesandtschaftsposten
in Brasilien anzunehmen.

Einleitung

In früheren Zeiten pflegten die Schriftsteller, ehe sie ein Buch an die Öffentlichkeit gaben, eine kleine Vorrede vorauszuschicken, in der sie redlich mitteilten, aus welchen Gründen, von welchen Gesichtspunkten aus und in welcher Absicht sie ihr Buch geschrieben. Es war eine gute Gewohnheit. Denn sie schuf durch den Freimut und die direkte Ansprache von vornherein ein richtiges Einverständnis zwischen dem Schreibenden und denen, für die es geschrieben war. Und so möchte auch ich in möglichster Redlichkeit sagen, was mich bewog, ein von meinem sonstigen Arbeitskreis scheinbar weitabgelegenes Thema mir vorzunehmen.

Als ich im Jahre 1936 zum Penklubkongreß in Buenos Aires nach Argentinien fahren sollte, fügte sich dem die Einladung bei, gleichzeitig Brasilien zu besuchen. Meine Erwartungen waren nicht sonderlich groß. Ich hatte die durchschnittliche hochmütige Vorstellung des Europäers oder Nordamerikaners von Brasilien und bemühe mich jetzt, sie zurückzukonstruieren: irgend eine der südamerikanischen Republiken, die man nicht genau voneinander unterscheidet, mit heißem, ungesundem Klima, mit unruhigen politischen Verhältnissen und desolaten Finanzen, unordentlich verwaltet und nur in den Küstenstädten halbwegs zivilisiert, aber landschaftlich schön und mit vielen ungenützten Möglichkeiten – ein Land also für verzweifelte Auswanderer oder Siedler und keinesfalls eines, von dem man geistige Anregung erwarten konnte. Zehn Tage daran zu wagen, schien mir genug für jemanden, der seinem Beruf nach weder fachmäßiger Geograph, Schmetterlingssammler, Jäger, Sportsmann oder Kaufmann war. Acht Tage, zehn Tage und dann rasch wieder zurück, so dachte ich, und ich schäme mich nicht, diese meine törichte Einstellung zu verzeichnen.

Ich halte es sogar für wichtig, denn sie ist ungefähr dieselbe, die noch heute in unseren europäischen und nordamerikanischen Kreisen im Umlauf ist. Brasilien ist heute im kulturellen Sinne noch ebenso eine *terra incognita*, wie sie es den ersten Seefahrern im geographischen gewesen. Immer wieder bin ich von neuem überrascht, welche verworrenen und unzulänglichen Vorstellungen selbst gebildete und politisch interessierte Menschen von diesem Lande haben, das doch unzweifelhaft bestimmt ist, einer der bedeutsamsten Faktoren in der künftigen Entwicklung unserer Welt zu werden. Als zum Beispiel auf dem Schiff ein Bostoner Kaufmann ziemlich abfällig von den kleinen südamerikanischen Staaten sprach und ich ihn zu erinnern versuchte, daß Brasilien für sich allein größeres Territorium umfaßt, als die Vereinigten Staaten, glaubte er, daß ich spaße, und ließ sich erst durch einen Blick auf die Landkarte überzeugen. Oder ich fand in dem Roman eines sehr bekannten englischen Autors das amüsante Detail, daß er seinen Helden nach Rio de Janeiro gehen läßt, um dort spanisch zu erlernen. Aber er ist nur einer von Unzähligen, die nicht wissen, daß man in Brasilien portugiesisch spricht. Jedoch es steht mir, wie gesagt, nicht zu, anderen hochmütige Vorhaltungen wegen ihrer geringen Kenntnis zu machen; ich habe selbst, als ich das erstemal von Europa abfuhr, nichts oder wenigstens nichts Zuverlässiges von Brasilien gewußt.

Dann kam die Landung in Rio, einer der mächtigsten Eindrücke, den ich zeitlebens empfangen. Ich war fasziniert und gleichzeitig erschüttert. Denn hier trat mir nicht nur eine der herrlichsten Landschaften der Erde entgegen, diese einzigartige Kombination von Meer und Gebirge, Stadt und tropischer Natur, sondern auch eine ganz neue Art der Zivilisation. Da war ganz gegen meine Erwartung mit Ordnung und Sauberkeit in Architektur und städtischer Anlage ein durchaus persönliches Bild, da war Kühnheit und Großartigkeit in allen neuen Dingen und gleichzeitig eine alte, durch die Distanz noch besonders glücklich bewahrte geistige Kultur. Da war Farbe und Bewegung, das erregte Auge wurde nicht müde zu schauen, und wohin es blickte, war es beglückt. Ein Rausch von Schönheit und Glück überkam mich, der die Sinne erregte, die Nerven spannte, das Herz erweiterte, den Geist beschäftigte, und soviel ich sah, es war nie genug. In den letzten Tagen fuhr ich ins Innere oder vielmehr – ich glaubte ins Innere zu fahren. Ich fuhr zwölf Stunden, vierzehn Stunden weit nach São Paulo, nach Campinas, in der Meinung, dem Herzen dieses Landes damit näherzukommen. Aber als ich zurückgekehrt dann auf die Karte blickte, entdeckte ich, daß ich mit diesen zwölf oder vierzehn Stunden Eisenbahnfahrt nur knapp unter die Haut gekommen; zum erstenmal begann ich die unfaßbare Größe dieses Landes zu ahnen, das man eigentlich kaum mehr ein Land nennen sollte, sondern eher einen Erdteil, eine Welt mit Raum für dreihundert, vierhundert, fünfhundert Millionen und einem unermeßlichen, noch kaum zum tausendsten Teile ausgenützten Reichtum unter dieser üppigen und unberührten Erde. Ein Land in rapider und trotz aller werkenden, bauenden, schaffenden, organisierenden Tätigkeit erst beginnender Entwicklung. Ein Land, dessen Wichtigkeit für die kommenden Generationen auch mit den kühnsten Kombinationen nicht auszudenken ist. Und mit einer erstaunlichen Geschwindigkeit schmolz der europäische Hochmut dahin, den ich höchst überflüssigerweise als Gepäck auf diese Reise mitgenommen. Ich wußte, ich hatte einen Blick in die Zukunft unserer Welt getan.

Als dann das Schiff abfuhr – es war eine Sternennacht, und doch glänzte diese einzige Stadt mit ihren Perlenschnüren elektrischen Lichts schöner und geheimnisvoller als die Funken des Firmaments – war ich gewiß, daß ich diese Stadt, dieses Land nicht zum letztenmal gesehen, und völlig im klaren auch, daß ich eigentlich nichts gesehen oder keinesfalls genug. Ich nahm mir vor, gleich im nächsten Jahr wiederzukommen, besser vorbereitet und um länger zu bleiben, um noch einmal und noch stärker dieses Gefühl zu empfinden, im Werdenden, Kommenden, Zukünftigen zu leben und die Sicherheit des Friedens, die gute gastliche Atmosphäre nun noch bewußter zu genießen. Aber ich konnte mein Versprechen nicht halten. Im nächsten Jahr war der Krieg in Spanien, und man sagte sich: warte ab bis zu einer ruhigeren Zeit. 1938 fiel Österreich, und wieder harrte man auf einen ruhigeren Augenblick. Dann, 1939, war es die Tschechoslowakei und dann der Krieg in Polen und dann der Krieg aller gegen alle in unserem selbstmörderischen Europa. Immer leidenschaftlicher wurde mein Wunsch, mich aus einer Welt, die sich zerstört, für einige Zeit in eine zu retten, die friedlich und schöpferisch aufbaut; endlich kam ich wieder in dieses Land, besser und gründlicher vorbereitet als zuvor, um zu versuchen, davon ein kleines Bild zu geben.

Ich weiß, daß dieses Bild nicht vollständig ist und nicht vollständig sein kann. Es ist unmöglich, Brasilien, eine so weiträumige Welt, vollkommen zu kennen. Ich habe ungefähr ein halbes Jahr in diesem Lande verbracht und weiß gerade jetzt erst, wieviel trotz allen Lerneifers und Reisens mir zu einem wirklich vollständigen Überblick dieses gewaltigen Reiches noch fehlt, und daß ein ganzes Leben kaum ausreichte, um sagen zu dürfen: ich kenne Brasilien. Ich habe vor allem eine Reihe Provinzen überhaupt nicht gesehen, deren jede so groß oder größer ist als Frankreich oder Deutschland, ich habe die selbst von wissenschaftlichen Expeditionen nicht ganz durchdrungenen Gebiete von Mato Grosso, Goiaz und die Wildnisse des Amazonenstroms nicht durchstreift. Ich bin also nicht vertraut mit dem primitiven Leben dieser in riesigen Räumen verstreuten Siedlungen und kann nicht die Existenz all dieser von der Kultur kaum berührten Berufsklassen anschaulich machen: nicht das Leben der *barqueiros*, die auf den Strömen schiffen, nicht das der *caboclos* im Amazonengebiet, nicht das der Diamantensucher, der *garimpeiros*, nicht das der Viehzüchter, der *vaqueiros* und *gaúchos*, nicht das der Gummiplantagenarbeiter im Urwald, der *seringueiros* oder das der *sertanejos* von Minas Gerais. Ich habe die deutschen Kolonien von Santa Catarina nicht besucht, wo in den alten Häusern noch das Bild Kaiser Wilhelms und in den neueren das Bild Adolf Hitlers hängen soll, nicht die japanischen Kolonien im Innern von São Paulo und kann niemandem verläßlich sagen, ob wirklich noch manche der indianischen Stämme in den undurchdringlichen Wäldern kannibalisch sind.

Auch von den landschaftlichen Sehenswürdigkeiten kenne ich manche der wesentlichen nur von Bildern und Büchern. Ich bin nicht zwanzig Tage lang die grüne, in ihrer Monotonie großartige Wildnis des Amazonas hinaufgefahren, nicht bis an die Grenzen Perus und Boliviens gelangt, ich habe es durch die Schwierigkeiten der Schiffahrt innerhalb der ungünstigen Jahreszeit versäumen müssen, die zwölftägige Fahrt auf dem Rio São Francisco zu unternehmen, Brasiliens mächtigem und historisch so bedeutsamem Binnenfluß. Ich habe den Itatiaia nicht bestiegen, den dreitausend Meter hohen Berg, von dem man das brasilianische Hochplateau mit seinen Gipfeln bis weit nach Minas Gerais und Rio de Janeiro überschaut. Ich habe nicht das Weltwunder des Iguassú gesehen, der in schäumendem Katarakt die gewaltigsten Wassermassen niederschmettert, und dessen Grandiosität nach den Aussagen der Besucher den Niagara weit übertrifft. Ich bin nicht mit Hacke und Messer in das dumpfe und schillernde Dickicht des Urwalds eingedrungen. Trotz allen Reisens, Schauens, Lernens, Lesens und Suchens bin ich nicht weit über den Rand der Zivilisation in Brasilien hinausgekommen und muß mich trösten mit dem Gedanken, daß ich kaum zwei oder drei Brasilianer traf, die behaupten konnten, die innere und fast undurchdringliche Tiefe ihres eigenen Landes zu kennen, und daß auch Eisenbahn, Dampfboot und Auto mich nicht viel weiter geführt hätten, auch sie machtlos gegen die phantastische Ausdehnung dieses Reiches. Auch endgültige Schlüsse, Voraussagen und Prophezeiungen über die wirtschaftliche, finanzielle und politische Zukunft Brasiliens zu geben, muß ich mir redlicherweise versagen. Wirtschaftlich, soziologisch, kulturell sind Brasiliens Probleme so neu, so eigenartig und vor allem infolge seiner Weiträumigkeit so unübersichtlich geschichtet, daß jedes einzelne einen ganzen Stab von Spezialisten zu gründlicher Erklärung forderte. Ein vollständiger Überblick ist unmöglich in einem Lande, das sich selber noch nicht vollständig überblickt und außerdem sich in einem so stürmischen Wachstum befindet, daß jeder Bericht und jede Statistik schon überholt ist, ehe die Information zur Schrift und diese Schrift zum gedruckten Wort wird. Aus der Fülle der Aspekte sei darum vor allem ein Problem in den Mittelpunkt gestellt, das mir das aktuellste scheint und im Geistigen und Moralischen heute Brasilien einen besonderen Rang unter allen Nationen der Erde gibt.

Dieses Zentralproblem, das sich jeder Generation und somit auch der unseren aufzwingt, ist die Beantwortung der allereinfachsten und doch notwendigsten Frage: wie ist auf unserer Erde ein friedliches Zusammenleben der Menschen trotz aller disparaten Rassen, Klassen, Farben, Religionen und Überzeugungen zu erreichen? Es ist das Problem, das an jede Gemeinschaft, jeden Staat immer wieder von neuem gebieterisch herantritt. Keinem Lande hat es sich durch eine besonders komplizierte Konstellation gefährlicher gestellt als Brasilien, und keines hat es – und dies dankbar zu bezeugen, schreibe ich dieses Buch – in so glücklicher und vorbildlicher Weise gelöst wie Brasilien. In einer Weise, die nach meiner persönlichen Meinung nicht nur die Aufmerksamkeit, sondern auch die Bewunderung der Welt für sich fordert.

Denn seiner ethnologischen Struktur gemäß müßte, sofern es den europäischen Nationalitäten- und Rassenwahn übernommen hätte, Brasilien das zerspaltenste, das unfriedlichste und unruhigste Land der Welt sein. Noch sind mit freiem Blick schon auf Straße und Markt die verschiedenen Rassen deutlich erkennbar, aus denen die Bevölkerung geformt ist. Da sind die Abkömmlinge der Portugiesen, die das Land erobert und kolonisiert haben, da ist die indianische Urbevölkerung, die das Hinterland seit unvordenklichen Zeiten bewohnt, da sind die Millionen Neger, die man in der Sklavenzeit aus Afrika herüberholte, und seitdem die Millionen Italiener, Deutsche und sogar Japaner, die als Kolonisten herüberkamen. Nach europäischer Einstellung wäre zu erwarten, daß jede dieser Gruppen sich feindlich gegen die andere stellte, die früher Gekommenen gegen die später Gekommenen, Weiße gegen Schwarze, Amerikaner gegen Europäer, Braune gegen Gelbe, daß Mehrheiten und Minderheiten in ständigem Kampf um ihre Rechte und Vorrechte einander befeindeten. Zum größten Erstaunen wird man nun gewahr, daß alle diese schon durch die Farbe sichtbar voneinander abgezeichneten Rassen in vollster Eintracht miteinander leben und trotz ihrer individuellen Herkunft einzig in der Ambition wetteifern, die einstigen Sonderheiten abzutun, um möglichst rasch und möglichst vollkommen Brasilianer, eine neue und einheitliche Nation zu werden. Brasilien hat – und die Bedeutung dieses großartigen Experiments scheint mir vorbildlich – das Rassenproblem, das unsere europäische Welt verstört, auf die einfachste Weise ad absurdum geführt: indem es seine angebliche Gültigkeit einfach ignorierte. Während in unserer alten Welt mehr als je der Irrwitz vorherrscht, Menschen »rassisch rein« aufzüchten zu wollen wie Rennpferde oder Hunde, beruht die brasilianische Nation seit Jahrhunderten einzig auf dem Prinzip der freien und ungehemmten Durchmischung, der völligen Gleichstellung von Schwarz und Weiß und Braun und Gelb. Was in anderen Ländern nur auf Papier und Pergament theoretisch festgelegt ist, die absolute staatsbürgerliche Gleichheit im öffentlichen wie im privaten Leben, wirkt sich hier sichtbar im realen Raume aus, in der Schule, in den Ämtern, in den Kirchen, in den Berufen und beim Militär, an den Universitäten, an den Lehrkanzeln: es ist rührend, schon die Kinder, die alle Schattierungen der menschlichen Hautfarbe abwandeln – Schokolade, Milch und Kaffee – Arm in Arm von der Schule kommen zu sehen, und dieses körperliche wie seelische Verbundensein reicht empor bis in die höchsten Stufen, in die Akademien und Staatsämter. Es gibt keine Farbgrenzen, keine Abgrenzungen, keine hochmütigen Schichtungen, und nichts ist für die Selbstverständlichkeit dieses Nebeneinanders charakteristischer, als das Fehlen jedes herabsetzenden Worts in der Sprache. Während bei uns von Nation zu Nation die eine für die andere ein Haßwort oder ein Hohnwort erfand, den *Katzelmacher* oder den *Boche*, fehlt hier im Vokabular völlig das entsprechende deprezierende Wort für den *nigger* oder den Kreolen, denn wer könnte, wer wollte sich hier absoluter Rassenreinheit berühmen? Mag Gobineaus verärgertes Wort, er habe nur einen einzigen Reinrassigen in ganz Brasilien gefunden, den Kaiser Dom Pedro II., Übertreibung sein, so ist doch außer den letzten Neueingewanderten gerade der echte, der rechte Brasilianer gewiß, einige Tropfen heimatlichen Bluts in dem seinen zu haben. Aber Zeichen und Wunder: er schämt sich dessen nicht. Das angeblich destruktive Prinzip der Mischung, dieser Horror, diese »Sünde gegen das Blut« unserer besessenen Rassentheoretiker ist hier bewußt verwertetes Bindemittel einer nationalen Kultur. Auf diesem Fundament hat sich seit vierhundert Jahren sicher und stetig eine Nation erhoben und – Mirakel! – die ständige Durchströmung und gegenseitige Anpassung unter gleichem Klima und gleichen Lebensbedingungen hat einen durchaus individuellen Typus herausgearbeitet, dem alle die von den Rassenreinheitsfanatikern großmäulig angekündigten »zersetzenden« Eigenschaften völlig fehlen. Selten kann man irgendwo in der Welt schönere Frauen und schönere Kinder sehen als bei den Mischlingen, zart im Wuchs, sanft im Gehaben; mit Freude sieht man in dem halbdunklen Gesicht der Studenten Intelligenz gepaart mit einer stillen Bescheidenheit und Höflichkeit. Eine gewisse Weichheit, eine linde Melancholie formt hier einen neuartigen und sehr persönlichen Gegensatz heraus zu dem schärferen und aktiveren Typus des Nordamerikaners. Was sich in dieser Mischung »zersetzt«, sind einzig die vehementen und darum gefährlichen Gegensätze. Diese systematische Auflösung der geschlossenen und vor allem zum Kampf geschlossenen nationalen oder rassischen Gruppen hat die Schaffung eines einheitlichen Nationalbewußtseins unendlich erleichtert, und es ist erstaunlich, wie vollkommen schon die zweite Generation sich nurmehr als Brasilianer empfindet. Immer sind es die Tatsachen in ihrer unableugbaren sichtbaren Kraft, welche die papiernen Theorien der Dogmatiker widerlegen. Darum bedeutet das Experiment Brasilien mit seiner völligen und bewußten Negierung aller Farb- und Rassenunterschiede durch seinen sichtbaren Erfolg den vielleicht wichtigsten Beitrag zur Erledigung eines Wahns, der mehr Unfrieden und Unheil über unsere Welt gebracht hat als jeder andere.

Und nun weiß man auch, warum sich einem die Seele so entlastend entspannt, kaum man dieses Land betritt. Erst vermeint man, diese lösende, beschwichtigende Wirkung sei nur Augenfreude, beglücktes In-sich-Aufnehmen jener einzigartigen Schönheit, die den Kommenden gleichsam mit weich gebreiteten Armen an sich zieht. Bald aber erkennt man, daß diese harmonische Disposition der Natur hier in die Lebenshaltung einer ganzen Nation übergegangen ist. Erst wie etwas Unglaubwürdiges und dann als unendliche Wohltat begrüßt einen, der eben der wahnwitzigen Überreiztheit Europas entflüchtet ist, die totale Abwesenheit jedweder Gehässigkeit im öffentlichen wie im privaten Leben. Jene fürchterliche Spannung, die nun schon seit einem Jahrzehnt an unseren Nerven zerrt, ist hier fast völlig ausgeschaltet; alle Gegensätze, selbst jene im Sozialen, haben hier bedeutend weniger Schärfe und vor allem keine vergiftete Spitze. Hier ist noch nicht die Politik mit all ihren Perfiditäten Angelpunkt des privaten Lebens, nicht Mittelpunkt alles Denkens und Fühlens. Es ist die erste und dann täglich glücklich erneute Überraschung, kaum man dieses Land betritt, in wie freundlicher und unfanatischer Form die Menschen innerhalb dieses riesigen Raums miteinander leben. Unwillkürlich atmet man auf, der Stickluft des Rassen- und Klassenhasses entkommen zu sein in dieser stilleren, humaneren Atmosphäre. Zweifellos, es ist hier mehr Lässigkeit in der Lebensführung. Die Menschen entwickeln unter dem unmerklich erschlaffenden Einfluß des Klimas weniger Stoßkraft, weniger Vehemenz, weniger Dynamik, also gerade die Eigenschaften, die man heutzutage in tragischer Überschätzung als die moralischen Werte eines Volkes anpreist; aber wir, die wir die fürchterlichen Folgen dieser psychischen Überspannungen, dieser Gier und Machtwut am eigenen Schicksal erfahren, genießen diese lindere und gelassenere Form des Lebens als eine Wohltat und ein Glück. Nichts liegt mir ferner als vortäuschen zu wollen, daß alles in Brasilien sich heute schon im Idealzustand befinde. Vieles ist erst im Anbeginn und Übergang. Noch liegt die Lebenshaltung eines Großteils der Bevölkerung weit unter der unseren. Noch sind die technischen, die industriellen Leistungen dieses Fünfzig-Millionen-Volks nur etwa mit denen eines europäischen Kleinstaats zu vergleichen. Noch ist die Verwaltungsmaschinerie nicht ganz eingespielt und zeitigt oft ärgerliche Stockungen. Noch reist man mit ein paar hundert Meilen ins Innere gleichzeitig ins Primitive um ein Jahrhundert zurück. Wer neu in das Land kommt, wird sich im täglichen Leben an kleine Unpünktlichkeiten und Unzuverlässigkeiten, an eine gewisse Laxheit erst anpassen müssen, und gewisse Reisende, die nur vom Hotel und vom Auto aus die Welt sehen, können sich noch den Luxus leisten, mit dem hochmütigen Gefühl zivilisatorischer Überlegenheit zurückzureisen und vieles in Brasilien rückständig oder unzulänglich zu finden. Aber die Ereignisse der letzten Jahre haben unsere Meinung über den Wert der Worte »Zivilisation« und »Kultur« wesentlich geändert. Wir sind nicht mehr willens, sie kurzerhand dem Begriff »Organisation« und »Komfort« gleichzustellen. Nichts hat diesen verhängnisvollen Irrtum mehr gefördert als die Statistik, die als mechanische Wissenschaft berechnet, wieviel in einem Lande das Volksvermögen beträgt, und wie groß der Anteil des einzelnen daran ist, wie viele Autos, Badezimmer, Radios und Versicherungsgebühren pro Kopf der Bevölkerung entfallen. Nach diesen Tabellen wären die hochkultiviertesten und hochzivilisiertesten Völker jene, die den stärksten Impetus der Produktion haben, das Maximum an Verbrauch und die größte Summe an Individualvermögen. Aber diesen Tabellen fehlt ein wichtiges Element, die Einrechnung der humanen Gesinnung, die nach unserer Meinung den wesentlichsten Maßstab von Kultur und Zivilisation darstellt. Wir haben gesehen, daß die höchste Organisation Völker nicht verhindert hat, diese Organisation einzig im Sinne der Bestialität statt in jenem der Humanität einzusetzen, und daß unsere europäische Zivilisation im Lauf eines Vierteljahrhunderts zum zweiten Male sich selber preisgegeben hat. So sind wir nicht mehr gewillt, eine Rangordnung anzuerkennen im Sinne der industriellen, der finanziellen, der militärischen Schlagkraft eines Volkes, sondern das Maß der Vorbildlichkeit eines Landes anzusetzen an seiner friedlichen Gesinnung und seiner humanen Haltung.

In diesem – meiner Meinung nach dem wichtigsten – Sinne scheint mir Brasilien eines der vorbildlichsten und darum liebenswertesten Länder unserer Welt. Es ist ein Land, das den Krieg haßt und noch mehr: das ihn soviel wie gar nicht kennt. Seit mehr als einem Jahrhundert hat mit Ausnahme jener Paraguay-Episode, die von einem tollgewordenen Diktator sinnlos provoziert wurde, Brasilien alle Grenzkonflikte mit seinen Nachbarn durch gütliche Vereinbarungen und

Appell an internationale Schiedsgerichte ausgetragen. Nicht Generäle sind sein Stolz und seine Helden, sondern die Staatsmänner wie Rio Branco, die durch Vernunft und Konzilianz Kriege zu verhindern wußten. Ganz in sich geschlossen, die Sprachgrenze eins mit der Landesgrenze, hat es keinerlei Eroberungswillen, keine imperialistischen Tendenzen. Kein Nachbar kann von ihm etwas fordern, und es fordert nichts von seinen Nachbarn. Nie ist der Friede der Welt durch seine Politik bedroht gewesen, und selbst in einer unberechenbaren Zeit wie der unseren kann man sich nicht ausdenken, daß dieses Grundprinzip seines nationalen Gedankens, dieser Wille zur Verständigung und Verträglichkeit sich jemals verändern könnte. Denn dieser Wille zur Konzilianz, diese humane Haltung ist nicht zufällige Gesinnung einzelner Herrscher und Führer gewesen; er ist hier das natürliche Produkt eines Volkscharakters, der eingeborenen Toleranz des Brasilianers, die sich im Laufe seiner Geschichte immer wieder bewährt hat. Als einzige der iberischen Nationen hat Brasilien keine blutigen Religionsverfolgungen gekannt, nie haben hier die Scheiterhaufen der Inquisition geflammt, in keinem Lande sind die Sklaven verhältnismäßig humaner behandelt worden. Selbst seine inneren Umstürze und Regierungsänderungen haben sich beinahe unblutig vollzogen. Der König und die zwei Kaiser, die sein Wille zur Selbständigkeit aus dem Lande drängte, haben es ohne jede Behelligung und darum ohne Haß verlassen. Selbst nach niedergeschlagenen Aufständen und Putschen haben seit Brasiliens Selbständigkeit die Anführer den Preis nicht mit ihrem Leben bezahlt. Wer immer dieses Volk regierte, war unbewußt genötigt, sich dieser inneren Konzilianz anzupassen; es ist kein Zufall, daß es – unter allen Ländern Amerikas jahrzehntelang die einzige Monarchie – als Kaiser den demokratischsten, den liberalsten aller gekrönten Regenten gehabt hat und heute, da es als Diktatur gilt, mehr individuelle Freiheit und Zufriedenheit kennt als die meisten unserer europäischen Länder. Darum beruht auf der Existenz Brasiliens, dessen Willen einzig auf friedlichen Aufbau gerichtet ist, eine unserer besten Hoffnungen auf eine zukünftige Zivilisierung und Befriedung unserer von Haß und Wahn verwüsteten Welt. Wo aber sittliche Kräfte am Werke sind, ist es unsere Aufgabe, diesen Willen zu bestärken. Wo wir in unserer verstörten Zeit noch Hoffnung auf neue Zukunft in neuen Zonen sehen, ist es unsere Pflicht, auf dieses Land, auf diese Möglichkeiten hinzuweisen.

Und darum schrieb ich dieses Buch.

Geschichte

Tausende und tausende Jahre liegt das riesige brasilianische Land mit seinen dunkelgrünen, rauschenden Wäldern, seinen Bergen und Flüssen und dem rhythmisch anklingenden Meer unbekannt und namenlos. Am Abend des 22. April 1500 leuchten mit einemmal einige weiße Segel am Horizont; breitbäuchige, schwere Caravellen, das portugiesische Rotkreuz auf den Segeln, nahen heran, und am nächsten Tage legen die ersten Boote an dem fremden Strande an.

Es ist die portugiesische Flotte unter dem Kommando des Pedro Álvares Cabral, die im März 1500 von der Mündung des Tajo ausgefahren ist, um die unvergeßliche, von Camões in den »Lusiaden« besungene Fahrt Vasco da Gamas, dieses *feito nunca feito* rings um das Kap der Guten Hoffnung nach Indien zu wiederholen. Angeblich haben widrige Winde die Schiffe von Vasco da Gamas Wege längs der afrikanischen Küste so weit fortgetrieben zu dieser unbekannten Insel – denn Ilha de Santa Cruz nennt man diese Küste zuerst, deren Ausdehnung man noch nicht ahnt. Die Entdeckung Brasiliens scheint also – sofern man die Reisen Alfonso Pinzons, der in die Nähe des Amazonenstromes kam, und die zweifelhafte Vespuccis nicht als Vorentdeckung rechnet – bloß durch eine absonderliche Fügung von Wind und Wellen Portugal und Pedro Álvares Cabral zugefallen zu sein. Die Historiker sind freilich längst nicht mehr geneigt, diesem »Zufall« Glauben zu schenken, denn Cabral führte den Piloten Vasco da Gamas mit sich, der genau den nächsten Weg kannte, und die Fabel von den widrigen Winden wird hinfällig durch das Zeugnis des an Bord anwesenden Pêro Vaz de Caminha, der ausdrücklich bestätigt, sie seien vom Kap Verde weitergesegelt, *sem haver tempo forte ou contrario*. Es muß also, da kein Sturm sie so weit nach Westen hinübertrieb, daß sie plötzlich statt am Kap der Guten Hoffnung in Brasilien landeten, eine bestimmte Absicht oder – was noch wahrscheinlicher ist – ein geheimer Befehl seines Königs Cabral veranlaßt haben, den Kurs so weit nach Westen zu nehmen; dies legt die Wahrscheinlichkeit nahe, daß die portugiesische Krone schon lange vor der offiziellen Entdeckung von der Existenz und der geographischen Lage Brasiliens geheime Kenntnis gehabt hat. Hier liegt noch ein großes Geheimnis verborgen, dessen Dokumente durch die Vernichtung der Archive bei dem Erdbeben von Lissabon für alle Zeiten verschwunden sind, und die Welt wird wahrscheinlich nie den Namen des ersten und wirklichen Entdeckers wissen. Anscheinend war sofort nach der Entdeckung Amerikas durch Columbus ein portugiesisches Schiff auf Erkundung dieses neuen Erdteils ausgeschickt worden und mit neuer Botschaft zurückgekommen; oder – auch dafür gibt es gewisse Anhaltspunkte – schon ehe Columbus Audienz nahm, wußte die portugiesische Krone mehr oder minder Bestimmtes von diesem Lande im fernen Westen. Aber was immer Portugal wußte, hütete es sich wohl, den eifersüchtigen Nachbarn bekanntzugeben; im Zeitalter der Entdeckungen behandelte die Krone jede neue Nachricht über nautische Erkundungen als militärisches oder kommerzielles Staatsgeheimnis, auf dessen Verlautbarung an fremde Mächte Todesstrafe stand. Karten, Portolane, Schiffsrouten, Pilotenberichte wurden ebenso wie Gold und Edelsteine als Kostbarkeiten in der Tesouraria, der Schatzkammer Lissabons, verschlossen, und besonders in diesem Falle war eine vorzeitige Verlautbarung untunlich, denn nach der päpstlichen Bulle *Inter caetera* gehörten noch alle Gebiete hundert Meilen westlich von Kap Verde rechtmäßig den Spaniern zu. Eine offizielle Entdeckung jenseits dieser Zone hätte zu dieser frühen Stunde nur den Besitz des Nachbarn, nicht den eigenen gemehrt. Es lag also keineswegs im Interesse Portugals, eine solche Entdeckung (wenn sie tatsächlich stattgefunden hat) vorzeitig zu melden. Erst mußte rechtmäßig gesichert sein, daß dieses neue Land nicht Spanien, sondern der portugiesischen Krone gehöre, und dies hatte sich mit auffälliger Voraussicht Portugal durch den Vertrag von Tordesillas gesichert, der am 7. Juni 1494, also kurz nach der Entdeckung Amerikas, die portugiesische Zone von den ursprünglichen hundert léguas auf 370 westlich von Kap Verde hinausschob – gerade soviel also, um die angeblich noch nicht entdeckte Küste Brasiliens okkupieren zu können. Wenn dies ein Zufall gewesen, so war es jedenfalls einer, der sich merkwürdig mit der sonst unerklärlichen Abweichung Pedro Álvares Cabrals von dem natürlichen Kurse paart.

Diese Hypothese mancher Historiker von einer früheren Kenntnis Brasiliens und einer geheimen Instruktion des Königs an Cabral, derart weit nach Westen abzuschwenken, damit er dort durch einen »wunderbaren Zufall« – *milagrosamente*, wie er an den König von Spanien schreibt – das neue Land entdecken könne, gewinnt überdies viel an Glaubwürdigkeit durch die Art, mit der der Chronist der Flotte, Pêro Vaz de Caminha, dem König von der Auffindung Brasiliens Bericht erstattet. Er äußert keinerlei Erstaunen oder Begeisterung, unvermutet auf neues Land gestoßen zu sein, sondern verzeichnet bloß trocken die Tatsache als eine Selbstverständlichkeit; ebenso äußert der zweite, unbekannte Chronist nur *che ebbe grandissimo piacere*. Kein Wort des Triumphes, keine der bei Columbus und seinen Nachfolgern üblichen Vermutungen, daß man damit Asien erreicht hätte – nichts als kalte Notiz, die eher ein bekanntes Faktum zu bestätigen als ein neues anzukündigen scheint. So kann Cabral sein Ruhm, als erster Brasilien entdeckt zu haben, der ihm ohnehin durch Pinzons Landung nördlich des Amazonenstroms schon streitig gemacht wird, vielleicht noch durch späteren dokumentarischen Fund endgültig entzogen werden; solange uns dieses Dokument fehlt, muß jener 22. April 1500 als der Tag des Eintritts dieser neuen Nation in die Weltgeschichte gelten.

Der erste Eindruck des neuen Landes auf die gelandeten

Seeleute ist ausgezeichnet: fruchtbare Erde, milde Winde, frisches, trinkbares Wasser, reichliche Früchte, eine freundliche, ungefährliche Bevölkerung. Wer immer in den nächsten Jahren in Brasilien landet, wiederholt die hymnischen Worte Amerigo Vespuccis, der, ein Jahr nach Cabral dort eintreffend, ausruft: »Wenn irgendwo auf Erden das irdische Paradies existiert, so kann es nicht weit von hier gelegen sein!« Die Einwohner, die den Entdeckern im Unschuldskleid der Nacktheit in den nächsten Tagen entgegentreten und ihre unbedeckten Körper *»com tanta innocencia como o rostro«*, mit ebensoviel Unbefangenheit wie ihr Gesicht darbieten, bereiten ihnen freundlichen Empfang. Neugierig und friedlich drängen die Männer heran, aber insbesondere sind es die Frauen, die durch ihre Wohlgebautheit und (auch von allen späteren Chronisten dankbar gerühmte) rasche und wahllose Gefälligkeit die Seefahrer die Entbehrungen vieler Wochen vergessen lassen. Zu einer wirklichen Erforschung oder Besetzung des inneren Landes kommt es vorläufig noch nicht, denn Cabral muß nach Erfüllung seines geheimen Auftrags möglichst rasch an sein offizielles Ziel, nach Indien weiter. Am 2. Mai, nach einem Aufenthalt von im ganzen zehn Tagen, steuert er nach Afrika hinüber, nachdem er Gaspar de Lemos Befehl gegeben, mit einem Schiff die Küste nordwärts entlangzukreuzen und dann mit der Nachricht über das aufgefundene Land und einigen Proben seiner Früchte, Pflanzen und Tiere nach Lissabon zurückzukehren.

Die Meldung, daß die Flotte Cabrals dieses neue Land, sei es in Erfüllung geheimen Auftrages, sei es durch bloßen Zufall erreicht hat, wird im königlichen Palast wohlgefällig, aber ohne richtige Begeisterung aufgenommen. Man meldet sie in offiziellen Briefen an den König von Spanien weiter, um sich den Rechtstitel des Besitzes zu wahren, jedoch die Mitteilung, daß dies neue Land *sem ouro nem prata, nem nenhuma cousa de metal* sei, gibt dem Funde zunächst wenig Wert. Portugal hat in den letzten Jahrzehnten so viele Länder entdeckt und einen so gewaltigen Teil des Weltalls in Besitz genommen, daß die Aufnahmsfähigkeit des kleinen Landes eigentlich völlig erschöpft ist. Der neue Seeweg nach Indien sichert ihm das Gewürzmonopol und damit allein schon unermeßlichen Reichtum; man weiß in Lissabon, daß in Calicut, in Malakka die seit Hunderten von Jahren sagenhaft gewordene Pracht an Edelsteinen, kostbaren Stoffen, Porzellan und Spezereien für einen kühnen Zugriff bereitliegt, und die Ungeduld, mit einem Ruck diese ganze Welt überlegener Kultur und orientalischer Pracht an sich zu reißen, treibt Portugal zu einer Anspannung des Wagemuts und des Heroismus, wie sie in der Weltgeschichte kaum ihresgleichen hat. Selbst die »Lusiaden«, dieses Heldengedicht, vermögen kaum dieses Abenteuer, diesen neuen Alexanderzug begreiflich zu machen, den eine Handvoll Menschen unternimmt, um mit einem Dutzend winziger Schiffe gleichzeitig drei Erdteile und noch dazu den ganzen unbekannten Ozean zu erobern. Denn das kleine arme Portugal, kaum zweihundert Jahre erst der arabischen Herrschaft entrungen, besitzt kein bares Geld, immer wenn er eine Flotte ausrüstet, muß der König im voraus den Ertrag Wechslern und Händlern verpfänden. Es hat außerdem nicht genug Soldaten, um gleichzeitig die Araber, die Inder, die Malaien, die Afrikaner, die Wilden, zu bekriegen und an allen Orten der drei Erdteile Niederlassungen und Festungen zu errichten. Und doch, wie durch ein Wunder holt Portugal aus sich alle diese Kräfte heraus. Ritter, Bauern und, wie Columbus einmal ärgerlich klagt, sogar »Schneider« verlassen ihre Häuser, ihre Frauen, ihre Kinder, ihre Berufe und strömen aus dem ganzen Land zu den Häfen, und es schreckt sie nicht, daß nach Barros' berühmtem Wort »der Ozean das häufigste Grab der Portugiesen« wird. Denn das Wort Indien hat magische Macht. Der König weiß, ein Schiff, das von diesem Golkonda zurückkehrt, zahlt für zehn, die verlorengehen, ein Mann, der die Stürme, die Schiffbrüche, die Kämpfe, die Krankheiten übersteht, ist reich für sich und seine Nachfahren. Nun, da die Tür gesprengt ist zur Schatzkammer der damaligen Welt, will keiner in der *pequena casa* des Vaterlands zurückbleiben, und die Einhelligkeit dieses Willens gibt Portugal eine Ekstase der Kraft und des Muts, die für ein Jahrhundert das Unmögliche möglich, das Unwahrscheinliche zur Wahrheit macht.

In diesem Tumult der Leidenschaften wird ein so welthistorisches Geschehnis wie die Entdeckung Brasiliens kaum bemerkt, und nichts ist für die Geringschätzung dieser Tatsache charakteristischer, als daß Camões in seinem Heldengedicht unter den Tausenden von Zeilen nicht mit einer einzigen der Auffindung oder Existenz Brasiliens überhaupt Erwähnung tut. Die Seeleute Vasco da Gamas haben kostbare Stoffe mitgebracht, Juwelen, Edelsteine und Gewürze und vor allem die Nachricht, daß tausendmal und tausendmal mehr an solcher Beute in den Palästen der Zamorins und der Radjahs bereitliegt. Wie arm dagegen ist die Beute des Gaspar de Lemos – ein paar bunte Papageien, einige Proben Holz, ein paar Früchte und die ernüchternde Kunde, daß man den nackten Menschen dort nichts nehmen könnte. Er hat kein Staubkörnchen Gold gebracht, keinen einzigen Edelstein, keine Gewürze, nichts von diesen Kostbarkeiten, von denen eine Handvoll wertvoller ist als ganze Wälder Brasilholz, Schätze, die sich mit ein paar Schwerthieben, ein paar Kanonenschüssen leicht erraffen lassen, während die Baumstämme erst gefällt werden müssen, ehe man sie versägen, verschiffen und dann verkaufen kann. Wenn diese Ilha oder Terra de Santa Cruz Reichtümer enthält, so können es nur potentielle sein, Reichtümer, die in jahrelanger mühsamer Arbeit der Erde entrungen werden müssen. Aber Portugals König braucht raschen, greifbaren Gewinn, um die Schulden zu zahlen. Erst also Indien, Afrika, die Molukken, den Orient! So wird Brasilien die Cordelia dieses König Lear, die mißachtete der drei Schwestern Asien, Afrika und Amerika und doch die einzige, die ihm in der Stunde der Not die Treue halten wird.

Es entspricht also nur der harten Logik der Notwendigkeiten, daß sich das von seinen phantastischen Erfolgen berauschte Portugal zunächst kaum um Brasilien kümmert; der Name dringt nicht ins Volk, er beschäftigt nicht die Phantasie. Die deutschen und italienischen Geographen zeichnen die Linie der Küste als *Brassil* oder *Terra dos Papagaios* auf gut Glück in ihre Landkarten ein, aber die Terra de Santa Cruz, dieses leere grüne Land hat nichts, um Anziehung auf Seeleute oder Abenteurer zu üben. Doch wenn König Manuel weder Zeit noch Neigung hat, dieses neue Land richtig zu nützen und zu schützen, so ist er doch gleichzeitig nicht gewillt, auch nur einen Fußbreit dieser Erde andern zu gönnen, weil Brasilien ihm den Seeweg nach Indien schützt und weil vor allem Portugal in seinem Rausch von Glück und Eroberungslust mit seiner kleinen Hand am liebsten die ganze Erde decken möchte. Zäh, ausdauernd und geschickt kämpft er mit Spanien um die Anerkennung, daß dies Gebiet nach dem Vertrage von Tordesillas in seine Zone falle; beinahe kommt es zwischen den beiden Ländern zum Konflikt um eines Landes willen, das keines von ihnen wirklich will und braucht, denn beide wollen sie nur Edelsteine und Gold. Aber rechtzeitig sehen beide ein, wie sinnlos es wäre, gegeneinander die Waffen zu wenden, wo sie jeden Mann und jede Bleikugel benötigen, um die plötzlich ihnen vom Himmel zugefallenen neuen Welten auszuplündern. 1506 kommt es zu einer Einigung, die Portugal sein bisher bloß platonisch ausgeübtes Recht auf Brasilien bestätigt.

Von Spanien, dem mächtigen Nachbarn, ist nun keinerlei Gefahr mehr zu befürchten. Aber die Franzosen, die bei der Teilung der Erde zwischen Spanien und Portugal zu kurz gekommen sind, beginnen diesem noch unbesiedelten und unorganisierten Stück breiter, schöner Erde zusehends ihre Aufmerksamkeit zu widmen. Immer häufiger erscheinen

Schiffe aus Dieppe und Le Havre, um Brasilholz zu holen, und Portugal hat in den Hafenplätzen noch keine Schiffe, keine Soldaten, um piratischen Eingriffen zu wehren. Sein Rechtstitel ist nur ein papierner, und mit einem einzigen raschen Handstreich, mit fünf, vielleicht sogar bloß mit drei bewaffneten Schiffen könnte sich Frankreich, wenn es wollte, der ganzen Kolonie bemächtigen. Um die weitgestreckte Küste zu verteidigen, tut also eines not: sie zu besiedeln. Wenn die Krone Brasilien zu einem portugiesischen Land machen und es sich als Krongut erhalten will, muß sie sich entschließen, Portugiesen hinüberzuschicken. Das Land mit seinem riesigen Raum, mit seinen unbeschränkten Möglichkeiten will Hände und braucht Hände, und jede neue, die kommt, winkt hinüber, um neue und neue zu fordern. Von Anfang an, durch die ganze Geschichte Brasiliens, wiederholt sich dieser Ruf: Menschen, mehr Menschen! Es ist wie die Stimme der Natur, die wachsen und sich entfalten will und zu ihrem wahren Sinn, zu ihrer Größe, den notwendigen Helfer, den Menschen, braucht.

Aber wie Kolonisten finden in dem kleinen, schon halb ausgebluteten Lande? Portugal hat zu Beginn seiner Eroberungszeit höchstens dreihunderttausend erwachsene Männer, davon sind ein gutes Zehntel, die stärksten, die besten, die mutigsten mit den Armadas und von diesem Zehntel neun Zehntel schon dem Meer, den Kämpfen, den Krankheiten zum Opfer gefallen. Immer schwerer wird es, obwohl die Dörfer schon entvölkert, die Felder verödet sind, Soldaten und Matrosen zu finden, und selbst unter der Gilde der Abenteuerlustigen will keiner nach Brasilien. Die vitalste, die tapferste Schicht des Landes, die Fidalgos, die Adeligen und Soldaten weigert sich; sie wissen, daß in der Terra de Santa Cruz kein Gold zu holen ist, keine Edelsteine, kein Elfenbein und nicht einmal Ruhm. Die Gelehrten wiederum, die Intellektuellen, was sollen sie tun dort im Leeren, abgeschnitten von aller Kultur, die Händler, die Kaufleute, was sollen sie handeln in einem Land mit nackten Kannibalen, was heimbringen in umständlichem Hin und Her, wo doch eine einzige Fracht von den Molukken tausendfach das Risiko lohnt? Selbst die ärmsten portugiesischen Bauern ziehen vor, die eigene Erde zu bestellen, statt sich in diese fremde und unbekannte der Kannibalen zu wagen. Kein Mann von Adel und Rang, von Reichtum und Kultur zeigt also die mindeste Neigung, sich nach diesen leeren Küsten einzuschiffen, und so sind, was in den allerersten Jahren in Brasilien haust, kaum mehr als ein paar gestrandete Seeleute, ein paar Abenteurer und Deserteure von Schiffen, die durch Zufall oder Trägheit dort zurückgeblieben sind und ihr Bestes zu einer raschen Besiedlung ausschließlich dadurch tun, daß sie dort unzählige Mischlinge, die sogenannten *Mamelucos* zeugen – einem einzigen werden dreihundert zugeschrieben; aber im ganzen bleiben sie doch nur ein paar hundert Europäer in einem Land, dessen bekanntes Ausmaß damals schon fast so groß ist wie Europa.

So ergibt sich zwingend die Notwendigkeit, der Einwanderung mit Gewalt und Organisation nachzuhelfen. Portugal wendet dafür die schon in Spanien erprobte Methode der Deportation an, indem alle Alcalden des Landes aufgerufen werden, Übeltäter nicht mehr zu richten, sofern sie sich bereit erklären, nach dem neuen Weltteil zu fahren. Wozu die Gefängnisse überfüllen und Verbrecher jahrelang auf Staatskosten verpflegen? Besser, man schickt die *degregados* auf Nimmerwiederkehr über das Meer in das neue Land; dort können sie am Ende noch nützlich sein. Wie immer ist es scharfer, nicht ganz reinlicher Dünger, der eine Erde am besten für künftige Ernte reif macht.

Die einzigen Kolonisten, die freiwillig kommen, nicht aus Ketten, ohne Brandmal und richterliches Verdikt, sind die Cristãos Novos, die frischgetauften Juden. Aber auch sie kommen nicht ganz freiwillig, sondern aus Vorsicht und Angst. Sie haben in Portugal mehr oder minder aufrichtig die

Taufe genommen, um dem Scheiterhaufen zu entgehen, fühlen sich jedoch mit Recht im Schatten Torquemadas nicht mehr sicher. Besser also rechtzeitig hinüber in ein neues Land, solange die grimmige Hand der Inquisition noch nicht über den Ozean zu greifen vermag. Geschlossene Gruppen solcher getaufter und auch ungetaufter Juden lassen sich in den Hafenstädten nieder als die eigentlich ersten bürgerlichen Ansiedler; diese *cristãos novos* werden die ältesten Familien von Bahia und Pernambuco und gleichzeitig die ersten Organisatoren des Handels. Mit ihrer Kenntnis des Weltmarkts sorgen sie für die Fällung und Verschiffung des *pau vermelho*, des Brasilholzes, das damals den einzigen Ausfuhrartikel Brasiliens bildete, und dessen Handelskonzession einer der Ihren, Fernando de Noronha, vom König laut Vertrag auf längere Frist erworben hat. Nicht nur portugiesische, sondern auch ausländische Schiffe kommen jetzt ziemlich regelmäßig, um diese seltene Fracht zu holen, und allmählich bilden sich von Pernambuco bis Santos kleine Hafensiedlungen als Urzellen der künftigen Städte. Inzwischen sind in verschiedenen Expeditionen kleine und größere Flotten bis zum Rio de la Plata vorgestoßen und haben die Gemarkung der Küste vorgenommen. Aber noch immer liegt unbekannt und ohne Grenzen hinter dem schmalen Streifen, der für die damalige Welt Brasilien bedeutet, das ganze riesige Land.

Langsam geht es vorwärts in den ersten drei Jahrzehnten und gefährlich langsam. Immer mehr fremde Schiffe besuchen – nach der Auffassung Portugals: widerrechtlich – die neuen Häfen, um Holz zu holen. 1530 entschließt sich der König endlich, um Ordnung zu schaffen, eine kleine Flotte hinüberzusenden unter Martim Alfonso de Sousa, der sofort drei französische Schiffe in flagranti ertappt und als ersten Eindruck dem Könige meldet, was bisher jeder gemeldet: Brasilien muß besiedelt werden, sonst geht es der Krone verloren. Wie immer aber seit Beginn der heroischen Zeit sind die Kassen leer; die Besatzungen in Indien, die Festungen in

Afrika, die Aufrechterhaltung des militärischen Prestiges, kurzum, der portugiesische Imperialismus zieht alles Kapital und alle Tatkraft an sich. So muß ein neues Experiment versucht werden, *de povoar a terra*, oder vielmehr eines, das sich auf den Azoren und Kap Verde bereits bewährt hat: die Förderung der Kolonisierung durch Privatinitiative. Das soviel wie unbewohnte Land wird in zwölf *capitanias* aufgeteilt und jede einem Manne mit vollem Erbrecht zugeteilt, der sich verpflichten muß – was schon in seinem eigenen Interesse liegt – diesen Strich Land oder vielmehr dieses Reich kolonisatorisch zu entwickeln. Denn was diese Capitane zugeteilt bekommen, sind wirkliche Reiche, jedes so groß wie Frankreich oder Spanien. Ein Adeliger, der in Portugal nichts besitzt, ein Offizier, der sich in den Kämpfen in Indien bewährt hat und Belohnung verlangt, ein Geschichtsschreiber wie João de Barros, dem der König Dank schuldig ist, sie alle erhalten jeder mit einem Federstrich ein Zwölftteil Brasilien, also eine phantastische Region, in der Erwartung, daß sie nun ihrerseits Menschen hinüberziehen würden und damit das verliehene Land wirtschaftlich kultivieren und indirekt dem Heimatland erhalten.

Dieser erste Versuch, in die ganz zufällige und zersplitterte Art der Besiedlung eine gewisse Methode zu bringen, ist großzügig gedacht. Die Vorteile für die donatários sind unermeßlich; außer dem Münzrecht sind ihnen bei geringen Pflichten alle Rechte eines souveränen Fürsten eingeräumt; wüßten sie wirklich ein Volk nach sich zu ziehen, so müßten ihre Kinder und Enkel gleichwertig sein allen Monarchen Europas. Aber die Beschenkten sind zumeist ältere Leute, die das Beste ihrer Energie längst in königlichem Dienst verbraucht haben; sie nehmen zwar das verliehene Land als Erbschaft für Kinder und Kindeskinder an, ohne es aber mit tatkräftiger Arbeit für sich selbst wertvoll zu gestalten. In den nächsten Jahrzehnten erweist es sich, daß nur zwei der Capitanias, die von São Vincente und Pernambuco – *Nova*

Lusitânia genannt – dank der rationellen Zuckeranpflanzung prosperieren. Die anderen geraten durch Gleichgültigkeit ihrer Besitzer, durch Mangel an Kolonisten, durch die Feindseligkeit der Eingeborenen und verschiedene Katastrophen zu Wasser und zu Land bald in einen anarchischen Zustand. Die ganze Küste droht in Stücke zu zerfallen; abgesondert voneinander, ohne Übereinkommen, ohne gemeinschaftliches Gesetz, ohne Kriegsmacht, ohne Befestigungen und Soldaten liegen die Capitanias jeder feindlichen Macht, ja sogar jedem einzelnen verwegenen Korsaren täglich zur Beute bereit. Und verzweifelt schreibt am 12. Mai 1548 Luís de Góis an den König: »Wenn Eure Majestät nicht in kürzester Zeit den Capitanias an der Küste zur Hilfe kommen, werden nicht nur wir unser Leben und unsere Besitzungen verlieren, sondern auch Eure Majestät das ganze Land.“ Wenn Portugal nicht Brasilien einheitlich organisiert, ist Brasilien verloren. Nur ein entschlossener Vertreter des Königs, ein *governador geral*, der auch militärische Macht mit sich bringt, kann Ordnung schaffen und rechtzeitig die abbröckelnden Stücke in eine Einheit zusammenschweißen.

Es bedeutet eine große Entscheidung in der Geschichte Brasiliens, daß der König João III. den Hilferuf rechtzeitig erhört und als Gouverneur Tomé de Sousa, einen schon in Afrika und Indien bewährten Mann, am 1. Februar 1549 mit dem Auftrag entsendet, an irgendeiner Stelle, am besten in Bahia, eine Hauptstadt zu begründen, von der aus das ganze Land endlich einheitlich verwaltet werden soll.

Tomé de Sousa bringt außer der erforderlichen Beamtenschaft sechshundert Soldaten und vierhundert Degredados mit, die alle späterhin in der Stadt oder auf dem Lande sich ansiedeln werden. Auch das Nötigste an Material für den Aufbau der Stadt wird ausgeschifft, und sofort macht sich alles gemeinsam ans Werk; in vier Monaten wird eine

Festungsmauer errichtet, um den Platz zu verteidigen, Häuser und Kirchen werden errichtet, wo vordem nur klägliche Lehmhütten gestanden. Eine koloniale und eine städtische Verwaltung wird in dem vorläufig noch höchst provisorischen Palácio do Governo eingerichtet und als sichtbarstes Zeichen einer endlich eingeführten und schon höchst notwendigen Justiz ein *cárcere* erbaut, erster mahnender Hinweis auf den Willen zu strenger künftiger Ordnung. Alle sollen fühlen, daß sie nicht mehr Ausgesetzte, Vergessene, Exilierte und Heimatlose sind jenseits von Recht und Pflicht, sondern angeschlossen an das heimische Gesetz. Mit der Gründung einer Hauptstadt und der Einsetzung eines Gouverneurs hat der bisher bloß amorphe Organismus Brasilien ein Herz und ein Hirn gewonnen.

Sechshundert Soldaten oder Matrosen und vierhundert Degredados nimmt Tomé de Sousa mit sich, tausend Männer im Harnisch oder rauhen Arbeitshemd; aber wichtiger als diese tausend Männer des Arms und der Kraft werden für das Schicksal Brasiliens die sechs Männer in schlichten dunklen Kutten sein, die der König zu geistiger Führung und geistlicher Beratung Tomé de Sousa mitgegeben. Denn diese sechs Männer bringen das Kostbarste, was ein Volk und ein Land zu seiner Existenz benötigt: eine Idee und zwar die eigentlich schöpferische Idee Brasiliens. Diese sechs Jesuiten haben eine neue und noch ganz unverbrauchte Energie, denn ihr Orden ist jung und voll heiligen Eifers, seinen besonderen Sinn zu bewähren. Noch lebt der Führer Ignacio de Loyola, der ihn begründet, noch gibt sein asketischer Wille, seine eherne Denkkraft, sein zielklarer Fanatismus ihnen sinnliches, sichtliches Beispiel der Selbstdisziplin; wie bei allen religiösen Bewegungen ist bei den Jesuiten die seelische Intensität, die sittliche Reinheit in den Jahren des Anfangs und vor dem eigentlichen Erfolg auf der höchsten Stufe. 1550 sind die Jesuiten noch keine geistliche, weltliche, politische, ökonomische Macht wie in den späteren Jahrhunderten – denn jede

Form von Macht vermindert die moralische Reinheit eines Menschen wie einer Partei. Besitzlos in jedem Sinne der einzelne wie der Orden, verkörpern sie nur einen bestimmten Willen, also ein durchaus noch geistiges, noch nicht ins Irdische ganz eingemengtes Element. Und sie kommen zur besten Stunde, denn für ihre großartige Konzeption, durch geistige Kriegerschaft die religiöse Einheit der Welt wiederherzustellen, bedeutet die Entdeckung der neuen Erdteile einen unerhörten Gewinn. Seit 1519 der wilde Deutsche auf dem Reichstag von Worms den religiösen Weltkrieg entfachte, ist Europa schon zu einem Drittel und beinahe zur Hälfte von der Kirche abgefallen und der Katholizismus, einstmals die *ecclesia universalis*, eher in die Verteidigungsstellung gedrängt. Welcher Vorteil darum, wenn man die neuen Welten, die sich plötzlich aufgetan haben, rechtzeitig für den alten, den wahren Glauben erobern und damit gleichsam eine zweite und breitere Front hinter der ersten schaffen könnte! Da die Jesuiten nichts fordern, keine Besoldung, keine Bevorzugung, billigt der König João ihre Absicht, dies neue Land für den Glauben zu gewinnen und gestattet sechs dieser »Soldaten Christi«, die Expedition zu begleiten. Aber in Wirklichkeit werden diese Sechs nicht die Begleiter, sondern die Führer sein.

Mit diesen sechs Männern beginnt etwas Neues für Brasilien. Alle vor ihnen waren entweder auf Befehl oder aus Zwang oder auf der Flucht gekommen; wen bislang ein Schiff absetzte an diesem Strand, der wollte etwas aus diesem Lande herausholen, Holz oder Früchte oder Vögel oder Erze oder Menschen; keiner hatte daran gedacht, dem Lande etwas als Gegengabe zu bringen. Die Jesuiten, das sind die ersten, die nichts für sich und alles für das Land wollen. Sie führen Pflanzen und Tiere mit sich, um die Erde zu befruchten, sie bringen Medizinen, um die Menschen zu heilen, Bücher und Instrumente, um die Ungebildeten zu belehren, sie bringen ihren Glauben und die von ihrem Lehrer disziplinierte sittliche Zucht, sie bringen vor allem eine neue Idee, die größte kolonisatorische Idee der Geschichte. Vor ihnen bei den barbarischen Völkern und neben ihnen unter dem spanischen Regime bedeutet Kolonisieren entweder die Eingeborenen ausrotten oder zu Tieren machen; Entdeckung ist sonst für die Konquistadorenmoral des sechzehnten Jahrhunderts identisch mit Eroberung, Unterordnung, Unterjochung, Entrechtung, Versklavung. Sie dagegen als *os únicos homens disciplinados do seu tempo*, wie sie Euclides da Cunha nannte, denken über diesen Raubbauprozeß hinaus an den Aufbauprozeß, an die nächsten Generationen und antizipieren vom ersten Augenblick im neuen Lande die moralische Gleichsetzung aller mit allen. Gerade weil die Urbevölkerung im Tiefstand lebt, soll sie nicht noch tiefer zu Tierheit und Sklaverei herabgedrückt werden, sondern zum Menschen erhoben und auf dem Wege über das Christentum zur abendländischen Zivilisation geführt werden: eine neue Nation soll hier durch Mischung und Erziehung entwickelt werden. Dieser schöpferischen Idee dankt es im letzten Brasilien, daß es aus einem Konglomerat verschiedenster Elemente ein Organismus und aus den offenbarsten Gegensätzen eine Einheit geworden ist.

Selbstverständlich wissen die Jesuiten, daß eine Aufgabe solcher Tragweite nicht sofort zu lösen ist. Die Jesuiten sind keine vagen und verworrenen Träumer und ihr Lehrer Ignacio de Loyola kein Franz von Assisi, der an eine milde Brüderlichkeit der Menschen glaubt. Sie sind Realisten und durch ihre Exerzitien geschult, Tag für Tag neu die Energie zu stählen, um den unermeßlichen Widerstand der menschlichen Schwächen in der Welt zu überwinden. Sie wissen um die Gefährlichkeit und Langwierigkeit ihrer Aufgabe. Aber gerade daß ihr Ziel von Anfang an vollkommen ins Weite, ins Jahrhundertweite, ja ins Ewige gerichtet ist, hebt sie so großartig ab von der Beamtenschaft und Kriegerschaft, die raschen und sichtbaren Gewinn für sich und das Heimatland wollen. Die Jesuiten wissen genau, daß Generationen und Generationen nötig sein werden, um diesen Prozeß des *abrasileiramento* zu vollenden, und daß jeder von ihnen, der sein Leben, seine Gesundheit, seine Kraft an diesen Anfang wagt, auch nicht die flüchtigsten Resultate seiner Bemühungen jemals selbst erschauen wird. Es ist mühsame Saatarbeit, die sie beginnen, mühsame und scheinbar aussichtslose Investition, aber gerade daß sie in völlig ungepflügtem Land einsetzt und in einem Land ohne Grenzen, steigert ihre Anspannung, statt sie zu vermindern; wie das rechtzeitige Kommen der Jesuiten ein Glücksfall für Brasilien, so ist Brasilien ein Glücksfall für sie, weil die ideale Werkstatt für ihre Idee. Nur dadurch, daß niemand vor ihnen hier wirkte und niemand neben ihnen wirkt, können sie ein welthistorisches Experiment hier im vollen Umfang verwirklichen, Materie und Geist, Stoff und Form, ein leeres, völlig unorganisiertes Land und eine noch unerprobte Methode der Organisation begegnen sich, um etwas Neues und Lebendiges zu schaffen.

Ein besonderes Glück in dieser glücklichen Begegnung einer gewaltigen Aufgabe und einer noch gewaltigeren Energie, die sich anschickt, sie zu bewältigen, ist die Gegenwart eines wirklichen Führers. Manuel da Nóbrega, dem der Auftrag seines Provinzials, nach Brasilien zu reisen, derart rasch zufällt, daß er nicht einmal Zeit mehr hat, von dem Meister des Ordens, Ignacio de Loyola, in Rom persönliche Instruktionen zu empfangen, steht in der Fülle seiner Kraft. Er ist zweiunddreißig Jahre alt und hat auf der Universität Coimbra studiert, ehe er in den Orden eingetreten ist; aber nicht seine besondere theologische Gelehrsamkeit gibt ihm die historische Größe, sondern seine ungeheure Energie und seine sittliche Kraft. Nóbrega – schon durch einen Sprachfehler gehemmt – ist nicht wie Vieira ein großer Prediger, nicht wie

Anchieta ein großer Schriftsteller. Er ist im Geiste Loyolas vor allem Kämpfer. Bei den Expeditionen zur Befreiung Rio de Janeiros ist er die antreibende Kraft der Armee und der strategische Berater des Gouverneurs, in der Verwaltung bewährt er die idealen Fähigkeiten eines genialen Organisators, und die Klarsichtigkeit, die man aus seinen Briefen spürt, paart sich mit einer heroischen Energie, die keine Selbstaufopferung scheut. Rechnet man nur die Reisen zusammen, die er in jenen Jahren vom Norden zum Süden und wieder zum Norden und quer durch das Land unternommen, so ergeben schon diese Inspektionsfahrten hunderte und vielleicht tausende Nächte voll Sorge und Gefahr. In all diesen Jahren ist er Gouverneur neben dem Gouverneur, Lehrer über und neben den Lehrern, Städtegründer und Friedensstifter, und so gibt es kein wichtiges Geschehnis in der damaligen Geschichte Brasiliens, das nicht mit seinem Namen verbunden wäre. Die Wiedergewinnung des Hafens von Rio de Janeiro, die Gründung von São Paulo und Santos, die Befriedung der feindlichen Stämme und die Errichtung der collégios, die Organisation des Unterrichts, die Errettung der Einheimischen vor der Sklaverei sind in erster Linie seine Tat. Überall war er im Beginn; mögen die Namen seiner Schüler und Nachfahren Anchieta und Vieira im Lande späterhin populärer geworden sein als der seine, so sind sie doch nur Fortentwickler seiner Idee gewesen. Wo sie bauten, fanden sie schon das Fundament. In der Geschichte Brasiliens, dieser *obra sem exemplo na História*, war es Nóbregas Hand, die das erste Blatt beschrieb, und jeder Zug dieser energischen und festen Hand ist unauslöschlich geblieben bis in die Gegenwart.

Die ersten Tage nach der Ankunft widmen die Jesuiten der Rekognoszierung der Situation. Ehe sie lehren, wollen sie lernen, und sofort macht einer der Brüder sich ans Werk, um möglichst schnell die Sprache der Eingeborenen zu meistern. Daß die Eingeborenen sich noch auf dem tiefsten Tiefstand der nomadischen Epoche befinden, zeigt schon der erste Blick. Sie gehen völlig nackt, kennen keine Arbeit, haben weder Schmuck noch das primitivste Gerät. Was sie zum Leben brauchen, holen sie von den Bäumen oder aus den Flüssen, sobald eine Gegend abgegrast ist, ziehen sie weiter. An sich eine gutmütige und sanfte Rasse, führen sie Krieg untereinander nur, um Gefangene zu machen, die sie dann unter großen Festlichkeiten verzehren. Aber auch dieser kannibalische Brauch stammt nicht aus einer besonderen Grausamkeit ihrer Natur; im Gegenteil, diese Barbaren geben dem Gefangenen noch ihre Tochter zur Frau und hegen und pflegen ihn, ehe sie ihn schlachten. Wenn die Priester versuchen, sie des Kannibalismus zu entwöhnen, so stoßen sie mehr auf verwundertes Erstaunen als auf wirklichen Widerstand, denn diese Wilden leben noch völlig jenseits jeder kulturellen oder moralischen Erkenntnis, und Gefangene zu verzehren bedeutet für sie nichts als ein ebenso festlich unschuldiges Vergnügen wie Trinken, Tanzen oder mit Frauen Schlafen.

Dieser ungeheure Tiefstand der Lebenshaltung scheint zunächst eine unüberwindliche Hemmung für das Werk der Jesuiten, in Wirklichkeit aber erleichtert er ihnen ihre Aufgabe. Denn da diese nackten Wesen überhaupt keine religiösen oder sittlichen Vorstellungen besitzen, ist es viel leichter, ihnen welche beizubringen als Völkern, bei denen ein eigener Kult schon vorwaltet und wo Zauberer, Priester und Schamanen dem Missionar mit Erbitterung entgegentreten. Die brasilianische Urbevölkerung dagegen ist ein »unbeschriebenes Blatt«, ein *papel em branco*, wie Nóbrega sagt, das weich und gefügig die neue Vorschrift aufnimmt und jeder Belehrung vollen Raum läßt. Überall empfangen die Eingeborenen die *brancos*, die Priester ohne jedes Mißtrauen: *Onde quer que vamos, somos recebidos com grande boa vontade.* Sie lassen sich ohne Zögern taufen und folgen – warum auch nicht? – den Priestern, den »guten Weißen«, die sie vor den andern, den »wilden Weißen« schützen, willig und dankbar in die Kirche. Selbstverständlich wissen die Jesuiten als gelernte und immer wache Realisten, daß diese träge, gedankenlose Zustimmung, das Niederknien und Kreuzeschlagen von Kannibalen noch lange kein wirkliches Christentum ist – selbst bei dem berühmten Verteidiger ihrer Mission in São Paulo bei Tibiriçá erleben sie gelegentliche Rückfälle in den Kannibalismus – und sie vergeuden nicht ihre Zeit mit prahlerischen Statistiken über die schon gewonnenen Seelen. Sie wissen, daß ihre eigentliche Aufgabe in der Zukunft liegt. Zunächst einmal nur die nomadische Masse an stabilen Stätten anwurzeln lassen, damit man ihre Kinder erfassen und belehren kann. Das gegenwärtige kannibalische Geschlecht ist nicht mehr ernstlich zu kultivieren. Aber ihre Kinder und Kindeskinder, also die kommenden Generationen, im Sinne der Kultur auszubilden, kann leicht gelingen. Darum ist es den Jesuiten das Wichtigste, Schulen einzurichten, in denen sie, weit vorausblickend, mit jener Idee systematischer Vermischung beginnen, die Brasilien zur Einheit geformt und allein als Einheit erhalten hat. Bewußt vereinen sie Kinder aus den Strohhütten der Wilden mit den schon zahlreichen Mischlingen und fordern dringend weiße Kinder aus Lissabon, mögen es auch nur die verwahrlosten, die verlassenen Kinder sein, die in den Straßen Lissabons aufgelesen werden. Jedes neue Element, das die Mischung befördert, ist ihnen willkommen, sogar die *moços perdidos, ladrões e maus que aqui chamam de patifes*. Denn es gilt für sie, da die Eingeborenen gleichfarbigen oder mischfarbigen Brüdern bei dem religiösen Unterricht mehr Vertrauen schenken als den Fremden, den Weißen, sich die Lehrer des Volkes aus dem eigenen Blut des Volkes zu schaffen. Im Gegensatz zu den andern denken sie ausschließlich in und für kommende Generationen; strenge und klare Realisten und Rechner, haben sie als einzige eine wirkliche Vision des kommenden, des werdenden Brasiliens, und noch ehe irgendein Geograph die räumliche Größe dieses Landes ahnt, stellen sie ihre Arbeit auf den richtigen Maßstab ein. Es ist ein Feldzugsplan für die Zukunft, den sie entwerfen, und sein letztes Ziel bleibt unverrückbar durch die Jahrhunderte: Formung dieses neuen Landes im Geist einer einzigen Religion, Sprache und Idee. Daß dieses Ziel erreicht wurde, bleibt Brasiliens dauernde Dankesschuld an diese ersten Schöpfer ihrer Staatsidee.

Der eigentliche Widerstand, auf den die Jesuiten mit ihrem großzügigen Kolonisationsplan stoßen, kommt nicht, wie man zuerst erwarten konnte, von den Eingeborenen, den Wilden, den Kannibalen; er kommt von den Europäern, den Christen, den Kolonisten. Bisher war für diese entlaufenen Soldaten, desertierten Matrosen, für die Desgregados Brasilien ein exotisches Paradies gewesen, ein Land ohne Gesetze und Einschränkungen und Verpflichtungen, in dem jeder tun und lassen konnte, was ihm beliebte. Ohne von Justiz oder Autorität ernstlich behelligt zu werden, konnten sie den wüstesten Trieben freien Lauf gewähren; was in ihrem Heimatland mit Kette und Brandmarkung geahndet wurde, galt hier als erlaubtes Vergnügen gemäß der Conquistadorendoktrin: *Ultra equinoxialem non peccatur.* Sie beschlagnahmten Land, wo und wieviel sie wollten, sie holten sich Eingeborene, wo sie sie gerade fanden und ließen sie unter der Peitsche roboten. Sie nahmen jede Frau, die ihnen über den Weg lief, und die ungeheure Zahl der Mischkinder illustrierte bald die Verbreitung dieser wilden Vielweiberei. Niemand war zur Stelle, ihnen Autorität aufzuzwingen, und so lebte jeder dieser Gesellen, die meist noch die Brandmale des Zuchthauses auf den Schultern trugen, wie ein Pascha, ohne sich um Recht und Religion zu kümmern und vor allem ohne jemals selbst die Hand zu wirklicher Arbeit zu rühren. Statt das Land zu zivilisieren, waren diese ersten Kolonisten selber verwildert.

Dieser rüden, an Müßiggang und Selbstherrlichkeit gewöhnten Rotte wieder Zucht beizubringen, bedeutete eine harte Aufgabe. Was die frommen Brüder am meisten entsetzt, ist die zügellose Vielweiberei, das braune Haremswesen. Aber anderseits, wie diese Männer anklagen, daß sie hier in wildem Konkubinat leben, da doch gar keine Möglichkeit für sie besteht, legal zu heiraten und eine Familie zu gründen? Denn wie eine Familie gründen, die allein Grundlage bürgerlicher Gesittung werden kann, wenn weiße Frauen völlig fehlen? So drängt Nóbrega den König, er möge Frauen aus Portugal herüberschicken: *Mande Vossa Alteza mulheres órfãs, porque tôdas casarão.* Und da nicht zu erwarten ist, daß die Fidalgos Portugals ihre Töchter in das weite und entlegene Land senden werden, damit sie sich unter diesen wüsten Gesellen einen Gemahl suchen, geht Nóbrega in seiner Großzügigkeit sogar so weit, den König zu bitten, er möge auch die gefallenen Mädchen, die Dirnen aus den Straßen Lissabons herüberspedieren. Hier fände jede einen Mann. Nach einiger Zeit gelingt es den vereinten geistlichen und amtlichen Autoritäten tatsächlich, in den Sitten wieder eine gewisse Ordnung zu schaffen. Aber in einem Punkte stoßen sie bei der ganzen Kolonie auf erbitterten Widerstand – in der Frage der Sklaverei, die vom Anfang bis zum Ende, von 1500 bis fast 1900, die Crux des brasilianischen Problems bleiben wird. Die Erde braucht Hände, und es sind nicht genug Hände da. Die wenigen Kolonisten reichen nicht aus, um das Zuckerrohr zu pflanzen und in den *engenhos*, den primitiven Fabriken zu arbeiten; außerdem sind diese Abenteurer und Conquistadoren nicht deshalb über das Meer in dies tropische Land gekommen, um hier mit Hacke und Schaufel zu werken. Sie wollen hier Herren sein; so hatten sie sich einfach geholfen, indem sie die Eingeborenen wie Hasen einfingen und sie dann unter der Peitsche roboten ließen, bis sie zusammenbrachen; die Erde gehört ihnen, argumentieren sie, mit allem, was darüber und darunter ist, also auch alle diese zweibeinigen braunen Tiere, gleichgültig ob sie bei der Arbeit verrecken oder nicht; für jeden Toten holt man sich in der munteren *caça al branco* ein Schock neuer ein und hat dazu noch einen sportlichen Spaß.

Gegen diese bequeme Auffassung greifen nun die Jesuiten energisch ein, denn die Versklavung und Entvölkerung des Landes geht schroff ihrem weitreichenden und wohldurchdachten Plan zuwider. Sie können es nicht dulden, daß die Kolonisten die Eingeborenen zu Arbeitstieren herabdrücken, weil sie sich es doch gerade als die wesentlichste Aufgabe gesetzt haben, diese Unbelehrten dem Glauben, der Erde und der Zukunft zu gewinnen. Jeder freie Eingeborene bedeutet für sie ein notwendiges Objekt der Besiedlung und Zivilisierung. Während es bislang im Interesse der Kolonisten lag, die einzelnen Stämme zu fortwährenden Kriegen gegeneinander zu hetzen, damit sie einander rascher ausrotten und man außerdem nach jedem Kriegszug die erbeuteten Gefangenen als billige Ware kaufen könnte, suchen die Jesuiten die Stämme untereinander zu versöhnen und in dem gewaltigen Raume durch Ansiedlung zu isolieren. Der Eingeborene stellt für sie als künftiger Brasilianer und gewonnener Christ die vielleicht kostbarste Substanz dieser Erde dar, wichtiger als das Zuckerrohr, das Brasilholz und der Tabak, um derentwillen sie geknechtet und ausgerottet werden sollen. Als die wesentliche, die gottgewollte Nahrung wollen sie diese noch ungeformten Menschen in die Scholle einsetzen, ebenso wie die fremden Früchte und Pflanzen, die sie von Europa mitgebracht haben, statt sie verkümmern und weiter verwildern zu lassen. Ausdrücklich haben sie sich darum vom König die Freiheit der Eingeborenen ausbedungen, in ihrem Plan soll es im künftigen Brasilien nicht eine Herrennation von Weißen und eine Sklavennation von Farbigen geben, sondern nur ein einheitliches freies Volk auf freier Erde.

Freilich, selbst ein königlicher Brief und Auftrag verliert dreitausend Meilen weit viel von seiner gebieterischen Kraft, und ein Dutzend Priester, von denen die Hälfte immer auf ruhelosen Missionsfahrten das Land durchwandert, sind zu schwach gegen den selbstsüchtigen Willen der Kolonie. Um wenigstens einen Teil der Eingeborenen zu retten, müssen die Jesuiten in der Sklavenfrage paktieren. Sie müssen die angeblich im »gerechten« Kriege, das heißt im Verteidigungskriege gegen die Eingeborenen gemachten Gefangenen den Kolonisten als Sklaven konzedieren, und selbstverständlich findet diese Verklausulierung die allerbiegsamste und unkontrollierbarste Auslegung. Außerdem sind sie genötigt, um nicht beschuldigt zu werden, das rasche Fortschreiten der Kolonie zu verunmöglichen, den Import afrikanischer Neger zu befürworten; selbst diese geistig hochstehenden und human gesinnten Männer können sich nicht der Anschauung der Zeit entziehen, für die der Negersklave ein ebenso selbstverständlicher Handelsartikel ist wie Wolle oder Holz. In jenen Jahren beherbergt Lissabon, die europäische Hauptstadt, schon zehntausend schwarze Sklaven; wie sie dann dem Kolonialland verweigern? Sogar die Jesuiten selbst sind genötigt, sich Neger anzuschaffen; mit voller Gleichmütigkeit berichtet in einem Atemzug Nóbrega, er habe drei Sklaven und einige Kühe angeschafft für sein Kollegium. Aber an dem Prinzip, daß die Eingeborenen Brasiliens nicht Freiwild jedes hergelaufenen Abenteurers sind, halten die Jesuiten unbeugsam fest; sie schützen jeden ihrer Täuflinge, und die ethische Unbeugsamkeit, mit der sie für das Recht der braunen Brasilianer kämpfen, wird ihr Verhängnis sein. Nichts hat die Situation der Jesuiten in Brasilien so schwierig gemacht wie dieser Kampf um die brasilianische Idee der Besiedlung und Beseelung des Landes durch freie Menschen, und wehmütig bekennt einer von ihnen: »Viel ruhiger hätten wir gelebt, wenn wir bloß in den Kollegien geblieben wären und uns darauf beschränkt hätten, einzig religiösen Dienst zu tun.«

Aber der Gründer ihres Ordens war nicht umsonst vordem Soldat gewesen, er hatte seine Schüler zum Kampf erzogen für eine Idee. Und diese Idee haben sie mit ihrem Leben in das Land getragen: die Idee Brasiliens.

Es zeigt den großen Strategen in Nóbrega, daß er bei seinem Eroberungsplan des künftigen Reiches sofort den richtigen Punkt für den Brückenschlag in die Zukunft erkannte. Bald nach seiner Ankunft in Bahia hatte er seine erste Ausbildungsschule errichtet und mit den nachgekommenen Brüdern in mühevollen, anstrengenden Fahrten die ganze Küste von Pernambuco bis hinab nach Santos visitiert, wo er São Vincente begründet. Aber noch immer hat er nicht die richtige Stelle gefunden für das Hauptkollegium, für das geistige und geistliche Nervenzentrum, das nach und nach das ganze Land durchdringen soll. Auf den ersten Blick ist dieses sorgliche, wohl überlegende Suchen Nóbregas nach einem richtigen Stützpunkt unverständlich. Warum verlegt er sein Hauptquartier nicht nach Bahia, der Hauptstadt, dem Sitz des Gouverneurs und des päpstlichen Bischofs? Aber hier wird man zum erstenmal eines geheimen Gegensatzes gewahr, der mit der Zeit sich zu einem offenen und schließlich sogar gewalttätigen auswirken wird. Der Orden Loyolas will nicht unter staatlicher und nicht einmal unter päpstlicher Kontrolle sein Werk beginnen; den Jesuiten geht es von der ersten Stunde an bei Brasilien um ein höheres Spiel und Ziel, als dort bloß ein lehrendes, helfendes, der Krone und der Curie untergeordnetes Kolonisationselement zu sein. Brasilien bedeutet für sie ein entscheidendes Experiment, die erste Probe für die Realisationsfähigkeit ihrer organisatorischen Kraft, und Nóbrega spricht es unumwunden aus: *esta terra é nossa emprêsa*, »dieses Land ist unsere Aufgabe« und meint damit: wir sind für ihre Lösung vor Gott und den Menschen verantwortlich. Verantwortung will der Starke aber nur allein tragen. Die Jesuiten – dies der Grund des geheimen Mißtrauens, das sie in Brasilien von Anfang an durch die Geschichte begleitet – hatten zweifelsohne ein besonderes, ein persönlich durchdachtes und den andern nicht ganz erkennbares Ziel. Was sie – bewußt oder unbewußt – anstrebten, war nicht bloß die Heranbildung einer portugiesischen Kolonie unter all den andern portugiesischen Kolonien, sondern eine theokratische Gemeinschaft, ein neuartiges, den Kräften des Geldes und der Gewalt nicht unterworfenes Staatsgebilde, wie sie es ja später in Paraguay zu gründen versuchten. Von der ersten Stunde an wollten sie mit Brasilien etwas Einmaliges, etwas Neues, etwas Vorbildliches schaffen, und eine solche neuartige Konzeption mußte früher oder später mit den bloß merkantilen und feudalistischen Ideen des portugiesischen Hofes in Konflikt geraten; sicher ging es ihnen nicht, wie ihre Gegner sie beschuldigten, um eine Besitznahme Brasiliens im souveränen oder kapitalistischen Sinne für ihren Orden und dessen Zwecke.

Aber daß sie mehr mit Brasilien wollten als dort bloß Prediger des Evangeliums sein, daß sie mehr und etwas anderes als die anderen geistlichen Orden mit ihrer Anwesenheit dort einsetzen und durchsetzen wollten, das spürte von Anfang an die Regierung, die sich ihrer dankbar bediente und sie doch mit einem leisen Mißtrauen überwachte, das spürte die Curie, die ihre geistige Autorität mit niemandem zu teilen geneigt war, das spürten die Kolonisten, die sich in ihrem rücksichtslosen Raubbau von den Ordensbrüdern gehemmt fühlten. Gerade weil sie nichts Sichtbares wollten, sondern die Durchsetzung eines geistigen, eines idealistischen, und darum den Tendenzen der Zeit unfaßbaren Prinzips, hatten sie von Anfang ständig Widerstand gegen sich, dem sie schließlich erliegen mußten, ausgestoßen aus dem Lande, dem sie trotz allem und allem den Keim der Befruchtung eingesenkt haben. Es war also vollkommen wohlüberlegt, daß Nóbrega, um diesen Konflikt der Kompetenzen möglichst lange zu vermeiden, sein Rom, seine geistige Hauptstadt abseits von der Residenz des Gouverneurs und des Bischofs anlegen wollte; nur wo er ungehindert und unbeaufsichtigt wirken konnte, vermochte jener langsame und mühevolle Prozeß der Kristallisierung zu gelingen, der ihm vorschwebte. Diese Rückverlegung des Wirkungszentrums von der Küste ins Binnenland bedeutete im geographischen Sinn wie zum Zweck der Katechisierung einen wohlerwogenen Vorteil. Nur eine Wegkreuzung im Land, geschützt einerseits gegen piratische Angriffe von der See her durch die Bergkette und doch nahe dem Ozean, nahe aber auch anderseits zu den verschiedenen Stämmen, die der Zivilisation zu gewinnen und aus dem Nomadischen zum Seßhaften zu erziehen waren, konnte die ideale Keimzelle bilden.

Nóbregas Wahl fällt auf Piratininga, das heutige São Paulo, und die spätere historische Entwicklung hat die Genialität seiner Entscheidung bestätigt, denn die Industrie, der Handel, der Unternehmungsgeist Brasiliens sind noch nach Hunderten von Jahren seiner inspirativen Wahl nachgefolgt; an derselben Stelle, wo er am 24. Januar 1554 jene *paupérrima e estreitíssima casinha* im Verein mit seinen Helfern errichtet, steht heute mit Hochhäusern, Fabriken und menschenüberfüllten Straßen eine moderne Weltstadt. Nóbrega hätte nicht besser wählen können. Das Klima auf diesem Hochplateau ist gemäßigt, die Erde satt und fruchtbar, ein Hafen nahe und durch Flußläufe die Verbindung mit dem großen Wasserlauf des Paraná und Paraguay und damit des la Plata gesichert; von hier aus können nach allen Richtungen die Missionare zu den verschiedenen Stämmen vordringen und ihr Belehrungswerk radial ausstrahlen lassen. Außerdem besteht vorläufig keine die Sitten korrumpierende Kolonie von Degredados in der Nähe der kleinen Siedlung, die bald die Freundschaft der Nachbarstämme durch kleine Geschenke und gute Behandlung zu gewinnen weiß. Ohne viel Mühe lassen sich die Eingeborenen von den Priestern zu kleinen *aldeias*, zu jenen

Wirtschaftsgemeinschaften vereinigen, die ziemliche Ähnlichkeit mit den heutigen russischen »Kollektivs« haben, und nach kurzer Zeit kann Nóbrega bereits melden: *Vai-se fazendo uma formosa povoação.* Noch hat der Orden nicht wie in späteren Zeiten selbst reichlichen Grundbesitz, und die sparsamen Mittel verstatten zunächst nur das Kollegium in kleinen Proportionen zu entwickeln. Aber immerhin werden hier bald eine ganze Reihe von Brüdern herangebildet, weiße und farbige, die, sobald sie der Landessprache mächtig sind, als *missões volantes* von Stamm zu Stamm ziehen, um immer neue Nomaden zur Seßhaftigkeit zu bewegen und für den Glauben zu gewinnen. Ein Knotenpunkt ist geschaffen, die erste *escola para muitas nações de índios*, und rasch bildet sich zwischen dem Missionar und den angesiedelten Stämmen ein ehrliches Gefühl der Solidarität; bei dem ersten Überfall schweifender Banden sind es schon die Neugetauften, die mit leidenschaftlicher Aufopferung unter der Führung ihres Häuptlings Tibiriças den Angriff abwehren. Das große Experiment nationaler Besiedlung unter geistlicher Führung, das dann in der Jesuitenrepublik von Paraguay seine einmalige Gestaltung finden wird, hat begonnen.

Die Gründung Nóbregas bedeutet aber auch einen großen Fortschritt im nationalen Sinne. Zum erstenmal ist ein gewisses Gleichgewicht für den künftigen Staat geschaffen. Während vordem Brasilien eigentlich nur ein Streifen Küste war mit seinen drei oder vier Hafenstädten im Norden, die einzig mit tropischen Produkten handelten, beginnt nun auch im Süden und im inneren Land Kolonisation sich zu entwickeln. Bald werden diese langsam gesammelten Energien schöpferisch vorstoßen und aus eigener Neugier und Ungeduld das Land sich selbst in seinen Formen und Flüssen, in seiner Weite und Tiefe entdecken. Mit der ersten disziplinierten Innensiedlung hat sich die vorgefaßte Idee bereits in Saat und Tat verwandelt.

Brasilien ist etwa fünfzig Jahre alt, da es nach embryonischen ungewissen Regungen zum erstenmal Zeichen wirklich bewußten Eigenlebens zu geben beginnt. Langsam treten die ersten Resultate kolonialer Organisation in Erscheinung. Die Zuckerplantagen von Bahia und Pernambuco werfen, obwohl noch primitiv gehandhabt, reichlich Gewinn ab. Öfter und öfter streifen Schiffe heran, um Rohprodukte zu holen und gegen Waren einzutauschen; es sind noch nicht viele, die sich herab nach Brasilien wagen, und kaum gibt ein Buch Bericht von dieser weiträumigen Welt. Aber gerade die zögernde und sporadische Art, mit der sich die Kolonie im Welthandel bemerkbar macht, ist im letzten Sinn Brasiliens Glück, weil es ihm eine organische Entwicklung gewährt. In Zeiten der Eroberung und der Gewalt bedeutet es immer eher einen Vorteil für ein Land, wenn es unbeachtet und unbegehrlich bleibt; die Schätze, die Albuquerque in Indien und den Molukken erspäht hat, die Beute, die Cortez aus Mexiko und Pizarro aus Peru heimbringt, lenken eigentlich in glücklichster Weise die Aufmerksamkeit und Besitzgier der anderen Nationen von Brasilien ab. Noch immer gilt das »Papageienland« als eine *quantité négligeable*, um die sich weder das eigene Land noch die andern ernstlich bemühen.

Es ist darum eigentlich kein ausgesprochen kriegerischer Akt, wenn am 10. November 1555 eine kleine Flotte unter französischer Flagge in der Bucht von Guanabara erscheint und dort auf einer der Inseln ein paar hundert Leute landet. Denn sie stören de facto damit keinen fremden Besitz. Rio de Janeiro ist damals noch keine Stadt und kaum eine Niederlassung. In den paar verstreuten Hütten findet sich kein Soldat, kein Beamter des portugiesischen Königs, und der sonderbare Abenteurer, der hier die Fahne hißt, begegnet keinerlei Widerstand bei seinem kühnen Abenteurerstreich. Zweideutige und attraktive Figur, dieser Rhodosritter Nicolas

Durand de Villegaignon, halb Pirat, halb Gelehrter und ein ganzes blutechtes Stück Renaissance. Er hat Maria Stuart aus Schottland an den französischen Königshof gebracht, im Kriege sich ausgezeichnet, in den Künsten dilettiert. Er ist gerühmt von Ronsard und gefürchtet vom Hofe, weil unberechenbar, ein quecksilberner Geist, dem jede geregelte Tätigkeit widerwärtig ist und der das beste Amt, die höchsten Würden verachtet, um lieber frei und ungehemmt seinen oft phantastischen Launen nachgeben zu können. Den Hugenotten gilt er als Katholik, den Katholiken als Hugenotte. Niemand weiß, welcher Sache er dient, und er weiß vielleicht selbst nichts anderes von sich, als daß er irgend etwas Großes und Besonderes tun möchte, etwas anders als die anderen, etwas Wilderes, Verwegeneres, Romantischeres und Eigenartigeres. In Spanien wäre er ein Pizarro geworden oder ein Cortez, aber sein König, vollauf im Lande beschäftigt, organisiert keine kolonialen Abenteuer; so muß der ungeduldige Villegaignon eines auf eigene Faust erfinden. Er rafft ein paar Schiffe zusammen, lädt sie voll mit ein paar hundert Mann, meistens Hugenotten, die sich im Frankreich der Guisen unbehaglich fühlen, aber auch Katholiken, die in die neue Welt wollen, und, ruhmsüchtig im höchsten Grade, nimmt er sich vorsichtsweise gleich einen Geschichtsschreiber, André Thévet, mit, denn er hat keinen geringeren Traum als eine »France Antarctique« zu gründen, deren Schöpfer, Gouverneur oder vielleicht sogar eigenwilliger Fürst er sein will. Wieweit der französische Hof diese Pläne gekannt, wieweit er sie gebilligt und sogar gefördert hat, ist kaum ersichtlich. Wahrscheinlich hätte im Falle eines Erfolgs König Heinrich sich seine Tat ebenso zu eigen gemacht wie Elisabeth von England die ihrer Piraten Raleigh und Drake; zunächst läßt man Villegaignon bloß als Privatperson sein Glück versuchen, um nicht gegenüber Portugal durch eine offizielle Mission und Annexion ins Unrecht zu kommen.

Villegaignon, als bewährter Soldat zunächst auf Verteidigung bedacht, errichtet sofort nach seiner Ankunft auf der heute nach ihm benannten Insel ein Fort Coligny zu Ehren des hugenottischen Admirals, während er die gegenüberliegende künftige Stadt – vorläufig nichts als Sumpf und leere Hügel – aus Respekt für seinen König großspurig Henriville tauft. Unbedenklich in religiösen Dingen, holt er, da er für diese erträumte Kolonie in Frankreich keine anderen Katholiken mehr findet, sich 1556 eine weitere Ladung Calvinisten aus Genf herüber, was innerhalb der kleinen Niederlassung bald zu religiösen Zänkereien führt. Zweierlei Prediger, die sich gegenseitig Ketzer nennen, sind zuviel auf einer engen Insel. Aber immerhin, die France Antarctique ist begründet, und die Franzosen stehen, da sie keine Sklavenräuberei dulden, bald in bestem Einvernehmen mit den Eingeborenen, mit denen sie regen Handel treiben; von nun ab pendeln, als wäre es ihr rechtmäßiger Hafen, französische Schiffe regelmäßig zwischen dieser von Frankreich noch nicht offiziell anerkannten Siedlung und dem Heimatland hin und her.

Dem portugiesischen Gouverneur in Bahia kann dieser Einbruch keineswegs gleichgültig bleiben. Nach dem damals gültigen Rechtsprinzip sind die brasilianischen Küsten ein *mare clausum*, an dessen Küsten fremde Schiffe weder landen noch Handel treiben dürfen; gar eine Festung mit fremdem Militär im besten Hafen der Kolonie anzulegen bedeutet die Trennung von Süden und Norden und damit die Vernichtung der Einheit Brasiliens. Die natürlichste Aufgabe des Gouverneurs de Sousa wäre, diese fremden Schiffe zu kapern und die Niederlassung zu schleifen, aber er besitzt keinerlei Macht zu einer kriegerischen Unternehmung solchen Umfangs. Die paar hundert Soldaten, die zugleich mit ihm nach Brasilien gekommen waren, sind unterdes längst Landwirte oder Plantagenbesitzer geworden und wenig geneigt, nach ihren bequemen Jahren den Harnisch wieder anzulegen; noch fehlt dem jungen Gebilde jedes Nationalgefühl, jeder Gemeinschaftsgedanke, in Portugal wiederum die richtige Erkenntnis der Gefahr und wie immer das notwendige Geld für eine rasche Expedition. Noch immer ist der Krone das Aschenbrödel Brasilien nicht wichtig genug, um eine kostspielige Flotte auszurüsten. So bleibt den Franzosen reichlich Zeit, sich ständig zu verstärken und zu verschanzen; erst wie ein neuer Gouverneur, Mem de Sá 1557 nach Bahia gesandt wird, beginnt die Vorbereitung einer Aktion gegen die Eindringlinge. Mem de Sá schenkt Nóbrega rückhaltlos Vertrauen und unterwirft sich völlig seiner geistigen Autorität. Und Nóbrega ist es wiederum, der mit seiner ganzen leidenschaftlichen Energie ein rechtzeitiges Vorgehen gegen die Franzosen fordert. Die Jesuiten kennen das Land besser und sind mehr um seine Zukunft besorgt als die Kaufleute in Lissabon, die Länder einzig nach dem momentanen Ertrag ihrer Spezereien bewerten; sie wissen, daß wenn diese französischen Hugenotten an den brasilianischen Küsten dauernd Fuß fassen können, nicht nur die Einheit des Landes, sondern auch die Einheit der Religion für immer zerstört ist. Brief auf Brief senden abwechselnd der Gouverneur und Nóbrega nach Portugal hinüber, um zu fordern, daß man *faça socorrer a êsse pobre Brasil.* Aber Portugal hat – ein anderer Atlas – eine ganze Welt auf seinen schwachen Schultern zu tragen, und es dauert noch abermals zwei Jahre, bis 1559 endlich ein paar Schiffe von Lissabon herüberkommen und Mem de Sá an eine kriegerische Aktion gegen die Eindringlinge denken kann.

Der eigentliche Leiter der Expedition ist Nóbrega, der gemeinsam mit Anchieta von seinen Täuflingen möglichst viele herangeholt hat, um die schwache portugiesische Truppe zu verstärken. Zugleich mit dem Gouverneur erscheint er am 18. Februar 1560 vor Rio, und sobald am 15. März von São Vincente die rasch zusammengelesenen Hilfstruppen eintreffen, beginnt der Sturm auf die Festung Villegaignons. Vom heutigen Horizont aus gesehen, ist diese bedeutsame Aktion freilich nur eine Art Frosch- und Mäusekrieg. Hundertzwanzig Portugiesen und hundertvierzig Eingeborene stürmen das Fort Coligny, das von vierundsiebzig Franzosen und einigen Sklaven verteidigt wird. Die Franzosen können nicht standhalten und flüchten rechtzeitig auf das Festland hinüber zu den befreundeten Eingeborenen, um sich auf dem Morro do Castelo neu zu verschanzen. Für die Portugiesen ist es ein Sieg, weil das Fort Coligny, die Zwingburg, eingenommen ist; ohne die Franzosen zu verfolgen oder zu vernichten, kehren sie wieder nach Bahia und São Vincente zurück.

Aber es ist nur ein halber Sieg, denn die Franzosen bleiben im Lande. Im ganzen sind sie etwa einen Kilometer zurückgeworfen, also eine Strecke, die man heute im Automobil in fünf Minuten durchfährt. Sie sitzen ungehindert im Hafen wie zuvor, treiben weiter ihren Handel, laden Schiffe ein und aus, bauen am Morro do Castelo eine neue Festung statt der alten, sie reizen sogar die Tamoios, die ihnen befreundeten Eingeborenen, zu Unternehmungen gegen die Portugiesen, und der erste Angriff auf São Paulo durch Angehörige dieses Stammes war wahrscheinlich von ihnen organisiert. Aber Mem de Sá hat keine Macht, die Eindringlinge zu vertreiben. Wie immer in Brasilien, von Anfang an bis heute, ist das Manko das gleiche: es sind zu wenig Menschen da. Mem de Sá vermag in Bahia keinen einzigen Arm zu entbehren, sonst geriete die Zuckerproduktion, der ökonomische Nährstoff des Landes, ins Stocken, außerdem hat eine verhängnisvolle Pest den Großteil der Bevölkerung hinweggerafft. Ohne Unterstützung von Portugal ist es darum unmöglich, die Franzosen aus ihrer neuen Position zu verdrängen, und diese Unterstützung läßt endlos auf sich warten; unbehelligt verbleiben die Kolonisten Villegaignons weitere fünf Jahre in Rio. Und wieder ist es Nóbrega, der unablässig drängt und abermals und abermals mahnt, daß, wenn statt Portugals die Franzosen weiterhin Sukkurs schicken, die Bucht von Rio und damit Brasilien endgültig der Krone verloren sei. Endlich hort die Königin auf seine dringliche Bitte und entsendet aus Lissabon Estácio de Sá gemeinsam mit den von den Jesuiten im Lande vorbereiteten Hilfstruppen gegen den Feind. Neuerlich beginnen in liliputanischen Maßen die kriegerischen Aktionen. Am 1. März 1565 segelt Estácio de Sá mit seiner Kriegsflotte in die Bucht von Rio und schlägt unter dem Pão de Açucar, an der Stelle des heutigen Urca, sein Lager auf. Aber, unfaßbar für unsere Vorstellungen von heute, ehe es zu dem Sturm auf den Morro do Castelo – genau zehn Minuten heutiger Autofahrt – kommt, vergehen ebensoviele Monate. Erst am 18. Januar 1566 führt Estácio de Sá seine Soldaten zum Sturm, und in einem Kampf von wenigen Stunden und mit einem Verlust von zwanzig oder dreißig Mann fällt die welthistorische Entscheidung, ob diese Stadt in Hinkunft Rio de Janeiro oder Henriville heißen wird, ob Brasilien der portugiesischen oder französischen Sprachwelt verbleibt – in solchen Dimensionen von zwei oder drei Dutzend Soldaten wurden damals ebenso in Indien wie in Amerika Kämpfe ausgefochten, die Form und Schicksal dieses Weltteils für Jahrhunderte bestimmen sollten. Estácio de Sá selbst bezahlt, von einem Pfeilschuß verletzt, den Sieg mit seinem Leben. Aber diesmal ist es ein entscheidender Sieg: die Franzosen fliehen auf ihren Schiffen aus dem Land und bringen nach Frankreich nichts anderes mit als die Kunde vom Tabak, den sie zu Ehren des Botschafters Jean Nicot benennen. Auf den Trümmern der französischen Festung, dem Morro do Castelo, weiht der Bischof die Kirche der zukünftigen Hauptstadt Brasiliens ein: die Stadt Rio de Janeiro ist mit dieser Stunde erstanden.

Es war ein liliputanischer Kampf, aber er hat die Einheit Brasiliens gerettet: Brasilien gehört den Brasilianern. Nun aber gilt es die Kolonie auszubauen, und dafür bleiben ihr beinahe fünfzig Jahre vollkommenen Friedens. Langsam schieben sich die Grenzen nach Paraíba, nach Rio Grande do Norte und ins Innere vor, die Siedlungen der Jesuiten in São Paulo beginnen sich fruchtbar zu entfalten, die Plantagen an der Küste werden erträgnisreich, und neben dem ständig steigenden Export von Zucker und Tabak blüht ein anderes, dunkleres Geschäft, der Import von »schwarzem Elfenbein«. Von Monat zu Monat werden immer größere Frachten afrikanischer Sklaven von Guinea und aus dem Senegal herübergebracht, und soweit sie auf der Reise in den vollgestopften, stinkenden Schiffen nicht verendet sind, auf dem großen Markte in Bahia verhandelt. Eine Zeitlang droht durch diese Fülle der Neger und die erstaunliche Anzahl der von den Portugiesen produzierten *mamelucos*, dieser Mischlinge aller Schattierungen, der europäische, der zivilisatorische Einfluß ins Schwinden zu geraten; einer Handvoll Unternehmer, die sich maßlos bereichern, steht in den Küstenstädten eine unermeßliche Anzahl farbiger Sklaven gegenüber; ohne die ausgleichende Arbeit der Jesuiten, die im Innern des Landes überall Fazenden anlegen und die Bevölkerung zur Seßhaftigkeit erziehen, die die Ausrottung der Eingeborenen verhinderten und durch Vorurteilslosigkeit die Mischung beförderten, wäre Brasilien vielleicht ein afrikanisches Land geworden, weil Europa sich völlig gleichgültig zeigt. Jedoch Europa, in hundert Kriege verstrickt, hat keine neuen Kolonisten abzugeben, und nur wenige Einsichtige finden sich, denen allmählich die Erkenntnis von dem Werte dieses Landes klargeworden ist; schon 1587 wird Gabriel Soares de Sousa in seinem »Roteiro« die prophetischen Worte finden: *Estará bem empregado todo cuidado que Sua Majestade mandar ter deste novo reino, pois está capaz para se edificar nelle hum grande imperio o qual com pouca despeza deste reino se fará tão soberano que seja hum dos estados do mundo.*

Die Stunde aber ist längst vorüber, wo das die halbe Welt beherrschende Portugal noch irgend jemandem helfen konnte, denn sein großartiger romantischer Traum, die ganzen drei Erdteile für sich und den christlichen Glauben zu erobern, ist ausgeträumt. Es hatte dem kleinen, tapferen Lande nicht genügt, beide Küsten Afrikas, die östliche und die westliche, zu besitzen und Indien bis hoch hinauf nach China seinem Handelsmonopol unterworfen zu haben. König Sebastian, der letzte und kühnste Träumer dieses heroischen Geschlechts, träumt von einem Kreuzzuge, der ein für allemal die muselmanische Macht vernichten soll. Statt seine besten Kräfte, seine Ritter, seine Soldaten in den Kolonien zu verteilen und das Reich der »Lusiaden« durch realistische Organisation zu erhalten, sammelt er wie ein Gralsritter in silberner Rüstung seine ganze Macht zu einem einzigen Heer und setzt nach Afrika über, um den maurischen Erbfeind mit einem Schlage zu vernichten. Aber nicht die Mauren trifft der vernichtende Schlag, sondern ihn selbst, und in der Schlacht von Alcacer-Quibir, diesem letzten, verspäteten Kreuzzug des Abendlands gegen das Morgenland, wird 1578 das portugiesische Heer völlig vernichtet und König Sebastian erschlagen. Die ungeheure Überspannung des Willens hat sich grausam gerächt: Portugal, das kleine Land, das ein Weltall sich untertan machen wollte, verliert seine eigene Unabhängigkeit, und Spanien rafft den freigewordenen Thron an sich. Das von tausend Kämpfen ausgeblutete Land vermag keinen Widerstand zu leisten; für zweiundsechzig Jahre, von 1578 bis 1640, verschwindet Portugal als selbständiges Reich aus der Geschichte. Alle seine Kolonien und somit auch Brasilien werden spanischer Kronbesitz.

Damit beherrscht für eine Weltstunde Philipp II. ein Weltreich, das jenes Alexanders und das römische des Augustus weit übertrifft. Außer der iberischen Halbinsel gehören dem Habsburger noch Flandern und das ganze erforschte Amerika, drei Viertel von Afrika und das von den Portugiesen eroberte indische Reich. Und dieses Gefühl der Kraft und der

Größe spiegelt sich in der Kunst Iberiens. Cervantes, Lope de Vega, Calderon schaffen ihre unvergleichlichen Werke; aller Reichtum der Erde strömt in dies eine triumphierende Land.

An diesem Triumph hat Brasilien geringen Teil und keinerlei Vorteil; statt zu gewinnen an Macht, durch die unerbetene Zugehörigkeit zu dem iberischen Imperium, bekommt die bisher unbehelligte Kolonie alle Feinde Spaniens ins Haus; englische Piraten plündern Santos, verbrennen São Vincente, die Franzosen setzen sich zeitweise am Maranhão fest, die Holländer brechen in Bahia ein und räubern dort die Schiffe. Schmerzhaft muß es Brasilien fühlen, wieviel neue Mächte seit der Vernichtung der Armada Spanien die Herrschaft über das Meer streitig machen. Keine dieser piratischen Einzelaktionen kommt freilich tief unter die Haut, es sind bloß kleine Schädigungen und Beunruhigungen, die der raschen Entwicklung nichts anhaben können. Gefährlich wird die Situation für Brasilien erst, da in Holland ein geregelter und wohldurchdachter Plan einsetzt, nicht bloß Häfen zu plündern, sondern *het Zuikerland*, wie diese guten Kommerzleute Brasilien nach seinem besten Handelsartikel benennen, als Ganzes zu erobern.

Holland, wirtschaftlich vorbildlich organisiert, weiß genau um den Wert Brasiliens, und kaum dürfte das Wort in den »Diálogos das grandezas do Brasil« (1618) seinen wachsamen Kaufleuten entgangen sein, daß als Ganzes Brasilien mehr Reichtümer besitze als Indien. So ist es wohl kein Zufall, daß 1621 nach dem Vorbild der indischen Compagnie in Amsterdam eine Compagnie »das Índias Ocidentais« mit großem Kapital begründet wird – angeblich bloß um Handel mit Brasilien und Südamerika zu treiben, in Wirklichkeit mit dem Hintergedanken, dieses gewaltige Reich für Holland und sein Handelsmonopol in Besitz zu nehmen. In dieser Compagnie sitzen gute Rechner, die einsehen, daß man für ein so großes Ziel auch große Investitionen einsetzen muß; um Brasilien zu besetzen und noch wichtiger, um es dann festzuhalten, darf man nicht, wie es die Franzosen getan, zwei oder drei Schiffe mit europamüden Kolonisten und rasch angemieteten Matrosen ausschicken, sondern muß eine wirkliche Flotte ausrüsten und in dieser Flotte eine geschulte Armee. Nichts zeigt die Entwicklung und die Wichtigkeit, die Brasilien in dem letzten halben Jahrhundert für die Welt bekommen hat, sinnfälliger als die veränderten Dimensionen. Während Villegaignon mit drei oder vier Schiffen landet, um die »France Antarctique« zu erobern, und sich dann die entscheidenden Kämpfe zwischen siebzig und hundert Mann improvisierter Kriegerschaft abspielen, rüstet die holländische Compagnie von Anfang an sechsundzwanzig Schiffe aus mit siebzehnhundert geschulten Soldaten und sechzehnhundert Matrosen.

Der erste Schlag gilt der Hauptstadt. Am 9. Mai 1624 wird Bahia fast ohne Widerstand genommen und unermeßliche Beute weggeschleppt. Nun erst wacht Spanien auf; über fünfzig Schiffe mit elftausend Mann werden entsandt, die Bahia vereint mit den einheimischen Hilfstruppen aus Pernambuco zurückerobern, ehe die zweite Flotte der Holländer mit vierunddreißig Schiffen eintrifft: bereits haben sich in Erkenntnis des Werts der bisher mißachteten Kolonie die Anstrengungen verhundertfacht, das »Zuckerland« zu behaupten. Genötigt, in Bahia zurückzuweichen, rüstet die holländische Compagnie zu einem neuen Angriff mit neuen Verstärkungen und hat damit Erfolg. 1635 wird Recife und in den folgenden Jahren außer Bahia die ganze Nordküste besetzt. Von dieser Stunde an besteht durch dreiundzwanzig Jahre im Norden Brasiliens eine selbständige holländische Verwaltung.

Die kolonisatorische Leistung dieser dreiundzwanzig holländischen Jahre ist allerdings eine großartige. Sie übertrifft bei weitem alles, was die Portugiesen vordem in hundert Jahren getan. Die Holländer haben klare und erprobte Organisationsideen. Sie überlassen die Einwanderung und Verwaltung nicht zufälligen anarchischen Elementen, sie senden nicht den

Abhub ihres Landes, sondern ihre besten und vorsorglich ausgewählten Männer. Moritz von Nassau, der als Gouverneur der Krone das neue Land verwaltet, stammt nicht nur aus königlichem Blut, sondern ist auch im geistigen Sinn ein Edelmann, weitsichtig, großzügig und tolerant. Er bringt einen ganzen Generalstab von Fachleuten, Ingenieuren, Botanikern, Astronomen, Gelehrten, um das Land zu erforschen, zu kolonisieren, zu europäisieren. Und nichts ist typischer für die Minderwertigkeit des kulturellen Materials, das die Portugiesen im Vergleich zu den Franzosen und Holländern nach Brasilien entsandten, als daß wir über die erste Jugendzeit Brasiliens keine einzige wirklich literarisch gültige Beschreibung von irgendeinem Portugiesen außer den Briefen der Jesuiten besitzen, während die Franzosen nach wenigen Jahren schon das Werk über die »France Antarctique« der Welt geben und Moritz von Nassau durch Barleus jenes vorbildliche Prachtwerk mit Kupfern und Plänen anfertigen läßt, das seinen Ruhm und seine Leistung verewigt.

Moritz von Nassau macht gute Figur in der brasilianischen Geschichte. Er hat als Humanist die Idee der Toleranz mitgebracht, allen Religionen freie Wirkung verstattet, allen Künsten fruchtbare Entwicklung ermöglicht, und selbst die alten Ansiedler können über keine Gewalttätigkeit klagen. In Recife, ihm zu Ehren Mauritsstaad benannt, werden Paläste, steinerne Häuser und saubere Straßen gebaut, das umliegende Land von Geographen durchforscht. Für die Zuckerindustrie werden neue hydraulische Pressen eingeführt, in den Handel die Kaufleute eingeschaltet, die aus Portugal geflüchtet waren, das ganze öffentliche Leben auf Stabilität und Entwicklung eingestellt. Den Portugiesen bleiben ihre Rechte gewahrt, den Eingeborenen ihre Freiheit. In gewissem Sinn verwirklicht Moritz von Nassau das gleiche Ideal der friedlichen Besiedlung, wie es die Jesuiten auf religiöser Grundlage anstrebten, im Geiste der Humanität.

Aber nicht in Brasilien wird das Schicksal Brasiliens entschieden, sondern in Europa. 1640 hat sich Portugal wieder von Spanien losgelöst und unter Dom João IV. seine eigene Krone zurückgewonnen. Dadurch ist eine weitere Okkupation durch Holland ohne jede rechtliche Grundlage. Ein Waffenstillstand gibt beiden Teilen Rast, und da seinerseits Holland, die neue Seemacht, mit der noch jüngeren Seemacht Englands in Konflikt gerät, kann der Kampf um die Befreiung Brasiliens wiederaufgenommen werden; zum erstenmal sind es nationale brasilianische Kräfte, die ihn entfachen. Es ist diesmal nicht so sehr Portugal, sondern schon die Kolonie selbst, die um ihre Einheit und Unabhängigkeit ficht. Wieder sind es kirchliche Elemente, welche die Führung übernehmen, weil sie die vitale Wichtigkeit erkennen, das neue Land unversehrt von jeder Infiltrierung durch protestantische Elemente zu erhalten, deren Anwesenheit den mörderischen Religionskrieg aus Europa nach Brasilien übertragen könnte. 1649 gründet der Pater António Vieira, einer der genialsten Diplomatenfiguren seiner Zeit, in Lissabon eine Gegencompagnie gegen die holländische, die »Companhia Geral de Comércio para o Brasil«, die aus eigener Initiative eine Flotte ausrüstet, und gleichzeitig improvisiert sich im Lande im Verein mit den einheimischen Handelsleuten, die ihre Plantagen und Zuckerwerke zurückgewinnen wollen, eine nationale Armee. Und nun geschieht das Überraschende: während Portugal mit Holland noch verhandelt, ob und wann und wieviel von Brasiliens Küste ihm verbleiben solle, und ehe noch die Flotte, die Portugal zur Stützung senden will, herübergekommen ist, haben die Brasilianer die Initiative auf eigene Faust übernommen; Schritt für Schritt werden die Holländer zurückgedrängt, Moritz von Nassau verläßt das Land, und am 6. Januar 1654 kapituliert Recife, ihre letzte Festung; die Holländer ziehen sich endgültig zurück. Während das Traumreich der Lusiaden ebenso rasch entschwindet, wie es der schöpferische Augenblick Portugals gebaut, bleibt Brasilien unversehrt sich selbst erhalten.

Im ganzen bedeutet die holländische Episode in der Geschichte Brasiliens einen Glücksfall. Sie hat lange genug gedauert, um durch vorbildliche Verwaltung darzutun, was in diesem Lande bei guter, zivilisierter Organisation geleistet werden kann, und dauert doch anderseits nicht lange genug, um die Einheit der portugiesischen Sprache und der portugiesischen Sitte zu brechen; im Gegenteil: gerade die Bedrohung durch eine Fremdherrschaft erschafft und fördert erst das brasilianische Nationalgefühl. Von Norden bis Süden empfindet sich jetzt diese Kolonie als ein zusammengehöriges Land, das einhellig entschlossen ist, jede gewaltsame Einwirkung auf sein nationales Leben ebenso gewaltsam aus seinem Organismus auszuscheiden: alles Fremde muß sich von nun ab dem Brasilianischen amalgamieren, wenn es sich behaupten will. Scheinbar ist mit diesem Kriege Brasilien für Portugal zurückgewonnen, in Wirklichkeit aber schon sich selbst.

Denn zum erstenmal in diesem Kriege zwischen Portugiesen und Holländern ist dieses neue, in seinen Kräften und Eigenheiten noch unbekannte Element in Erscheinung getreten: der Brasilianer.

Langsam hat sich dieser Typus zu formen begonnen und zunächst in ziemlich gegensätzlicher Art. Die Küste und das Innere des Landes zeigen ein durchaus verschiedenes Bild. In den Küstenstädten strömt ständig neues Blut ein, Zuwanderer, Händler, Matrosen und Sklaven, in den aldeias des Binnenlands wiederum erhält sich dasselbe Blut durch ständige Vermischung. Die Menschen der Küste sind Händler oder primitive Industrielle, ihre wahre Heimat ist das Meer, unwillkürlich blicken sie mit ihren Produkten und Plänen ständig nach Europa hinüber. Für die Kolonisten dagegen ist die Heimat die Erde, und nur Erde erzeugt das volle Gefühl der Verbundenheit.

Die stärkere Energie ist bei den Männern des Hinterlandes. Sie wohnen im Ungesicherten und, gewöhnt an die Gefahr, haben sie begonnen, sie zu lieben. Vor allem in São Paulo beginnt ein merkwürdiger Typus sich zu bilden: der Paulista. Als Portugiesen oder Söhne von Portugiesen einerseits die nomadische Lust der alten Indios, anderseits die Abenteurerfreude der europäischen Ahnen im Blut liebt dies neue Geschlecht es nicht, die Erde selbst zu bestellen, die es besitzt. Längst besorgen diese grobe Arbeit für sie ihre Sklaven, und die langsame Art, Reichtum zu erwerben, widerstrebt ihrem unruhigen Blut. Mit Ackerbau und Viehzucht wird man nicht reich, solange man sie nicht mit hundert Sklaven in großem Stile betreibt, und sie wollen reich werden auf Conquistadorenart – reich, mit einem Schlag und wenn auch mit Einsatz ihres Lebens. So schließen sich die Ansiedler von São Paulo mehrmals im Jahr zu größeren Gruppen zusammen, um als *Bandeirantes*, die Fahne voran, zu Pferd und mit einem Troß von Dienern und Sklaven wie einst die Raubritter ins Land zu ziehen, nicht aber ohne vorher ihre Fahne feierlich in der Kirche segnen zu lassen. Manchmal vereinigen sich bis zweitausend Menschen zu solchen *entradas*, und für ein paar Monate bleiben dann die Stadt und die Siedlungen leer von Männern. Was sie suchen, wüßten sie selbst nicht zu sagen; halb ist es das Abenteuer, halb die Hoffnung auf irgendeinen unvermuteten Fund in diesem grenzenlos weiten und unerforschten Land. Seit den Tagen, da die Schätze Perus und die Silberminen Potosis entdeckt wurden, wollen die Gerüchte von einem sagenhaften Eldorado nicht verstummen. Warum sollte es nicht in Brasilien verborgen sein? So ziehen die Paulistas die Flußläufe entlang, die Berge auf und nieder, auf immer anderen ungebahnten Wegen, in welcher Richtung gerade der Wind die vorangetragene *bandeira* treibt, immer erregt von der Hoffnung, irgendwo auf die sagenhaften Minen zu stoßen. Und solange sich das kostbare Erz nicht finden läßt, solange nicht der »Hercules vom Sertão«, Fernão Dias, wenigstens die Smaragde entdeckt, bringen sie wenigstens eine andere Beute mit: lebendige Menschen. In den ersten Jahrzehnten sind diese *entradas* nichts anderes als eine wüste, grausam rücksichtslose Sklavenjagd. Den Paulisten scheint es einfacher und zugleich spannender, statt am Markt in Bahia sich Neger zu kaufen, die Eingeborenen mit Hunden und Pferden in scharfer, die Sinne erregender Jagd wie Hasen einzufangen; aber am bequemsten finden sie es schließlich, statt mit den Bluthunden den Verängstigten bis tief in den Urwald nachzujagen, sich diese Sklaven einfach von den Kolonien zu holen, wo sie die Jesuiten so schön ordentlich angesiedelt und schon im voraus zur Arbeit erzogen haben.

Selbstverständlich ist dieses Raubrittertum gegen jedes Gesetz, denn ausdrücklich hat der König die Freiheit der Eingeborenen bestätigt, und Anchieta erhebt verzweifelte Klage: *Para êste gênero de gente não há melhor pregaçao que espada e vara de ferro.* Aus bloßer Gewinngier zerstören die Rotten ihr in Jahren und Jahren mühsam aufgebautes Ansiedlungswerk; sie entvölkern ihre Kolonien, sie tragen den Terror tief in befriedetes Land hinein, sie knechten und rauben nicht nur wehrlose, sondern auch schon kultivierte und dem Christentum gewonnene Menschen. Aber schon sind die Paulisten dank der rapiden Vermehrung durch Mischlinge zu stark, als daß sie Gebot und Gesetz noch einschüchtern könnte; selbst die päpstlichen Bullen gegen diese *entradas* und *bandeiras* haben mitten im *sertão*, im Urwald, keine Gewalt. Immer wilder und zugleich weiter geht die Menschenräuberei ins Land hinein, und noch aus dem Anfang des neunzehnten Jahrhunderts finden wir in Debrets »Voyage pittoresque au Brésil« eines der grausigen Bilder, wie nackte Männer, Frauen und Kinder an langen Stangen zusammengekoppelt wie Vieh von diesen brutalen Sklavenjägern verschleppt werden.

Dennoch haben diese wilden Gesellen in der Geschichte des Landes wider Willen ein großes Verdienst. Immer war die an sich verächtliche Gier nach raschem Gewinn eine der stärksten Kräfte, die den Menschen ins Weite getrieben; sie führte die phönizischen Schiffe über das Meer, sie lockte die Conquistadoren in die unbekannten Erdteile, sie peitschte, obwohl der schlimmste Trieb, die Menschheit vorwärts von Stillstand und bequemem Behagen. So ergänzen paradoxerweise die Bandeirantes, die nur raffen und rauben wollen, das zivilisatorische Werk des Aufbaus Brasiliens, denn durch ihr wildes, zielloses Vordringen fördern sie die geographische Entdeckung des Landes. Von Bahia aus den São Francisco empor, von São Paulo den Paraná hinab und den Paraguay, nach Minas Gerais die Serra empor nach Mato Grosso und Goiaz, quer durch den Urwald vordringend, schaffen und erforschen sie erste Wege in das unbekannte Territorium, und während sie entvölkern, besiedeln sie zugleich. Denn an manchen Stellen bleiben ein paar von ihnen zurück; damit entstehen neue Zellen der Besiedlung, neuen Zentren, von denen neue Nerven und Adern sich weiterbilden ins Unbetretene; in bitterster Feindschaft dem geduldigen Siedlungsplan der Jesuiten entgegenwirkend, haben sie anderseits gerade durch ihr ungeduldiges Vordringen ins Unbekannte das Werk der Durchdringung beschleunigt, nach Goethes Wort »ein Teil von jener Kraft, die stets das Böse will und doch das Gute schafft«. Auch sie haben an der Schaffung Brasiliens ihr gutes Teil.

Paulisten sind es auch, die auf einer ihrer *entradas* in die völlig unbewohnten Bergtäler von Minas Gerais eindringen und dort im Rio das Velhas das erste Gold finden. Einer der Bandeirantes bringt die Nachricht nach Bahia, ein anderer nach Rio de Janeiro, und sofort setzt von beiden Städten und allen möglichen Orten eine ganze Völkerwanderung in diese unwirtlichen Gebiete ein. Die Plantagenbesitzer treiben ihre Sklaven mit sich, die Zuckerwerke werden verlassen, Soldaten desertieren; in ein paar Jahren entsteht im Goldbezirk ein kleiner Ring von Städten, Vila Rica, Vila Real, Vila Albuquerque mit hunderttausend Einwohnern. Dazu kommt bald darauf die Entdeckung der Diamanten. Mit einemmal ist Brasilien die reichste Goldquelle der Welt und der kostbarste Besitz der portugiesischen Krone geworden, die sich von vornherein den Fünftteil an allem gefundenen Gold und jeden Diamanten über zweiundzwanzig Karat gesichert hat.

Die neue Provinz bietet zunächst das Bild eines vollkommenen Chaos. Wie in den ersten Zeiten der Kolonisation fühlen sich in diesen abgelegenen Gebirgstälern, weil noch ohne staatliche Kontrolle, die Eindringlinge jenseits von Recht und Pflicht, und der eingesetzte Gouverneur stößt – ebenso wie seinerzeit die Jesuiten – auf entschlossenen Widerstand, sobald er Ordnung und Zucht einführen will. Die »Paulisten« wehren sich gegen die *emboabas*, die Eindringlinge von der Küste, und es kommt zu verzweifelten Kämpfen, in denen schließlich die königliche Autorität die Oberhand behält. An und für sich ist es nur Habgier, welche die ersten Goldgräber, die den unerwarteten Reichtum mit niemand anderem teilen wollen, zusammenrottet. Aber hinter ihrem eigenmächtigen Widerstand wirkt als höherer Wille schon unbewußt ein nationales Empfinden. Die Paulisten stellen mit diesen ersten Revolten gegen die portugiesische Autorität rein instinktiv die Forderung auf, allerdings noch ohne sie zu formulieren, daß jeder Reichtum der brasilianischen Erde Brasilien gehöre; sie empfinden es als absurd, daß das Gold, das sie – oder vielmehr ihre Sklaven – graben, verwendet werden solle, um tausende Meilen über dem Meer in einem Lande, das sie zeitlebens nie sehen werden, Paläste und gigantische Klöster zu bauen. In gewissem Sinn ist dieser erste, rasch niedergeschlagene Aufstand der Goldgräber gegen die portugiesische Autorität schon das erste Vorspiel des großen Unabhängigkeitskampfes, der in derselben Stadt, an derselben Stelle ein halbes Jahrhundert später seine niedergehaltenen Kräfte neuerdings entladen wird. Denn das Gold als die sichtbarste, münzbarste Wertsubstanz hat Brasilien zum erstenmal das Selbstbewußtsein seines Reichtums gegeben; von der Stunde seiner Entdeckung an betrachtet sich das Land nicht mehr als der Verschuldete und Dankespflichtige gegen sein Ursprungsland, sondern als freies Subjekt, das seine einstige Verpflichtung bereits in hundertfachen Werten an die Heimat zurückerstattet hat.

Im ganzen dauert dieser Goldtaumel nicht länger als fünfzig Jahre. Dann versagt – eine Katastrophe für Portugal – diese kostbare Quelle. Aber immer wiederholt sich in der Geschichte Brasiliens das gleiche merkwürdige Phänomen: was für sein Mutterland, für Portugal, ein Unglück bedeutet, wird für die Kolonie zum Gewinn. Über Portugal bricht, sobald die Goldsendungen ausbleiben, eine Finanzkrise schwerster Art herein, die Pombal nicht bemeistern kann und die im weiteren Verlauf die Austreibung der Jesuiten und seinen eigenen Sturz zur Folge hat: Brasilien wird dagegen eher stabilisiert. Denn durch die Auffindung des Goldes ist eine neue Verschiebung des Gleichgewichts und damit eine erste Konsolidierung in der Menschenverteilung Brasiliens eingetreten. Abermals sind große Massen in das bisher schwachbesiedelte Innere verpflanzt worden, und selbst als das Schwemmgold im Sande abgeschöpft ist, ziehen es die einstigen Goldgräber vor, die hier keine Bleibe und auch sonst keine Heimat haben, statt an die Küste zurückzuwandern, in der *mata*, dem fruchtbaren Tiefland von Minas Gerais, sich anzusiedeln. Damit ist abermals – wie vordem São Paulo – eine Provinz bevölkert und der bisher ungenützte Strom des São Francisco als lebendige Verkehrsader gewonnen. Immer mehr wird Brasilien aus einer bloßen Küste ein wirkliches Reich.

Aber wichtiger als alles gewonnene Gold ist für Brasilien das mächtig erstarkte Gefühl seines eigenen Wertes. Teilweise in Kämpfen wider die von Norden gegen den Maranhão vordringenden Franzosen, teilweise durch kühne Streifung ins Unbekannte und fortschreitende Besiedlung des Westens, hat sich die Bevölkerung aus eigener Kraft das Flußgebiet des Amazonas, Mato Grosso, Goiaz, Rio Grande do Sul und eine Reihe anderer Provinzen gewonnen, deren jede einzelne räumlich so groß oder größer ist als die allmächtigen europäischen Staaten, wie Spanien und Frankreich und Deutschland; zu einer Zeit, da das gleiche umfangreiche Nordamerika kaum ein Sechstel seines Bodens kennt, hat Brasilien sich bis nahe zu den heutigen Grenzen ausgebreitet, und längst ist das eigene kleine Mutterland kein Maßstab mehr, denn eingezeichnet in die immensen Gemarkungen Brasiliens, erscheint Portugal klein wie ein Tintenfleck auf einem riesigen Tuch. Wie dann 1750 im Vertrag von Madrid endgültig die Grenzen der Kolonie gegen die spanischen festgesetzt werden sollen, muß Spanien ärgerlich anerkennen, daß Brasilien längst nicht mehr auf die veralteten Linien des Vertrags von Tordesillas zurückgeschoben werden könne und durch das stärkere Recht seiner kolonialen Leistung alle papierenen Paragraphen zunichte gemacht hat. Langsam beginnt um die Wende des achtzehnten Jahrhunderts Europa, beginnt das Land selbst zu begreifen, wie groß, wie mächtig, wie einheitlich es in den scheinbar ereignislosen Jahren auf seine stille, beharrliche Art geworden ist. Und je mehr es seiner Kindheit, seiner finanziellen Abhängigkeit entwächst, um so mehr muß es als Ungehörigkeit und Ungerechtigkeit empfinden, daß seine freie Entwicklung durch die unpolitische und überdies ungeschickte Vormundschaft Portugals immer noch in kleinlicher Weise gehemmt wird.

Denn um möglichst viel Gewinn aus seiner Kolonie herauszuholen, umstrickt die portugiesische Krone Brasilien mit einem Netzwerk von Gesetzen, das dem jungen Land die von Kraft strotzenden Adern vom Welthandel abbindet; die Regierung erlaubt zum Beispiel gerade dem Lande, wo die Baumwolle frei und üppig ihre Heimat hat, keine eigene Fabrikation von Textilwaren, um Brasilien zu zwingen, die Fertigware von Lissabon zu bestellen, und derartige Verbote häufen sich bis ins Willkürliche und Stupide. So wird 1775 durch ein Dekret verboten, Seife zu erzeugen, es wird verboten, heimischen Alkohol zu keltern, um die Konsumenten zu nötigen, mehr portugiesischen Wein zu trinken. Der Gouverneur weigert sich, in seinem Palast jemanden zu empfangen, der nicht aus portugiesischen Stoffen gefertigte Kleider trägt. Einem Lande, das schon zweieinhalb Millionen Einwohner besitzt, wird untersagt, Reis anzupflanzen, im Jahrhundert der Philosophie und Aufklärung seinen Städten nicht der Druck von Zeitungen und nicht einmal von Büchern erlaubt, kein Brasilianer darf ein fremdes Schiff kaufen, kein Ausländer in Rio leben und kaum einer dort landen. Brasilien wird abgesperrt wie der Privatgarten des Königs von Portugal. Selbst im neunzehnten Jahrhundert wird noch, als Humboldt für seine großartige Schilderung, die Brasilien erst wahrhaft für die Welt entdeckt, das Land bereisen will, den Behörden vertraulicher Befehl erteilt, wenn ein *certain baron Humboldt* sich einstelle, ihm die möglichsten Schwierigkeiten zu bereiten.

So ist es leicht zu begreifen, mit welcher leidenschaftlichen Aufmerksamkeit die Brasilianer den Unabhängigkeitskampf Nordamerikas verfolgen, das von einer viel milderen und klügeren Hüterschaft sich gewaltsam losreißt und seine Freiheit erzwingt. Die früheren Former und Meister ihrer Lebensform, die Jesuiten, die im Lande immer unbeliebter wurden, je mehr sich ihre Organisation ins Kommerzielle und Geschäftliche wandte und mit den einheimischen Kolonisten konkurrierte, haben auf Befehl Pombals das Land verlassen müssen, aber damit ist den Brasilianern keineswegs Macht und Recht über ihr eigenes Schicksal gegeben; die Vizekönige verwalten das Land ausschließlich zum Vorteil Portugals und nehmen wenig Anteil an seiner selbständigen Entwicklung. Langsam, heimlich, aber unaufhaltsam bildet sich eine antiportugiesische Partei oder vielmehr eine, die damals noch leicht mit der bloßen Gewährung der Gleichberechtigung und freiem Welthandel zu beschwichtigen wäre. An sich ist der Brasilianer weder radikal noch revolutionär; mit einer leichten und geschickten Hand wäre das Land noch ohne Schwierigkeiten festzuhalten. Aber für seine Wünsche hat man in Lissabon kein Verständnis, und selbst Pombal, der Portugal vergebens zu aufgeklärteren und zeitgemäßeren Anschauungen zu veranlassen suchte, gewährt trotz einzelner ökonomischer Verbesserungen Brasilien nicht die volle organische Entfaltung seiner Kräfte; die als Palliativ, als Beruhigungsmittel von ihm befohlene Austreibung der Jesuiten, die unter heftigem Widerstand der ihnen anhängenden Siedlungen sich vollzieht, erweist sich in keiner Weise dem Lande als moralischer Vorteil oder als materieller Gewinn; im Gegenteil, die Feindseligkeit, welche die Kolonisten bisher diesen geistlich-kommerziellen Organisatoren entgegenbrachten, wendet sich jetzt geschlossen gegen das Mutterland. Schon vordem waren mehrmals in Minas Gerais, in Bahia und Pernambuco einzelne Aufstände gegen die Fiskalbeamten Portugals aufgeflackert, aber, weil nicht gemeinsam verbunden, mit Gewalt niedergeschlagen worden. Meist waren es bloß lokale Revolten gegen eine neue Besteuerung oder Beschränkung gewesen, impulsive Ausbrüche einer zusammengerotteten Masse und darum der Autorität Portugals nicht wirklich gefährlich. Erst zu Ende des Jahrhunderts setzt eine voll ihres Zieles bewußte, von Idealismus getragene nationale Bewegung ein mit den Verschwörern der *Inconfidência Mineira.*

Die *Inconfidência* ist eine Verschwörung junger Leute und darum eine romantische, mit kühnen Reden und schwungvollen Gedichten, ungeschickt in der Vorbereitung und doch vom Geist der Zeit getragen in ihrer Entschlossenheit. 1788 hatte eine Gruppe junger brasilianischer Studenten an der Universität Montpellier lebhaft die Notwendigkeit einer nationalen Befreiung diskutiert und sogar schon mit Jefferson, dem Pariser Gesandten der Vereinigten Staaten, Fühlung gesucht, um ihrer Sache die Hilfe der nordamerikanischen Republik zu gewinnen. Eine wirkliche Aktion kam nicht zustande, aber die Idee blieb lebendig, und sofort wie einige dieser Studenten dann nach Ouro Preto, der damals geistig regsamsten Stadt, zurückkehrten, formt sich eine revolutionär gesinnte Gruppe unter Führung des aus Coimbra eben eingetroffenen José Álvares Maciel und Joaquim José da Silva Xavier, der unter dem Namen »Tiradentes« der vielbesungene Held dieser ersten wirklich brasilianischen Freiheitsbewegung geworden ist. Es sind durchwegs Männer geistiger Berufe, die sich in diesen geheimen Konventikeln vereinigen, Ärzte, Dichter, Juristen, Magistratspersonen, dieselbe neuaufsteigende bürgerliche Schicht, die zur gleichen Stunde in Frankreich die Revolution führt – Männer, die gerne diskutieren und sich an Büchern und Ideen begeistern, Männer, die gerne sprechen und diesmal zu viel sprechen. In ihrem Enthusiasmus sehen sich die Verschwörer, noch lange ehe sie die Verschwörung richtig geplant und organisiert haben, schon am Ziel und suchen ungestüm und gutgläubig Freunde für ihr noch durchaus theoretisches Projekt. So kann der Gouverneur, von eingeschmuggelten Spionen ständig informiert, im voraus zuschlagen, ehe sie selbst sich zur Tat entschlossen haben. Die meisten der jungen Leute werden zur Deportation nach Afrika verurteilt, der Dichter Cláudio Manuel da Costa tötet sich im Gefängnis, und nur einer, Joaquim José da Silva Xavier, der »Tiradentes«, der frei und heroisch vor dem Tribunal sich zu seiner Überzeugung bekennt, wird auf die grausamste Weise am 21. Juli 1789 in Rio de Janeiro hingerichtet und die Stücke seines zermarterten Leibs *para terrível escarmento dos povos* an den Straßenkreuzungen von Minas aufgenagelt. Aber damit ist der Funke der Freiheitsbewegung keineswegs niedergetreten, er glimmt weiter unter der Erde. Zu Ende des achtzehnten Jahrhunderts ist Brasilien wie alle seine südamerikanischen Nachbarstaaten von Argentinien bis Venezuela hinauf innerlich schon für den

Abfall von Europa bereit und wartet nur noch auf die gegebene Stunde.

Ein Zufall hält diesen Abfall noch um zwei Jahrzehnte auf. Portugal ist in den napoleonischen Kriegen in die schlimmste Lage geraten, die es im Kriege gibt: zwischen Hammer und Amboß. In dem erschöpfenden Ringen der beiden Giganten Napoleon und England wäre das kleine Land naturgemäß gewillt, abseits und neutral zu bleiben.

Aber wenn die Gewalt ein Jahrhundert regiert, ist für Friedwillige kein Raum; sowohl Frankreich, das Portugals Häfen will, als auch England, das sie gegen die Kontinentalsperre benötigt, fordern Entscheidung. Und diese Entscheidung ist fürchterlich verantwortungsvoll für König João VI. Napoleon beherrscht den Kontinent, England beherrscht die See. Widerstrebt der König Napoleons Forderung, so marschiert Napoleon ein, und dann ist Portugal verloren. Widerstrebt er England, so sperrt England das Meer, und er verliert Brasilien. Angesichts dieser unerbittlichen Wahl, ob Lissabon vom Lande aus durch Napoleon oder von der See her von den Engländern bombardiert werden solle, bilden sich am Hof zwei Parteien, die pro-französische und die pro-englische. Der König schwankt, und in seinem Schwanken wird er zum erstenmal bewußt, was Brasilien in drei Jahrhunderten geworden ist: das kostbarste Gut seiner Krone und längst nicht mehr eine bloße Kolonie. Er ahnt, daß es in Hinkunft vielleicht mehr Reichtum, Macht und Weltstellung bedeuten wird, Brasilien sein eigen zu nennen als Portugal; zum erstenmal schwankt in der Waagschale Portugal zu Brasilien gleich zu gleich.

In letzter Stunde fällt das Haus Bragança, als Napoleon 1807 das Ultimatum stellt, ob Portugal für ihn oder gegen ihn sein wolle, die Entscheidung: lieber Lissabon aufgeben, lieber ganz Portugal verlieren als Brasilien. Während Junot in

Eilmärschen schon vor den Toren Lissabons angelangt ist, schifft sich die königliche Familie mit fünfzehntausend Personen, dem ganzen Adel, dem Magistrat, den Kirchenleuten, den Generälen und – *last but not least* – zweihundert Millionen Cruzados hastig ein, überquert unter dem Schutz der englischen Flotte den Ozean. Ein Weltumsturz mußte kommen, damit zum erstenmal in drei Jahrhunderten irgendein Angehöriger des Hauses Bragança und nun sogar sein König in persona den Boden Brasiliens betritt.

Der Gouverneur und die Zeremonienmeister erschrecken heftig. Rio de Janeiro hat keine Paläste, hat nicht genug Räume und Betten, um so hohe Gäste und einen so zahlreichen Hofstaat zu empfangen. Aber das Volk jubelt dem Monarchen begeistert entgegen und begrüßt mit Jubelrufen ihn als den »Imperador do Brasil«, denn es fühlt instinktiv, daß ein Monarch, der einmal als Flüchtling bei ihm Schutz gesucht, Brasilien in Hinkunft nicht mehr länger als untergeordnete Kolonie behandeln könne. In der Tat fallen bald nach der Ankunft des Königs die einengenden Schranken. Vor allem werden die Häfen dem Welthandel geöffnet, die industrielle Produktion unbeschränkt freigegeben, eine eigene Bank geschaffen, die Banco do Brasil, Ministerien eingesetzt, eine königliche Presse eröffnet, zum erstenmal darf in dem bisher geknebelten Land sogar eine Zeitung erscheinen. Eine Reihe Institute erstehen, die Rio de Janeiro zu einer wirklichen Hauptstadt machen, Akademien, Museen, ein botanischer Garten. Aber erst 1815 erfolgt endlich die volle staatsrechtliche Gleichberechtigung der *reinos unidos*; Portugal und Brasilien, einst Herrin und Magd, sind nun Schwestern. Was vor einem Jahrzehnt nicht zu erträumen war und von staatsmännischer Weisheit ansonsten in Jahrhunderten nicht zu erhoffen, das hat die weltumformende Persönlichkeit Napoleons in knappster Frist erzwungen. Durch diesen Glücksfall – immer waren, man kann es nicht genug wiederholen, die Katastrophen Portugals Glücksfälle für Brasilien –

bleibt der Unabhängigkeitskrieg, der Nordamerika durch Jahre vewüstet und die anderen südamerikanischen Staaten schwere Blutopfer gekostet, diesem bevorzugten Lande zunächst erspart; Brasilien kann die europäische Unruhezeit geruhig nutzen, um seine Grenzen langsam zu konsolidieren. Längst – 1750 – sind die alten Einschränkungen des Vertrages von Tordesillas für ungültig erklärt worden. Weit nach Westen, den ganzen Lauf des Amazonas entlang, erstreckt sich das neue Königsreich in die Tiefe; im Süden ist Rio Grande do Sul dazugewonnen, im Norden die lang umkämpfte Grenze bis nach Guyana hinaufgerückt, und die gute Gelegenheit, daß Europa auf Kongressen beschäftigt ist, verlockt Dom João VI., sich mit einem Handstreich Montevideos zu bemächtigen und Uruguay – allerdings nur vorübergehend – an Brasilien als cisalpinische Provinz anzuschließen. Die endgültige Form Brasiliens ist mit dem neunzehnten Jahrhundert soviel wie erreicht.

Diese Jahre der Gegenwart des königlichen Hofes bringen außer dem politischen dem Lande auch ungemeinen moralischen Gewinn. Seit die Jesuiten unter Pombal aus dem Lande vertrieben wurden, geschieht es zum erstenmal, daß Portugiesen von kulturellem Rang, Gelehrte, Wissenschaftler sich in der Hauptstadt ansässig machen. In großzügigster Weise beruft der König außerdem Forscher und Maler aus Frankreich und Österreich, um Institute zu begründen oder zu erweitern. Erst von diesem Zeitpunkt an besitzen wir wirkliche Bilder und Darstellungen von Rio, wissenschaftliche Studien, lesbare Schilderungen. Das königliche Brasilien ist nun nicht mehr die einstige *terra do exílio*, seit es die *terra do refúgio* seines Königs geworden, und in wenigen Jahren wird es ein Gegenpol europäischer Zivilisation und die Stätte eines glanzvollen und hochgeachteten Hofes. Und nichts zeigt deutlicher die Weltstellung dieses neuen Landes, als daß der Kaiser von Österreich, nach Napoleons Fall der mächtigste Mann Europas, den Thronfolger dieses Reiches, Dom Pedro, nicht für zu gering hält, um ihm eine Schwester Maria Louisens, seine Tochter Leopoldine zu vermählen, die mit größten Festlichkeiten in Rio empfangen wird. Könnte König João seiner eigenen Neigung folgen, so bliebe er zeitlebens in dem neuen Land, dessen Schönheit und zukünftiger Wert ihm wie all den Seinen bald klargeworden ist. Aber das heimische Portugal verlangt, nun da Napoleon von seiner wüsten Insel St. Helena Europa nicht mehr beunruhigen kann, seinen angestammten König eifersüchtig zurück. João gerät in Gefahr, falls er dem immer gebieterischer werdenden Rufe nicht folgt, den Thron seiner Vorfahren zu verlieren. Lange zögert er den Abschied hinaus, aber schließlich geht es nicht länger: 1820 kehrt João VI. nach Lissabon zurück, nachdem er zuvor den Thronerben Dom Pedro zu seinem Stellvertreter in Brasilien ernannt.

König João VI. hat zwölf Jahre in Brasilien residiert, Zeit genug, um zu erkennen, wie stark, wie eigenwillig, wie national das Land mit dem neuen Jahrhundert geworden ist; im tiefsten Herzen vermag er sich der schlimmen Vorahnung nicht ganz zu erwehren, daß eine Personalunion zweier Länder über dreitausend Meilen Ozean auf die Dauer nicht haltbar sein wird. Aus dieser Erkenntnis gibt er seinem Sohn Dom Pedro, den er als *defensor perpétuo do Brasil* eingesetzt hat, den Rat, im Notfall lieber selbst die Krone Brasiliens sich auf das Haupt zu setzen, ehe irgendein fremder Abenteurer sie an sich reißt. Tatsächlich zeitigt die Abreise des Königs eine nationale Bewegung, welche die *independência* fordert, und die von dem Thronfolger eher gefördert als gehemmt wird. Nach scheinbarem Widerstand erklärt der junge Ehrgeizige am 7. September 1822, geführt von dem hervorragenden patriotischen Minister José Bonifácio de Andrada e Silva, dem ersten wirklich brasilianischen Staatsmann, der mit großer geistiger Überlegenheit den Ehrgeiz des Thronfolgers für seine patriotischen Ziele auszunützen weiß, die Unabhängigkeit Brasiliens; am 12. Oktober 1822 wird der bisherige *defensor perpétuo* als Pedro I. zum Kaiser von Brasilien proklamiert, nachdem er zuvor geschworen, nicht als autokratischer Herrscher, sondern als konstitutioneller Fürst das Land zu regieren. Nach kurzen Kämpfen teils mit treugebliebenen portugiesischen Truppen, teils mit revolutionären Bewegungen, wird die äußere Ruhe im Lande hergestellt; die innere freilich ist schwerer zu erringen. Das brasilianische Unabhängigkeitsgefühl, von den unerwartet raschen Erfolgen berauscht, will noch sichtbarere Triumphe. Auch diesen seinen ersten Kaiser empfindet es noch nicht als den eigenen, den eigentlichen, den wirklich brasilianischen; das Volk kann Pedro I. nicht verzeihen, daß er geborener Portugiese ist, und der Verdacht will nicht verstummen, er würde nach dem Tode seines Vaters versuchen, die beiden Kronen wieder zu vereinigen. Auch versteht Pedro I., mehr Romantiker als Realist, bravourös, aber allzuviel mit erotischen Privatangelegenheiten beschäftigt und den Hof der Willkür seiner Maitresse, der Marquise von Santos, aussetzend, sich nicht bei seinem Volke beliebt zu machen.

Den entscheidenden Stoß gibt der unglückliche Krieg gegen Argentinien, in dem Brasilien seine »cisalpinische Republik« verliert. Im historischen Sinne bedeutet der Ausgang dieses Krieges zwar eher einen politischen Gewinn; durch die Schaffung eines unabhängigen Uruguay ist ein für allemal jeder Konflikt zwischen den beiden mächtigen Schwesternationen Brasilien und Argentinien ausgeschaltet und durch dauernde Freundschaft ersetzt. Aber 1828 sieht das Land nur den Verzicht auf die La-Plata-Mündung, der Brasilien sehnsüchtig seit Jahren zustrebt, und der Kaiser muß diesen Unmut fühlen. Es hilft nichts, daß er 1830, nach dem Tode João VI., die ihm rechtlich zufallende Krone Portugals ausschlägt und damit bekundet, daß er sich eindeutig für Brasilien entschieden habe; er bleibt hier der Fremde, der Ausländer, und immer mehr organisieren sich die nationalen Elemente gegen ihn. Die französische Julirevolution gibt seiner Popularität den letzten Rest, denn alles Französische wirkt stimulierend auf die brasilianischen Parlamentarier, die in ihren Reden, Verordnungen und Debatten gewohnt sind, das Pariser Vorbild nachzuahmen, und diese Kopierung des Französischen geht so weit, daß groteskerweise zwei führende brasilianische Politiker sogar Lafayette und Benjamin Constant heißen. Nur rechtzeitige Resignation des unbeliebten Kaisers kann den Thron noch gegen den republikanischen Ansturm retten; so dankt Pedro I. 1831 zugunsten seines Sohnes ab in der richtigen Erkenntnis: *Meu filho tem sôbre mim a vantagem de ser brasileiro*. Auch bei dieser Abdankung wird wieder die brasilianische Tradition glücklich gewahrt, staatspolitische Umstürze womöglich ganz ohne Blutvergießen und in konzilianter Art zu vollziehen. Still, nicht verfolgt von Haß und Groll, verläßt der erste Kaiser Brasiliens das Land.

Der neue Kaiser Pedro II., *o imperador menino*, dem Blut nach zugleich ein Habsburger und ein Bragança, ist bei der Abdankung seines Vaters fünf Jahre alt. José Bonifácio übernimmt für ihn die Regentschaft, und nun beginnt vor und hinter den Kulissen ein wildes Politisieren und Intrigieren. Für Brasilien, das dreihundert Jahre unselbständig und mundtot gewesen, sind die parlamentarischen Rechte und die Pressefreiheit zu neue Dinge, als daß sich nicht alle daran berauschten. Unablässig gehen die Debatten; die politische Erregung bleibt aus bloßer Rede- und Politisierfreude – eigentlich ohne äußeren Anlaß – ständig in Hochspannung. eine Partei arbeitet für die Errichtung einer Republik, eine andere sucht den persönlichen Regierungsantritt Pedro II. zu beschleunigen, dazwischen überkreuzen sich persönliche Intrigen. Keine Regierung, keine Partei scheint wirklich stabil. Viermal in sieben Jahren wird der Regent gewechselt, ehe endlich die konservative Partei, um eine gewisse Beruhigung zu erzwingen, 1840 die vorzeitige Majorennitätserklärung Pedro II. durchsetzt. Mit fünfzehn Jahren wird der bisherige *imperador menino* am 18. Juli feierlich zum Kaiser von Brasilien gekrönt.

Wie wenig Vertrauen die Welt den ständigen Bündeleien und Zänkereien der südamerikanischen Politiker entgegenbringt, zeigt die kühle Aufnahme des geheimen Botschafters, der sofort nach der Thronbesteigung nach Europa abgesandt wird, um für den jungen Kaiser eine Gemahlin von fürstlichem Rang zu suchen. Sein erster Weg geht nach Wien zu den Habsburgern, den nächsten Verwandten des jungen Kaisers. Aber während seinerzeit seinem Vater Pedro I. ohne Zögern eine Erzherzogin aus dem immer reichen Bestande der kaiserlichen Familie zugeteilt wurde, bleibt diesmal der allmächtige Kanzler Metternich abwartend und kühl. Die südamerikanischen Staaten haben durch die Unstabilität ihrer Regierungen, die fortwährenden Putsche ehrgeiziger Generäle und leidenschaftlicher Politiker in Europa viel an Kredit verloren. 1840 denkt man nicht mehr daran, eine Erzherzogin über das unruhige Meer in ein noch unruhigeres Land zu schicken, und selbst unter den Prinzessinnen minderer Kategorie zeigt keine einzige Neigung zu dieser überseeischen Kaiserkrone. Nachdem er ein ganzes Jahr vergeblich in Wien antichambriert, muß der Brautwerber sich zufriedengeben, eine napoletanische Prinzessin mit wenig Schönheit und wenig Geld, dafür aber reicher an Jahren als ihr zukünftiger Gatte, für den jungen Monarchen heimzubringen.

Aber diesmal wie sooft haben die berufsmäßigen Politiker sich in ihren Prognosen geirrt; dieser junge Monarch wird beinahe ein halbes Jahrhundert lang friedlich regieren und eine an sich schwierige Position mit Würde und unter allseitiger Achtung behaupten. Pedro II. ist dem Wesen nach eine kontemplative Natur, eher ein auf den Thron verschlagener Privatgelehrter oder Bibliothekar als ein Mann der Politik oder der Armee. Ein wahrhafter Humanist von anständiger

Gesinnung, für dessen Ehrgeiz es höheres Glück ist, einen Brief von Manzoni, Victor Hugo oder Pasteur zu erhalten, als bei militärischen Paraden zu glänzen oder Siege zu erfechten, hält er sich – obwohl äußerlich durch seinen schönen Bart und sein würdiges Auftreten sehr eindrucksvoll – möglichst im Hintergrund und verbringt seine glücklichsten Stunden in Petrópolis bei seinen Blumen oder in Europa mit Büchern und in Museen. Seine persönliche Haltung ist – und damit wirkt er durchaus im Geiste seines Landes – konziliatorisch, und der einzige Krieg, den er während seiner langen Regierungszeit zu führen genötigt war, – der Kampf gegen Lopez, den agressiven Militärdiktator von Paraguay – endet nach dem Siege mit einer vollkommenen Versöhnung des Nachbarstaates, sogar die militärischen Trophäen werden dem besiegten Lande freiwillig zurückgegeben. Durch die äußerlich imposante, innerlich vorsichtig farblose Haltung des Kaisers, durch die staatsmännische Überlegenheit Rio Brancos, der alle Grenzkonflikte durch Schiedsgerichte und internationale Vereinbarungen zu schlichten weiß, durch den sichtlich steigenden Reichtum des Landes, das, statt seine Grenzen gewaltsam zu erweitern, eine innere Konsolidierung anstrebt, erzwingt sich Brasilien in diesen fünfzig Regierungsjahren Dom Pedro II. eine ganz neue Respektstellung in der Welt.

Ein einziger Konflikt freilich ist durch alle diese Jahre nicht zu lösen, weil er mit seiner Spitze bis hart an den Lebensnerv des Landes reicht und eine allzu radikale Operation, einen unberechenbaren Kraft- und Blutverlust bedeuten würde: das Problem der Sklaverei. Seit Anbeginn ist die ganze landwirtschaftliche und industrielle Produktion Brasiliens einzig auf Sklavenarbeit fundiert; noch besitzt das Land weder genug Maschinen noch freie Arbeiter, um diese Millionen schwarzer Hände zu ersetzen. Aber anderseits ist – insbesondere seit dem nordamerikanischen Sezessionskrieg – die Sklavenfrage aus einem sozialen ein moralisches Problem geworden, das eingestandenerweise oder uneingestandenerweise das Gewissen der ganzen Nation bedrückt. Offiziell zwar ist seit 1831 – eigentlich schon 1810 durch einen Vertrag mit England – jeder neue Import von Sklaven und damit eigentlich der Sklavenhandel verboten; 1870 wird dieses Schutzgesetz ergänzt, durch das Gesetz des *ventre livre*, demzufolge jedem Kinde einer Sklavin schon vom Mutterleibe an die Freiheit gewährt ist. Durch diese zwei Gesetze wäre eigentlich praktisch die Sklavenfrage nur eine Frage der Zeit, keine prinzipielle mehr, weil jeder Zuwachs an neuen Sklaven verhindert ist und mit dem Absterben des lebenden Materials es bald nur mehr freie Menschen in Brasilien geben müßte. In Wirklichkeit kehren sich aber weder die Sklavenimporteure noch die Besitzer abgelegener Plantagen im geringsten an diese Gesetze. Fünfzehn Jahre nach dem Verbot des Sklavenhandels werden 1846 noch fünfzigtausend, 1847 nicht weniger als siebenundfünfzigtausend, 1848 sogar sechzigtausend Neger importiert, und da die mächtige Gruppe dieser Händler mit schwarzem Elfenbein aller internationalen Vereinbarungen spotten, muß die englische Regierung Kanonenboote armieren, um die Schiffe mit der verbrecherischen Fracht abzufangen. Von Jahr zu Jahr tritt das Sklavenproblem mehr in den Mittelpunkt der Diskussion, immer stärker wird der Druck der liberalen Gruppen, mit einem Schlag die »schwarze Schande« abzuschaffen, jedoch in gleichem, vielleicht noch in stärkerem Maße steigert sich die Gegenwehr der landwirtschaftlichen Kreise, die – nicht mit Unrecht – durch eine so plötzliche Maßregel eine katastrophale Krise für ein Land befürchten, dessen Wirtschaft zu neun Zehnteln auf der Sklavenarbeit fußt.

Für den Kaiser wird dieses Problem immer mehr zum persönlichen Konflikt. Als geistiger Mensch, als Liberaler und Demokrat, als sentimentale, wenn auch etwas habsburgisch kühle Natur, muß ihm die Sklaverei ein Greuel sein. Deutlich zeigt er seinen Widerwillen gegen alle, die mit diesem schandbaren Geschäft zu tun haben, indem er sich hartnäckig weigert, irgendeinem und auch dem reichsten Manne, der sein Vermögen durch Sklavenhandel gemacht hat, ein Adelsprädikat oder eine Auszeichnung zu verleihen. Es ist dem kultivierten Manne unermeßlich peinlich, bei seinen Besuchen in Europa vor den großen Vertretern der Humanität, deren Freundschaft er sucht, vor einem Pasteur, einem Charcot, einem Lamartine, einem Victor Hugo, einem Wagner, einem Nietzsche als verantwortlicher Herrscher des einzigen Weltreiches zu gelten, das noch die Sklavenpeitsche und die Brandmarkung duldet. Aber lange muß er diesen seinen persönlichen Widerwillen im Hintergrund halten und jede Einmischung vermeiden gemäß dem Ratschlag seines besten, seines weisesten Staatsmannes Rio Branco, der ihn noch vom Totenbette aus beschwört: *Não perturbem a marcha do elemento servil*, der also auch dieses Problem auf brasilianische, will sagen unradikale Art gelöst sehen wollte. Die wirtschaftlichen Folgen sind im voraus so unberechenbar, der leidenschaftliche Gegensatz zwischen Abolitionisten und Sklavenhaltern so unerbittlich, daß der Thron sich gleichsam nur in einer Schaukelstellung zwischen beiden Parteien erhalten kann, weil das Überneigen zur einen oder zur anderen Gruppe seinen Sturz bedeuten könnte. Bis 1884, über vierzig Jahre, hält der Kaiser darum seine – privat wohlbekannte – Meinung möglichst zurück. Aber allmählich wächst seine Ungeduld, sich von dem Odium zu befreien; ein vorläufiges Gesetz 1885 ordnet die Befreiung aller Sklaven an, soweit sie das sechzigste Jahr überschritten haben – wieder ist ein kräftiger Ruck nach vorwärts getan. Noch immer aber ist der Zeitraum, der automatisch zur Befreiung der letzten Sklaven in Brasilien führte, länger als jener, der einem alten und schon kranken Manne zugemessen scheint, der diese Stunde noch selbst erleben will; so stützt Pedro II. immer sichtlicher im Einverständnis mit seiner Tochter, Dona Isabel, der Thronerbin, die Partei der Abolitionisten. Am

13. Mai 1888 wird endlich das langersehnte Gesetz beschlossen, das eindeutig und ohne Aufschub die sofortige Freilassung sämtlicher Sklaven in Brasilien dekretiert.

Beinahe hätte der alte Kaiser die Erfüllung seines ehrgeizigen Wunsches nie erfahren. In den Tagen, wo der Jubel über die Nachricht die Straßen Brasiliens füllt, liegt Dom Pedro II. lebensgefährlich krank in einem Hotel in Mailand. Im April hatte er noch mit seinem gewohnten Lerneifer die Museen und die Gelehrten Italiens besucht; er war in Pompeji und in Capri gewesen, in Florenz und Bologna, er war in Venedig in der Accademia prüfend von Bild zu Bild gegangen und hatte abends im Theater Eleonora Duse gehört und Carlos Gomes, den brasilianischen Komponisten, empfangen. Dann wirft ihn eine schwere Pleuritis auf das Krankenbett. Charcot aus Paris und drei andere Ärzte behandeln ihn, aber der Zustand des Kaisers verschlimmert sich derart, daß er bereits mit den Sterbesakramenten versehen wird. Besser als alle Medizinen und Mittel wirkt auf ihn die Nachricht von der Aufhebung der Sklaverei. Das Telegramm gibt ihm neue Kräfte, und in Aix-les-Bains und Cannes erholt er sich so weit, daß er nach einigen Monaten wieder daran denken kann, in die Heimat zurückzukehren.

Der Empfang des alten weißbärtigen Monarchen, der seit fünfzig Jahren friedlich und würdig das Land beherrscht hat, ist in Rio enthusiastisch. Aber der Lärm einer einzelnen Straße spricht nie die Stimmung eines ganzen Volkes aus. In Wirklichkeit hat die Entscheidung in der Sklavenfrage noch mehr Unruhe geschaffen als vordem der Parteienkampf, denn noch schwerer als die Warnenden vorausgesehen, setzt die wirtschaftliche Krise ein. Viele ehemalige Sklaven laufen vom Lande in die Städte, die landwirtschaftlichen Unternehmen, denen plötzlich ihre *main d'œuvre* entzogen ist, geraten in Schwierigkeit, und die früheren Eigentümer fühlen sich beraubt, weil ihnen keine oder keine zureichenden Entschädigungen für ihren Kapitalverlust an schwarzem Elfenbein gezahlt werden. Die Politiker, die den scharfen Wind spüren, gebärden sich aufgeregt, weil sie nicht wissen, wohin den Mantel hängen, und die republikanischen Tendenzen, die in Brasilien seit der Unabhängigkeitserklärung Nordamerikas immer unter der Asche glommen, bekommen unerwartete Nahrung durch diese scharfe Zugluft. Die Bewegung richtet sich nicht eigentlich gegen den Kaiser selbst, dessen guten Willen, dessen Rechtschaffenheit und ehrlich demokratische Gesinnung selbst die prinzipiellsten Republikaner achten müssen. Aber Dom Pedro II. fehlt eine und zwar die wichtigste Voraussetzung zur Erhaltung einer Dynastie: der nun Fünfundsechzigjährige hat keinen Sohn, keinen männlichen Thronerben. Zwei Söhne sind in frühem Alter gestorben, die Erbtochter ist mit einem Prinzen d'Eu aus dem Hause Orléans verheiratet, und das brasilianische Nationalbewußtsein ist schon so stark und zugleich empfindlich geworden, daß es einen Prinzgemahl aus fremdem Geblüt nicht mehr anerkennen will. Der eigentliche Staatsstreich geht von der Armee aus, einer ganz kleinen Gruppe, und könnte bei energischer Gegenwehr wahrscheinlich leicht niedergeschlagen werden. Aber der Kaiser selbst, alt und krank und eigentlich des Regierens längst müde, empfängt in Petrópolis die Nachricht ohne rechten Willen zum Widerstand; nichts kann seiner konzilianten Natur verhaßter sein als ein Bürgerkrieg. Da weder er noch sein Schwiegersohn rasche Entschlossenheit zeigen, zerfließt und zerrinnt über Nacht die monarchistische Partei. Fast lautlos fällt die Kaiserkrone zu Boden, auch diesmal, da sie verlorengeht, ebensowenig von Blut befleckt, als da sie gewonnen wurde; der eigentliche moralische Sieger ist wiederum die brasilianische Konzilianz. Ohne jede Gehässigkeit legt die neue Regierung dem alten Manne nahe, der fünfzig Jahre ein wohlgesinnter Herrscher des Landes gewesen, friedlich sich zu entfernen und in Europa zu sterben. Und nobel und still, ohne ein Wort der Anklage verläßt am 17. November 1889 Dom Pedro II.

wie einst sein Vater und sein Großvater für immer den amerikanischen Kontinent, der für Könige keinen Raum hat.

Seitdem sind die »Estados Unidos do Brasil« eine föderalistische Republik und sind es geblieben. Aber diese Umwandlung aus einem Kaiserreich in eine Republik hat sich ebenso ohne innere Erschütterungen vollzogen wie vordem der Übergang vom Königreich zum Kaiserreich und in unseren Tagen die Übernahme der Präsidentschaft durch Getúlio Vargas; nie sind es die äußeren Staatsformen, die den Geist und die Haltung eines Volkes bestimmen, sondern immer nur der eingeborene Charakter der Nation, der im letzten Sinne sein Bild der Geschichte aufprägt. In all seinen verschiedenen Formen hat sich Brasilien im tiefsten nicht verändert, es hat sich nur entwickelt zu immer stärkerer und selbstbewußterer nationaler Persönlichkeit. Sowohl in seiner inneren wie in seiner äußeren Politik hat es unerschütterlich, weil die Seele von Millionen und Millionen spiegelnd, dieselbe Methode angewendet: friedliche Schlichtung aller Konflikte durch gegenseitige Konzilianz. Niemals hat es mit dem eigenen Aufbau den Aufbau der Welt gestört und immer nur gefördert, seit mehr als hundert Jahren seine Grenzen nicht erweitert und mit allen seinen Nachbarn sich gütlich verständigt; es hat einzig seine immer wachsenden Kräfte nach innen gewandt; seine Bevölkerungszahl und Lebenshaltung ständig gemehrt und besonders in den letzten zehn Jahren durch straffere Organisation sich dem Rhythmus der Zeit angepaßt. Verschwenderisch von der Natur bedacht mit Raum und unendlichem Reichtum innerhalb dieses Raumes, gesegnet mit Schönheit und allen erdenkbaren potentiellen Kräften, hat es noch immer die alte Aufgabe seines Anfangs: Menschen aus überfüllten Zonen einzupflanzen in seine unerschöpfliche Erde und, Altes mit Neuem verbindend, eine neue Zivilisation zu erschaffen. Noch immer nach vierhundertundvierzig Jahren ist seine Entwicklung erst im Anschwung, und keine Phantasie reicht aus, zu erdenken, was dieses Land, diese

Welt der nächsten Generation bedeuten wird. Wer immer Brasiliens Heute schildert, beschreibt unbewußt schon sein Gestern. Nur wer seine Vergangenheit ins Auge faßt, sieht seinen wahren Sinn.

Wirtschaft

Brasilien, dem Raum nach weitaus der größte Staat Südamerikas, eine weitere Fläche umfassend, als selbst die Vereinigten Staaten Nordamerikas umspannen, ist heute eine der wichtigsten, wenn nicht vielleicht die wichtigste Zukunftsreserve unserer Welt. Hier ist unermeßlicher Reichtum an Scholle, die noch nie Anbau und Pflug gekannt, und unter ihr Erze, Mineralien und Bodenschätze, die nicht im entferntesten ausgenützt und kaum annähernd entdeckt sind. Hier besteht Siedlungsmöglichkeit in einem Umfang, den ein Phantast vielleicht richtiger errechnet als der übliche Statistiker: schon die Verschiedenheit der Kalkulationen, ob dies Land, das heute etwa fünfzig Millionen zählt, fünfhundert, siebenhundert oder neunhundert bei normaler Dichtigkeit beherbergen könnte, gibt einen Anhaltspunkt für die fachmäßigen Schätzungen, was Brasilien in einem Jahrhundert, vielleicht schon in Jahrzehnten in unserem Kosmos sein könnte. Und man unterschreibt gerne die knappe Formulierung von James Bryce: »Kein großes Land der Welt, das einer europäischen Rasse gehört, besitzt ähnliche Fülle der Erde für die Entwicklung menschlichen Daseins und einer schöpferischen Industrie.«

Von Gestalt eine riesige Harfe, kurioserweise mit ihrer Grenzlinie das Profil ganz Südamerikas genau nachzeichnend, ist dieses Land alles zugleich, Bergland, Küstenland, Flachland, Waldland, Flußland und fruchtbar in fast allen seinen Gliederungen. Sein Klima vereint alle Übergänge vom Tropischen zum Subtropischen und Europäischen, seine Luft ist hier feucht und dort trocken, hier ozeanisch und dort alpin, es wechseln regenarme mit regenreichen Zonen und damit die Möglichkeiten für die verschiedenartigste Vegetation. Brasilien besitzt oder speist die mächtigsten Ströme der

Welt, den Amazonas und den La Plata, seine Gebirge gemahnen in manchen Partien an die Alpen und steigen mit dem höchsten Gipfel, dem Itatiaia, dreitausend Meter hoch zu Schneezonen auf. Seine Wasserfälle, der Iguassú und der Sete Quedas übertreffen den ungleich berühmteren Niagara an Gewalt und zählen zu den größten hydraulischen Elektrizitätsreserven der Welt, seine Städte wie Rio de Janeiro und São Paulo können schon heute, noch inmitten eines phantastischen Wachstums, mit den europäischen an Luxus und Schönheit rivalisieren. Alle Formen der Landschaft wechseln vor dem immer wieder faszinierten Blick, und die Vielfalt ihrer Fauna und Flora gewährt seit Jahrhunderten den Forschern noch immer neue Überraschungen: allein das Verzeichnis seiner Vogelarten füllt ganze Bände von Katalogen, und jede neue Expedition bringt hunderte neuer Spezies heim. Was aber unterhalb dieser Erde an latenten Möglichkeiten, an Mineralien und Erzen noch verborgen liegt, wird erst die Zukunft enthüllen. Gewiß ist nur, daß die größten Eisenvorräte der Welt hier unangetastet warten, allein schon ausreichend, um unseren ganzen Erdball für Jahrhunderte zu versorgen, und daß im geologischen Bilde kaum ein Erz-, ein Stein-, eine Pflanzenart diesem gewaltigen Imperium fehlt. Soviel in den letzten Jahren an erster ordnender Übersicht auch geleistet worden ist, die eigentliche Feststellung und Bewertung steht hier noch im Anfang und sogar vor dem entscheidenden Beginn. So muß man es immer wieder sagen: dies ungeheure Land bedeutet für unsere überdrängte, vielfach schon ermüdete, ausgeschöpfte Erde dank einer Unverbrauchtheit und Weiträumigkeit heute eine der größten Hoffnungen und vielleicht sogar die berechtigste Hoffnung unserer Welt.

Der erste Eindruck von diesem Lande ist der einer verwirrenden Üppigkeit. Alles ist vehement, die Sonne, das Licht, die Farben. Das Blau des Himmels schmettert hier stärker, das Grün ist tief und satt, die Erde dicht und rot, kein Maler kann auf seiner Palette glühendere, blendendere, schillerndere Farbtöne finden als hier die Vögel auf ihrem Gefieder, die Schmetterlinge auf ihren Schwingen tragen. Immer erreicht die Natur ihren Superlativ, die Gewitter, die mit krachenden Blitzen den Himmel aufreißen, die Regen, die wie Wildbäche niederstürzen, die Vegetation, die in ein paar Monaten zu gewaltigen grünen Wildnissen wuchert. Aber auch die Erde, seit Jahrhunderten und Jahrtausenden unberührt und zur vollen Leistung noch nicht herausgefordert, gibt hier auf jeden Anruf Antwort mit einer fast unglaubhaften Kraft. Erinnert man sich an die Mühe, die Qual, die Geschicklichkeit, die Zähigkeit, mit der man in Europa einem Garten oder einem Feld Blumen oder Früchte entringen muß, so begegnet man hier im Gegenteil einer Natur, die man eher bändigen muß, nicht zu wild, nicht zu ungestüm sich zu entfalten. Hier muß man Wachstum nicht fördern, sondern bekämpfen, damit es mit seinem barbarisch wilden Wuchern nicht die menschliche Pflanzung überflute. Allein und ohne Pflege schießen hier die Bäume und Sträucher auf, die einem Großteil der Bevölkerung die Nahrung frei in die Hand reichen, die Banane, der Mango, der Mandioca, die Ananas. Und jede neue Pflanze, jede Frucht, von einem anderen Erdteile gebracht, gewöhnt und verwöhnt sich sofort in diesem jungfräulichen Humus.

Diese Impetuosität und Bereitwilligkeit, diese – fast möchte man sagen: Generosität, mit der dieses Land auf jedes Experiment, das man mit ihm versucht, Antwort gibt, ist ihm paradoxerweise sogar in seiner Wirtschaftsgeschichte mehrmals zur Gefahr geworden; in regelmäßiger Folge entstanden hier Krisen der Überproduktion einzig darum, weil alles zu rasch und zu leicht ging, immer mußte – die Versenkung der Kaffeesäcke ins Meer im zwanzigsten Jahrhundert ist das letzte Beispiel – Brasilien, sobald es etwas zu produzieren begann, sich selbst zurückdämmen, nicht zu viel zu produzieren. Deshalb ist die Wirtschaftsgeschichte Brasiliens voll überraschender Umstellungen und vielleicht sogar dramatischer als seine politische Geschichte. Denn in der Regel ist der wirtschaftliche Charakter eines Landes von Anfang an eindeutig bestimmt, jedes spielt gleichsam auf einem einzigen Instrument, und der Rhythmus verändert sich nicht wesentlich in den Jahrhunderten. Das eine Land ist ein Gartenland, das andere gewinnt seinen Reichtum aus Holz oder Erz, das dritte von Viehzucht. Die Linie der Produktion mag in einzelnen Aufstiegen und Abstiegen schwanken, aber die Richtung bleibt im allgemeinen dieselbe. Brasilien dagegen ist ein Land der ständigen Wandlungen und brüsken Umstellungen. Eigentlich hat jedes Jahrhundert hier ein anderes wirtschaftliches Charakteristikum gezeitigt, und in dem dramatischen Ablauf hat jeder Akt seinen Namen, Gold oder Zucker oder Kaffee oder Gummi oder Holz. In jedem Jahrhundert, eigentlich jedem halben Jahrhundert, offenbarte Brasilien bisher von seinem Reichtum immer eine andere und neue Überraschung.

Im allerersten Anfang, im sechzehnten Jahrhundert, war es das Holz, das *pau-brasil*, das dem Lande seine wirtschaftliche Marke und sogar ein für allemal seinen Namen gab. Als die ersten Boote an dieser Küste anlegten, waren die Europäer zunächst arg enttäuscht. Sie fanden nichts zu holen und zu rauben, Brasilien hatte nichts für sie als seine Natur, die sich den Menschen noch nicht unterworfen hatte. *Nem oiro, nem prata*, diese knappe Formel des ersten Berichts genügte, um den kommerziellen Wert des neuen Landes zunächst auf Null herabzusetzen. Man konnte den Eingeborenen, die neugierig auf die fremden, bekleideten, weißen Wesen blickten, nichts nehmen, weil sie nichts besaßen außer ihrer eigenen Haut und ihrem eigenen Haar. Nicht wie in Peru oder in Mexiko hatte hier eine nationale Kultur vorgearbeitet, die Fasern zu Stoffen verwebte, Erze aus den Tiefen der Erde holte und zu Schmuck und Waffen verhämmerte. Die nackten Kannibalen der Terra de Santa Cruz hatten noch nicht einmal die primitivste Stufe der Zivilisation erreicht, sie wußten weder die Erde zu bebauen, noch Vieh zu züchten, noch Hütten zu bauen. Sie griffen und schlangen einzig, was sie auf den Bäumen und im Wasser fanden und zogen weiter, sobald sie einen Bezirk abgegrast hatten. Wer aber nichts hat, dem kann man nichts nehmen; enttäuscht kehrten die Matrosen auf ihre Schiffe zurück aus einem Land, von dem nichts mitzunehmen lohnt, denn selbst diese Menschen dort erwiesen sich nicht als brauchbare Ware. Fing man sie als Sklaven ein und trieb man sie zur Arbeit an, so verbrauchten sie sich unter der Peitsche gewöhnlich nach ein paar Wochen, legten sich hin und starben.

Das einzige, was diese ersten Schiffe heimbrachten, waren Kuriositäten, ein paar hurtige Äffchen und jene wunderbar vielfarbigen Papageien, wie sie die vornehmen Damen Europas gern als Luxustiere in Käfigen hielten, und um derentwillen man das Land manchmal auch Terra dos Papagaios nannte. Erst bei der zweiten Reise entdeckte man ein Fertigprodukt, das allenfalls einen Handel mit diesem entlegenen Lande lohnen konnte, das Brasilholz. Dieses Holz, Brasil genannt von *brasa*, schwelen oder glühen, weil es in seiner Schnittfläche rötlich leuchtet, war eigentlich als Holz nicht so verwertbar wie als Färbemittel, aber als solches, da man andere Farbstoffe nicht kannte, wie jede exotische Ware im Handel sehr gesucht.

Einen regulären Export des *pau-brasil* selbst zu übernehmen, ist die portugiesische Regierung zu beschäftigt. Für sie, die ihre ganze militärische und maritime Kraft einsetzt, die Schatzkammern der indischen Fürsten aufzusprengen, bedeutet das Holzmonopol ein zu kleines und andererseits mühsames Geschäft. Der Umschlag ist zwar lohnend. Für ein Quintal dieses Färbholzes, das sich in Lissabon mit allen Frachtspesen und Risiken auf einen halben Dukaten stellt, kann man in Frankreich oder auf den holländischen Märkten zweieinhalb oder drei Dukaten lösen. Aber die Krone braucht für ihre größeren und großartigen Unternehmungen rasch ausmünzbaren Gewinn. So zieht sie es vor, das Holzmonopol an einen der reichsten unter den *cristãos novos*, an Fernando de Noronha gegen Barzahlung zu verpachten, der dann gemeinsam mit seinen geflüchteten Glaubensbrüdern in Pernambuco den Handel organisiert. Aber auch unter seiner Führung bleibt es ein Handel in kleinen Dimensionen und kann keinesfalls einer werden, der zu geregelter Kolonisierung und zur Etablierung großer Faktoreien anreizen könnte. Ein bloßer Färbstoff reicht nicht aus, um eine Besiedlung dieses immerhin weitabgelegenen Landes in Schwung zu bringen. Soll sich Brasilien als produzierender Faktor im Weltmarkt entwickeln, so muß man zuvor ein neues und ergiebigeres Absatzprodukt finden und der kurze Zyklus des *pau-brasil* von einem geschwinder und gewichtiger umlaufenden abgelöst werden.

Ein solches Produkt besitzt nun Brasilien – oder vielmehr jener schmale Streifen an der Küste, der bisher erforscht ist – zur Zeit seiner Entdeckung noch nicht. Um fruchtbar zu werden für die europäische Wirtschaft, muß dieses Land zuerst von Europa befruchtet werden. Alles was in seinen üppigen Zonen wachsen und gedeihen soll an Pflanzen und Produkten, muß erst umgesiedelt und angesiedelt werden, und dazu bedarf es überdies noch eines besonderen Düngers, des Menschen. Von der ersten Lebensstunde an ergibt sich für Brasilien der Mensch, der Kolonist, der Siedler in der Form des belebenden, befruchtenden Elements als die notwendigste aller Notwendigkeiten. Was Brasilien hervorbringen soll, muß ihm von Europa gebracht und gelehrt werden. Aber alles, was ihm dieses leihen wird an Pflanzen und Menschenkräften, gibt die neue Erde dann mit tausendfacher Verzinsung dem alten Erdteil zurück. Indes also die überseeischen Länder des Orients, in denen aufgestapelte Schätze zu holen, zu rauben, zu greifen sind, für Portugal zunächst ein Eroberungsproblem darstellen, erweist sich dieses noch völlig unorganisierte Land von Anfang an als ein Kolonisationsproblem, ein Investitionsproblem.

Als ersten Versuch einer solchen Überpflanzung und Anpflanzung eines in Brasilien nicht heimischen Produkts bringen die Portugiesen von Cap Verde das Zuckerrohr herüber. Und gleich dieses früheste Experiment gelingt vollkommen – immer vollbringt die Natur in Brasilien in überschwenglicher Weise jede ihr zugemutete Leistung. Das Zuckerrohr bedeutet ein absolut ideales Produktionsobjekt für ein noch unorganisiertes Land, weil seine Pflanzung und Ausbeutung nur die allergeringste manuelle Arbeit erfordert und keinerlei Vorbildung. Kaum in die Erde gepflanzt, schießt hier die Staude, ohne weitere Wartung zu verlangen, doppel-daumendick empor, und dies sechsmal und zehnmal im Jahr; mit den einfachsten, leichtesten Methoden entpreßt man ihr den kostbaren Saft. Es genügt, das Zuckerrohr zwischen zwei Holzrollen zu legen; zwei Sklaven – da ein Ochse zu teuer wäre – umwandern in einer Art Tretmühle den waagerechten Schwengel. Ihr unermüdlicher Rundgang preßt immer wieder und wieder die Rollen zusammen, bis die letzte Unze Sirup dem Stengel entrungen ist. Dieser weiße, klebrige Ausfluß wird dann verkocht und zu Klumpen und Zuckerhüten geformt, die ausgelaugten Stengel dienen dann noch als Maische, die verbrannten Blätter als Asche der Landwirtschaft. Diese erste und primitivste Fabrikationsmethode verbessert sich in vielfachen Versuchen; bald werden die *engenhos*, solche kleine Fabriken, an Wasserläufen angelegt, um statt der menschlichen Kraft die hydraulische zu verwerten. Aber in allen Formen bleibt die Zuckergewinnung ein Prozeß bequemster Art und überdies der denkbar ergiebigste. Mit einer erstaunlichen Geschwindigkeit verwandelt sich der weiße Zucker, den die schwarzen Sklaven aus den braunen Stangen mit den grünen Blättern pressen, in gelbes, schweres Gold. Denn in Europa ist, seit es auf den Kreuzzügen die erste Berührung mit der verfeinerten und raffinierten orientalischen Welt erfahren hat, eine ungestüme Gier einerseits nach scharfen, stimulierenden Spezereien und anderseits nach Süßigkeiten und Leckereien ausgebrochen. Reich geworden durch den aufblühenden Handel, will es nicht weiterhin seine spartanisch karge, monotone Kost und sucht nach feinerer und nuancierterer Gaumenlust. Die matte Süßung, die man bisher einzig dem Honig entlockte, genügt ihm nicht mehr. Seit es einmal von diesem neuen starken Süßstoff, dem Zucker, gekostet, verlangt es mit kindischem Starrsinn immer mehr von dieser lukullischen Speise. Und da es noch drei Jahrhunderte dauern wird, ehe Europa – zur Zeit der Kontinentalsperre – sich Zucker aus der heimischen Rübe gewinnen wird, muß er vorerst als Luxusprodukt von exotischen Zonen geholt werden, und die Kaufleute, einer immer steigenden Kundschaft gewiß, zahlen für diese neue Ware jeden Preis. Mit einem Schlage wird Brasilien nun auf dem Weltmarkt wichtig. Da die Spesen dieser primitiven Fabrikation beinahe gleich Null sind, denn die Erde kostet nichts, die Pflanze kostet nichts, und die Sklaven in den *engenhos* sind die billigsten aller Arbeitstiere, schießen die Gewinne wild empor und der Reichtum, den Brasilien – oder vielmehr Portugal – aus diesen Betrieben zieht, wird unermeßlich. Von Woche zu Woche erweitert und steigert sich die Produktion; durch drei Jahrhunderte ist Brasiliens Vormacht- und Monopolstellung auf diesem Gebiet nicht mehr zu erschüttern; was für gigantische Ziffern der Export schließlich erreicht, zeigt das eine Beispiel, daß in manchen Jahren Brasilien Zucker im Verkaufswert von drei Millionen englischer Pfund exportiert, eine Summe, die höher war als der gleichzeitige Gesamtexport Englands. Erst gegen Ende des achtzehnten Jahrhunderts beginnen die Gewinne abzusinken, weil Brasilien sich durch Überproduktion den Kaufpreis seines weißen Goldes verdirbt. Wie alle anderen Kolonialprodukte, der Pfeffer, der Tee, der Gummi, wird, was zuerst durch Seltenheit eine Kostbarkeit gewesen, infolge der Überproduktion zur

Selbstverständlichkeit und Alltäglichkeit. Die Einführung des Rübenzuckers gibt der großen Konjunktur dann den letzten Stoß, aber der »Zyklus« des Zuckers hat seine ökonomische Aufgabe in der Wirtschaftsgeschichte Brasiliens glänzend erfüllt und der Niedergang des Hauptprodukts kommt schon zu spät, um die bereits auf andere Produkte umgestellte Wirtschaft zu gefährden. An dem einen schwachen Rohr, das die ersten Schiffe von der alten Welt herüberbrachten, ist Brasilien aufrecht durch drei Jahrhunderte geschritten und genügend erstarkt, um ohne diese Stützung seinen Weg weiter zu gehen.

Ein zweites Exportprodukt schließt sich bald an, in gewissem Sinne ähnlich dem andern, weil gleichfalls einem neuen europäischen Laster dienend: der Tabak. Schon Columbus hatte die ersten Eingeborenen rauchend gefunden, und andere Seefahrer haben die sonderbare Gewohnheit mit nach der Heimat hinübergebracht. Den Europäern scheint dies Kauen und Schmauchen und Schnupfen eines braunen Krautes zunächst eine barbarische Sitte. Man verhöhnt und verachtet die Matrosen, wenn sie zwischen den Zähnen diese dicken Rollen schmatzen und den braunen schmutzigen Saft wegspucken. Man verlacht als Narren die wenigen Amateure, die mit ihren Tonpfeifen die Luft verqualmen, und in guter Gesellschaft, vor allem bei Hofe, herrscht strenges Verbot. Es geschieht darum nicht aus Lust oder modischer Nachäfferei, daß sich Europa plötzlich an den Tabak gewöhnt, sondern aus Angst. In den Schreckenstagen, da die großen Seuchen in rascher Folge die verschiedensten Städte Europas heimsuchen und entvölkern, glauben viele – da sie von Bazillen noch nichts ahnen – sich am besten vor Ansteckung zu schützen, indem sie fortwährend schmauchen und durch ein Gift das andere paralysieren. Aber wie dann die Seuche und mit ihr die Angst vorüber ist, haben sich die Menschen – ähnlich wie beim Cognac, der vorher nur als Heilmittel dosiert wurde – an den Tabak durch das ständige Rauchen bereits gewöhnt und wollen ihn ebensowenig entbehren wie Essen und Trinken. Von Jahr zu Jahr begehrt Europa größere Massen, und auch für diesen Großbedarf etabliert sich Brasilien als Großlieferant, denn der Tabak wächst hier wild, und seinen Blättern wird die beste Qualität zuerkannt. Ebenso wie sein Bruder, der Zucker, erfordert der Tabak keine umständliche Pflege und Wartung. Man braucht nur die Blätter von dem ohne weitere Bemühungen aufwachsenden Strauch abzureißen, zu trocknen, zu rollen, und das hier fast Wertlose wandert als wertvolle Ware zum Schiff.

Zucker, Tabak und in geringerem Umfang noch Schokolade, das dritte begehrliche Objekt neumodischer europäischer Geschmacklüsternheit, bleiben die drei Hauptpfeiler, die Brasiliens Wirtschaft bis ins achtzehnte Jahrhundert stützen. Ihnen gesellt sich, sobald Europa gelernt hat, Baumwolle zu verspinnen, noch der Coton, der *algodão*, als vierter Bruder hinzu. Die Baumwolle ist von Anfang an in Brasilien heimisch, sie wächst wild in den Wäldern des Amazonas und in anderen Provinzen, aber im Gegensatz zu den höher kultivierten Azteken und Peruanern wußten die Eingeborenen noch nicht die Fäden zu verspinnen; einzig im Kriege verwerteten sie die Flocken auf ihren Pfeilen, um damit fremde Niederlassungen in Brand zu setzen, und im Gebiet des Maranhão diente die Baumwolle kurioserweise sogar als Zahlungsmittel. Noch weniger weiß Europa zunächst mit der Baumwolle zu beginnen; obwohl schon Columbus einige Flocken dieser weißen Wolle nach Spanien mitbringt, wird niemand ihrer zukünftigen Bedeutung als Textilstoff gewahr. In Brasilien dagegen wissen die Jesuiten, offenbar durch Berichte aus Mexiko belehrt, schon 1549 um seine Eignung und unterweisen die Eingeborenen, ihn in ihren *aldeias* zu verspinnen. Wirklicher Großhandelsartikel kann der Coton aber erst durch die Erfindung der Spinnmaschinen werden (1770-1773), mit denen die sogenannte »industrielle Revolution« einsetzt. Vom Ende des achtzehnten Jahrhunderts an benötigt insbesondere England, das über eine Million Textilarbeiter beschäftigt, für seine Weltproduktion immer größere Quantitäten und zahlt immer bessere Preise. So wird Baumwolle, die früher wild in den Wäldern wuchs, jetzt in Brasilien systematisch angepflanzt; schon zu Beginn des neunzehnten Jahrhundert stellt der Export an *algodão* beinahe die Hälfte der brasilianischen Gesamtausfuhr dar und damit die Rettung des Handelsequilibriums; der scharfe Preisrückgang des Zuckers wird durch diese gigantische Ausfuhr in einer jener raschen und glücklichen Umstellungen ausgeglichen, die für die Wirtschaftsgeschichte Brasiliens so typisch sind.

Alle diese Rohstoffe, Zucker, Tabak, Kakao und Baumwolle, werden nur roh geliefert und im Lande selbst nicht weiterverarbeitet; es wird noch langer Entwicklung bedürfen, ehe Brasilien genug frei und genug reif sein wird für eine organisierte und mechanisierte Veredlungsindustrie. Seine ganze Leistung beschränkt sich auf Pflanzung, Pflückung und Verschiffung der sogenannten »Kolonialwaren«, also auf die primitiven Prozesse, die zu ihrer Verrichtung nichts anderes benötigen als Hände. Allerdings viele und billige Hände. Menschen sind darum der dringlichste Rohstoff, den dies an allen Stoffen der Natur überreiche Land in immer größeren Quantitäten einführen muß; es ist vielleicht die merkwürdigste Eigenheit seiner Wirtschaftsgeschichte, daß es Brasilien zu jeder Zeit an der jeweils besten motorischen Kraft fehlen wird und es sie importieren muß – in den früheren Jahrhunderten den menschlichen Arm, im neunzehnten die Kohle und im zwanzigsten das Benzin. Daß es in jenen ersten Jahren von dieser motorischen Kraft die billigste sucht, ist selbstverständlich. Zuerst bemühen sich die Kolonisten, die Eingeborenen zu versklaven; da diese sich infolge ihrer zarteren Konstitution als leistungsschwach erweisen und überdies die Jesuiten immer wieder auf die königlichen Edikte zum Schutz der eingeborenen Bevölkerung hinweisen, setzt von 1549 an ein regelrechter Import von »schwarzem Elfenbein« aus Afrika ein. In *Tumbeiros* – so genannt, weil auf diesen grauenhaften Schiffen immer die Hälfte der zusammengepferchten und geketteten Neger bei der Überfahrt zugrunde geht – werden Monat für Monat und bald Woche für Woche neue Ladungen dieses lebendigen Rohstoffs herübergebracht; in drei Jahrhunderten führt Brasilien mindestens drei Millionen Sklaven von den zehn Millionen ein, die der neue Weltteil aus dem geplünderten und entvölkerten Afrika bezieht; die genauen Zahlen (manche schätzen den Import sogar auf viereinhalb Millionen) werden nie mehr ganz zu rekonstruieren sein, da Rui Barbosa, um von der jungen Republik von 1890 diese Schmach der Vergangenheit zu tilgen, um einer edel-gemeinten Geste willen Auftrag gab, die Archivdokumente der Sklaveneinfuhr zu verbrennen.

Der Sklavenhandel gilt lange Zeit in Brasilien als das zwar nicht angesehenste, aber ergiebigste Geschäft; finanziert von London oder Lissabon, liefert er dem Verfrachter wie dem Verkäufer sicheren Gewinn dank des immer steigenden Bedarfs. Zunächst scheint der Negersklave, der im Durchschnitt mit fünfzig bis dreihundert Milreis auf dem Sklavenmarkt in Bahia gehandelt wird, verhältnismäßig teuer im Vergleich zum eingeborenen Sklaven, der bloß mit vier bis höchstens siebzig Milreis notiert wird.

Aber bei dem Erstehungspreis eines starkknochigen Senegal- oder Guineanegers müssen die Frachtkosten, der Abschlag für die auf der Fahrt lädierte und ins Meer geworfene Ware, der ungeheure Zwischengewinn der Sklavenjäger, der Sklavenhändler und Kapitäne eingerechnet werden und überdies noch der Einfuhrzoll von dreitausend bis dreitausendfünfhundert Reis (3 bis 3½ Milreis), den der allerchristlichste König von Portugal bei diesem dunklen Geschäft für jeden einzelnen Sklaven sofort bei der Alfandega, dem Zollamt einfordert und einkassiert. Trotz dieses hohen Preises bleibt doch für den Fazendabesitzer die Anschaffung von Negern ebenso unentbehrlich als die von Hacke und Pflug. Ein kräftiger Neger arbeitet, wenn ab und zu gründlich gepeitscht, zwölf Stunden, ohne dafür eine Entlohnung zu bekommen; außerdem stellt die Investition nicht bloß eine einmalige Kapitalanlage dar, sondern auch eine zinsenbringende, denn der Negersklave vermehrt selbst in seinen wenigen Mußestunden noch den Besitz des Herrn durch die Kinder, die er zeugt, und die selbstverständlich als neue kostenlose Sklaven in den Besitz des Herrn übergehen; ein Negerpaar, im sechzehnten Jahrhundert erworben, schafft der Familie seines Herrn in zwei oder drei Jahrhunderten ein ganzes Sklavengeschlecht. Diese Sklaven stellen die motorische Kraft dar, die den Betrieb der großen Fazenden in Schwung hält, und da die Erde selbst in dem ungeheuren Land fast wertlos ist, mißt sich der Reichtum eines Plantagenbesitzers ebenso an der Anzahl von Negern, wie man in der Feudalzeit Rußlands das Vermögen eines Gutbesitzers nach der Anzahl der »Seelen«, die er eignete, maß. Bis tief in das neunzehnte Jahrhundert sind die Sklaven in immer anwachsender Masse die eigentlichen Träger der Wirtschaft. Auf ihren Schultern lastet das ganze Gewicht der kolonialen Produktion, während die Portugiesen nur als Beamte, Aufseher oder Unternehmer den ständigen Lauf dieser von Millionen schwarzen Armen in Schwung gehaltenen Arbeitsmaschine überwachen und dirigieren.

Diese allzu scharfe Zweiteilung in Schwarz und Weiß, in Herren und Sklaven ist von allem Anfang an bedenklich, und sie hätte ohne die ausgleichende Gegenleistung der im Binnenland einsetzenden Kolonisation unaufhaltsam die Einheit Brasiliens zerspalten. Ohnehin entbehrt in den Anfangszeiten das weite Land noch seines statischen Gleichgewichts, denn im ersten und tief bis ins zweite Jahrhundert sammelt sich alle tätige Kraft und darum aller Blut- und Menschenzudrang im Norden. Für die damalige Welt bedeutete – sehr im Gegensatz zu dem Niedergang von heute – die tropische

Zone Brasiliens die eigentliche Schatzkammer; dort staut sich die ökonomische Leistung solange zusammen, bis die erste und hastigste Gier Europas nach kolonialen Produkten gesättigt ist. Bahia, Recife, Olinda, Pernambuco entfalten sich aus bloßen Umschlagplätzen zu wirklichen Städten und bauen Kirchen und Paläste zu einer Zeit, da im Binnenland sich erst ganz schüchterne Hütten und hölzerne Kirchen erheben. Hier landen oder laden unablässig europäische Schiffe, hier strömt ständig der schwarze Rohstoff der Sklaven ein, hier werden neun Zehntel aller kolonialen Waren über den Ozean verpackt und verschifft, hier etablieren sich die ersten Kontore, und nah diesen tropisch aufwachsenden Städten schließen sich um des bequemeren Transports willen die ergiebigsten Engenhos und Plantagen zusammen. Wer 1600, 1650 und eigentlich noch um 1700 in Europa den Namen Brasilien ausspricht, meint damit nichts anderes als den Norden und dort eigentlich nichts als die Küste mit ihren schon weltbekannten Hafenstädten, ihrem Zucker, ihrem Kakao, ihrem Tabak, ihrem Handel, ihrem Geschäft. Daß inzwischen im Hinterland – unsichtbar der Neugier der Schiffahrer und Händler durch die hohe Bergkette – eine vielleicht kommerziell weniger ergiebige, aber ungleich gesündere Entwicklung eingesetzt hat, ahnt noch niemand in Europa und nicht einmal der König von Portugal. Diese planvolle und in zähem systematischem Eifer geförderte Besiedlung des Landes durch seine eigenen angestammten Bewohner ist die Großtat der Jesuiten für Brasilien. Um Jahrhunderte den königlichen Fiskalbeamten und habsüchtigen Maklern vorausblickend, für die nur Gewinn bedeutet, was sich rasch ausmünzen läßt, haben sie hellsichtig erkannt, daß das wirtschaftliche Fundament eines Volkes auf die Dauer nicht auf den unsicheren Konjunkturen einzelner Monopolartikel und nicht einzig auf der Helotenarbeit gekaufter Sklaven beruhen kann; ein Land, das sich aufbauen will, muß zuerst lernen, die Erde zu bebauen und sie als die eigene zu empfinden. Die Großartigkeit dieser Unternehmung kann nur von zwei Flächen aus richtig betrachtet werden: von ihrem Anbeginn aus dem Nichts und von ihrem endgültigen, heute der Welt offenbaren Resultat. Nur aus der tausendjährigen und ewigen Urform der Landwirtschaft und Viehzucht konnte eine gesunde Nationalökonomie sich entwickeln; daß gerade die noch völlig nomadischen Stämme zu dieser notwendigsten Arbeit erzogen werden konnten, bedeutet im Moralischen den wahren Anbeginn der brasilianischen Nation.

Diese Arbeit beginnt bei Null. Als Nóbrega und Anchieta ins Land kommen, fehlen außer der Erde, die niemand bebaut, außer den Eingeborenen, die noch nicht wissen, sie zu bebauen, die bindenden und verbindenden Kräfte. Nichts ist vorhanden, alles muß erst über das Meer gebracht werden, jedes Stück Vieh, jede Kuh, jedes Kalb, jedes Schwein, jeder Hammer, jede Säge, jeder Nagel, jeder Spaten, jeder Rechen und dazu noch die Pflanzen und die Samen, und dann erst müssen mühselig diese nackten und kindlichen Wesen gelehrt werden, wie zu pflügen, wie zu ernten, wie Ställe zu bauen für das Vieh und wie das Vieh zu behandeln. Ehe sie sie noch recht belehren können, Christen zu werden, müssen die Jesuiten die Eingeborenen zuerst in der Arbeit unterweisen und, ehe mit den Grundbegriffen des Glaubens, sie mit dem Willen zur Arbeit durchdringen. Was für die Jesuiten in der Ferne ein geistiger Plan größten Stiles gewesen, verwandelt sich zu einer kleinen und mühsamen Geduldsarbeit, wie sie nur die disziplinierte Kraft von Männern, die ihr ganzes Leben an eine Idee verschworen haben, durchzusetzen vermag: die Zivilisierung des Menschenn durch die Kultivierung der Erde; nichts von alledem, was diese ersten Lehrer mit sich bringen an Büchern und Medizinen und Werkzeugen und Pflanzen und Tieren, ist von solcher belebender und tonischer Kraft für die Entwicklung gewesen als diese starre und doch glühende Energie dieses Dutzends Menschen. Rasch – wie alles in Brasilien – wachsen und entfalten sich diese ersten aldeias, diese jungen Siedlungen, und mit gerechtem Stolz können die Jesuiten bald in ihren Briefen berichten, wie glücklich diese Bindung sich erfüllt, die Bindung der Erde mit den Menschen und die Mischung zwischen Weißen und Eingeborenen zu einem neuen tätigen Geschlecht. Schon glauben die Väter ihr Werk gelungen; São Paulo, erst die Stadt und dann die Provinz, besiedelt sich, immer weiter ins Land greifen die *aldeias* aus. Aber die eigentliche Eroberung des Landes wird nicht auf dem stillen, friedlichen und planhaften Wege vor sich gehen, den sie vorausgesehen, sondern auf einem anderen Weg. Immer liebt die Geschichte, wenn sie eine Idee erfüllen will, von dem vorbereiteten Menschenplan abzuweichen und ihren eigenen Weg zu gehen, und so auch diesmal. Die Jesuiten haben ein junges Geschlecht auf dem Boden angesiedelt mit dem Vorsatz, sie sollten ihn bebauen. Aber schon die neue Generation der Mamelucos, der Mischlinge, bricht aus den Grenzen, die die frommen Väter gesetzt haben, ungeduldig vor. Noch ist die nomadisch schweifende Lust ihrer braunen Voreltern und anderseits die zügellose Wildheit der ersten Kolonisten in ihrem Blut lebendig. Warum die Erde selbst bebauen, statt sie von andern, von Sklaven bebauen zu lassen? Bald werden die Halbbraunen die schlimmsten Feinde der Braunen, die Söhne der Eingeborenen, deren Väter die Jesuiten vor dem Sklaventum gerettet, die grimmigsten Sklavenhändler, und gerade in São Paulo, das die Jesuiten als eine Stelle der sittlichen Reinheit und der geistigen Einheit erträumt, entsteht das neue Conquistadorengeschlecht, die *Paulistas*, die bald die bittersten Feinde der Jesuiten und ihrer kolonisatorischen Bemühungen werden. Zusammengerottet zu einer kriegerischen Truppe, durchziehen diese *bandeirantes* (merkwürdig den afrikanischen Sklavenjägern ähnlich) auf ihren *entradas* das Land, zerstören die Niederlassungen, rauben sich Sklaven, nicht nur aus dem Urwald, sondern auch von Scholle und Pflug, und doch erfüllen sie – nur rascher und brutaler und gewalttätiger – das jesuitische Prinzip des radial nach allen Seiten Vordringens. Von jedem dieser zerstörenden Züge bleiben einige Paulisten an den Wegkreuzungen zurück, es bilden sich Niederlassungen und sogar Städte im Rücken der mit Tausenden von Sklaven heimkehrenden Raubtruppen. Der fruchtbare Süden beginnt sich mit Menschen und Viehstand zu beleben, der Typus der *vaqueiros*, des Viehzüchters und des *gaucho* formt sich heraus neben dem trägeren und gemächlicheren des Küstenmenschen, der Mann des Binnenlandes, der Mann mit einer wirklichen Heimat. Die erste der großen Innen-Immigrationen mit ihrer ausgleichenden und bindenden Wirkung hat eingesetzt, halb durch den Plan der Jesuiten, halb durch die Gier der Paulisten, das Gute und das Böse schaffen in scheinbarer Gegenwirkung und doch tieferer Verbundenheit an einem gemeinsamen Werk. Im siebzehnten Jahrhundert bilden schon Landwirtschaft, Viehzucht und Ackerbau im Binnenlande ein gesundes Gegengewicht gegen die rasch aufgeblühte, aber auch rasch abwelkende, ständig den Schwankungen des Weltmarkts unterworfene Tropenwelt des Nordens. Und immer zielbewußter wird dieser Wille Brasiliens, aus einer bloßen Lieferungsstelle kolonialer Produkte ein sich selbst erhaltendes Land zu werden, ein sich nach eigenen Gesetzen entfaltender Organismus statt eines bloß abgelegten Schößlings seines Mutterlandes.

An der Schwelle des achtzehnten Jahrhunderts ist Brasilien wirtschaftlich bereits eine ertrÄgnisreiche Kolonie, die für die portugiesische Krone im gleichen Maße wichtiger wird, als sie von ihrem einstigen indischen und afrikanischen Weltreich eine asiatische Kolonie nach der andern an die Holländer und Engländer verliert. Vorbei sind für Lissabon die goldenen Zeiten, wo, wie die Chronisten erzählten, der Tag meist nicht ausreichte, um die einströmenden Zolleinnahmen aus dem Indienhandel zu zählen und zu verbuchen. Brasilien aber ist schon im siebzehnten Jahrhundert kein Passivposten mehr für Portugal und längst vergessen die Nöte des Anfangs, wo flehend der Gouverneur um jeden Cruzado und Nóbrega in Lissabon um ein paar abgelegte Hemden für seine Täuflinge betteln mußte. Die Brasilianer sind gute Lieferanten, sie füllen die portugiesischen Schiffe mit kostbarer Ware, sie erhalten aus eigenem Gewinn die portugiesischen Beamten, und die Zolleinnehmer schicken bereits stattliche Summen an die königliche Kasse nach Portugal hinüber. Aber die Brasilianer sind außerdem auch gute Käufer und Besteller; manche dieser Zuckerkönige haben mehr Geld und Kredit als ihr eigener König, und für seine Weine, seine Textilien, seine Bücher hat Portugal unter all seinen Kolonien kein besseres Absatzgebiet. In aller Stille ist Brasilien eine große und ständig prosperierende Kolonie geworden und zugleich die Kolonie geblieben, die Portugal das wenigste Blut gekostet, die geringsten Belastungen bringt und am wenigsten Investitionen fordert. Weder in Bahia noch in Rio de Janeiro noch in Pernambuco sind große Garnisonen erforderlich, um die Ordnung zu erhalten. Die Bevölkerung steigt ständig mit den Jahren und hat nie, abgesehen von einigen kleinen Tumulten, eine ernstliche Auflehnung versucht. Es ist nicht nötig, kostspielige Festungen zu bauen, wie in Indien und Afrika, oder Geld für neue staatliche Investitionen hinüberzuschikken; längst verteidigt, längst erhält sich dieses Land aus eigener Kraft.

So läßt sich keine bequemere Kolonie erdenken als Brasilien mit seinem stillen, ständigen Wachstum, seiner bescheidenen – und fast möchte man sagen: lautlosen – Entwicklung, die sich fast unbemerkt von der übrigen Welt vollzieht. Es ist nichts in diesem Land, das still und ständig nach innen wächst und nach außen bloß Zucker produziert oder Tabak in großen braunen Ballen an die Handlungskontore verschickt, was auf die Phantasie oder auch nur die Neugier Europas stimulierend wirken könnte. Die Eroberung Mexikos, die

Goldkammern der Inkas, die Silbergruben von Potosi, die Perlen des Indischen Ozeans, die Kämpfe der amerikanischen Farmer mit den Rothäuten, die Kämpfe mit den Flibustiern des karibischen Meers lockt die Dichter und die Chronisten zu romantischen Erzählungen und fasziniert den nach Abenteuern ständig ausspähenden Unruhegeist der Jugend. Brasilien dagegen liegt Jahrzehnte, ja eigentlich zwei Jahrhunderte lang im Schatten der Weltaufmerksamkeit. Aber gerade diese lange Verborgenheit und Abseitigkeit war im letzten Brasiliens Glück. Nichts ist seiner ruhigen, organischen Entwicklung förderlicher gewesen, als daß seine münzbaren Schätze, daß sein Gold, seine Diamanten bis zum Anfang des achtzehnten Jahrhunderts unentdeckt unter der Erde lagen. Wäre dieses Gold, wären diese Diamanten im sechzehnten oder siebzehnten Jahrhundert schon gefunden worden, so hätten die großen Nationen in einem rasenden Wettkampf auf diese Beute sich gestürzt. Von Peru, von Venezuela, von Chile wären die Rotten der Conquistadoren unaufhaltsam hereingebrochen, Brasilien wäre zum Schlachtfeld geworden aller schlimmen Instinkte, aufgewühlt, zerrissen und zerstückelt. Aber 1700, da Brasilien sich mit einem Schlage als das reichste Goldland der damaligen Welt offenbart, ist die Zeit der Abenteurer und Conquistadoren, der Villegaignons, der Walter Raleighs, der Cortez, der Pizarros schon endgültig vorbei, die wilde, nie mehr wiederkehrende Epoche des Wagemuts, da ein paar entschlossene Abenteurer mit vier oder fünf Schiffen und ein paar hundert Soldaten ganze Länder massakrieren und unterjochen konnten. 1700 ist Brasilien schon eine Einheit und eine Kraft; es hat seine Städte, seine Festungen, seine Häfen, und – was immer entscheidender ist als dies alles – es bildet bereits eine nationale Gemeinschaft und in ihr eine unsichtbare Armee, die bis zum letzten Manne gegen jeden fremden Einbruch sich wehren würde und sogar dem eigenen Mutterland über dem Meer nurmehr unwillig Zoll und Tribut zubilligt. Es braucht nur noch eines: mehr Zeit und mehr Menschen. Auf die Dauer wird der Stille und der Geduldige gerade der Stärkste sein.

Die Entdeckung des Goldes in der Provinz Minas Gerais ist mehr als ein nationales Ereignis für Brasilien und Portugal. Es ist ein Weltgeschehnis, das die ganze ökonomische Gestaltung der damaligen Wirtschaft entscheidend beeinflußt hat; nach der Feststellung Werner Sombarts wäre die kapitalistische und industrielle Entwicklung Europas zu Ende des achtzehnten Jahrhunderts unmöglich gewesen ohne den gewaltigen und stimulierenden Einstrom des brasilianischen Goldes in die sofort rascher pulsenden Adern des europäischen Wirtschaftslebens. Was Brasilien, dieses bisher unbeachtete Land, an Gold mit einemmal auf den Markt wirft, ist für die damalige Zeit eine kaum vorstellbare Summe. Nach den verläßlichen Schätzungen Roberto Simonsens ist in dem einen Bergtal von Minas Gerais in diesem halben Jahrhundert mehr Gold gefördert worden, als in ganz Amerika zusammengenommen bis zur Entdeckung der kalifornischen Goldgruben im Jahre 1852. Die Beute Perus und Mexikos, die das sechzehnte Jahrhundert in einen Ausbruch von Tollheit versetzte und mit einem Schlage den Sachwert, den Geldwert aller Dinge verdoppelte und verdreifachte (wie Montesquieu in seiner berühmten Studie »Les Richesses de l'Espagne« so großartig geschildert hat), stellen kaum ein Fünftel, vielleicht nur ein Zehntel dessen dar, was die lange mißachtete Kolonie ihrem Mutterlande bringt. Das eingestürzte Lissabon ist aus diesem Golde neu aufgebaut worden, das gigantische Kloster Mafra aus dem »Quinto«, dem an den König abzuliefernden gesetzlichen Fünftel errichtet; die plötzliche Blüte der englischen Industrie konnte nur so großartig aufschießen aus diesem gelben Dünger, Handel und Wandel Europas geraten durch diesen plötzlichen Zustrom in beschleunigten

Schwung. Für eine Weltstunde, für fünfzig Jahre, ist Brasilien die Münzkammer der alten Welt und die ergiebigste, beneidetste Kolonie, die ein europäischer Staat besitzen kann. Für einen Augenblick will es scheinen, als sei der Traum der Conquistadoren erfüllt und das sagenhafte Eldorado gefunden.

Diese Episode des Golds – denn es wird nicht mehr als eine Episode in der Geschichte Brasiliens sein – ist dermaßen dramatisch in Aufstieg, Ablauf und Ausklang, daß man sie am besten wie ein Theaterstück mit einzelnen Akten in Szenen schildert.

Der erste Akt spielt knapp vor 1700 in einem Bergtal von Minas Gerais, das damals noch keine Provinz ist, sondern ein menschenleerer Humus ohne Städte und Wege. Eines Tages ziehen von Taubaté, einer kleinen Niederlassung der Paulisten, ein paar Männer zu Pferd und zu Maultier gegen die Hügel, die der kleine Rio das Velhas in vielen Krümmungen und Windungen durchbricht; wie tausend andere vor ihnen sind diese Männer ausgezogen nach einem Irgendwohin, ohne einen Weg zu wissen und eigentlich ohne bestimmtes Ziel. Sie wollen nur etwas finden und heimbringen, vielleicht Sklaven, vielleicht Vieh, vielleicht ein kostbares Metall. Dann kommt der unvermutete Fund: einer von ihnen, man weiß nicht, ob auf geheime Kunde hin oder durch bloßen Zufall, entdeckt im Sand die ersten Körner angeschwemmten Goldes und bringt sie in einer Flasche nach Rio de Janeiro. Und wie immer genügt der erste Blick auf dieses geheimnisvoll neidfarbene Metall, und eine wilde Völkerwanderung setzt ein. Von Bahia, von Rio de Janeiro, von São Paulo hasten die Leute heran, zu Pferd, zu Esel, zu Maultier, zu Fuß und in Barken den São Francisco empor. Matrosen verlassen – hier hat der Regisseur die Massenszenen einzusetzen – ihre Schiffe, die Soldaten ihre Garnisonen, Kaufleute ihre Geschafte, Priester ihre Kanzeln, und in schwarzen Herden werden die Sklaven herangetrieben in diese Wildnis. Für den ersten Augenblick droht der scheinbare Glücksfall eine beispiellose Wirtschaftskatastrophe für das ganze Land zu werden. Die Zuckerfabriken, die Tabakplantagen stocken, weil ihre Leiter sie verlassen und die Sklaven mitgetrieben haben, um dort in einer Woche, in einem Tag soviel zu raffen, wie bei geduldiger, zielbewußter Arbeit in einem Jahr. Die Schiffe können nicht verladen, die Transporte nicht geführt werden. Alles stockt und steht still, und die Regierung muß eigene Gesetze erlassen, um die Desertion der arbeitenden Kräfte ins Innere zu verhindern. Aber während in den Küstenstädten eine Katastrophe droht durch die plötzliche Entvölkerung, so droht umgekehrt dem Golddistrikt durch die plötzliche Übervölkerung das ewige Midasschicksal der Hungersnot bei goldenen Schüsseln. Es gibt Goldstaub und Goldkörner in Fülle, aber es gibt kein Brot und keinen Mais und keinen Käse und keine Milch und kein Fleisch, um die Zehntausende, die vielleicht Hunderttausende zu verköstigen in dieser Bergwildnis ohne Vorräte, ohne Viehstand und ohne Frucht. Glücklicherweise treibt die Aussicht, ihre Ware zum fünffachen, zum zehnfachen Preis und diesen noch in barem Gold bezahlt zu bekommen, die Kaufleute zu verzehnfachter Anstrengung. Immer größere Mengen von Lebensmitteln und anderen Waren wie Hacken und Schaufeln und Siebe werden zu Fluß und zu Land in die Wildnis befördert. Im Lande bahnen sich Wege, der bishin stilliegende, blau vor sich hinträumende Fluß São Francisco, der sonst in Monaten kaum ein Segel gesehen, wird eine belebte Straße. Hinauf und hinab fahren, von Sklaven getrieben, die Boote; die Ochsen schleppen die Karren dann weiter, und zurück strömt in kleinen Ledersäcken lose oder schon halb gemünzt das erträumte Gold. Eine fieberhafte Tätigkeit ist plötzlich über dies ruhige und beinahe schläfrig arbeitende Land gekommen. Aber es ist wie immer ein böses Fieber, das Goldfieber.

Es erregt die Nerven, es erhitzt das Blut, es macht die Augen gierig und die Sinne verwirrt. Bald beginnen erbitterte Kämpfe; die ersten Entdecker, die *Paulistas*, wehren sich gegen die Spätergekommenen, die *Emboabas*. Was einer mühsam gerafft, holt der andere mit einem Dolchstich an sich, und in das Tragische mischt sich grotesk das Lächerliche. Menschen, die gestern noch Bettler waren, stolzieren in lächerlichen Prunkgewändern herum, an den Spieltischen verlieren Deserteure und Lastträger beim Würfelspiel ganze Vermögen und – opernhafter Abschluß des ersten Aktes – bei diesem wilden Durchwühlen der Erde gleichzeitig an tausend Stellen wird in der Nähe von Diamantina gefunden, was noch kostbarer ist als das Gold: der Diamant.

Zweiter Akt: eine neue Hauptfigur tritt auf, der portugiesische Gouverneur als Wahrer des Kronrechts. Er ist gekommen, um die neuentdeckte Provinz zu überwachen und vor allem, um das dem König zustehende Recht auf ein Fünftel zu sichern; hinter ihm marschieren die Soldaten, reiten die Dragoner, um Ordnung zu schaffen. Ein Münzhaus wird eingerichtet, in dem alles gefundene Gold zum Schmelzen abgeliefert zu werden hat, damit genaue Kontrolle geübt werden kann. Aber die wilde Rotte will keine Kontrolle; ein Aufstand bricht aus, der mit unerbittlicher Hand niedergeschlagen wird. Nun wird langsam aus dem wilden Abenteuer eine geregelte und von der königlichen Autorität streng überwachte Fabrikation. Nach und nach entwickeln sich in dem kleinen Goldgebiet weiträumige Städte, Vila Rica, Vila Real und Vila Albuquerque, die in ihren Hütten und hastig aus Lehm aufgerichteten Häusern hunderttausend Menschen sammeln, mehr als New York und mehr als jede amerikanische Stadt zu jener Zeit, Städte, von denen heute kaum mehr jemand weiß, und Städte, von denen auch die damalige Welt kaum mehr als eine ungewisse Ahnung hatte. Denn Portugal ist entschlossen, seinen Schatz zu hüten und keinen Ausländer auch nur eine Stunde an diese goldene Quelle heranzulassen. Das ganze Gebiet wird gewissermaßen mit einem eisernen Gitter umschlossen; an allen Straßenkreuzungen werden Schlagbalken aufgerichtet, überall patrouillieren Tag und Nacht Soldaten, kein Reisender darf die Zone betreten, kein Goldgräber sie verlassen, ohne nicht vorher sorgfältig untersucht worden zu sein, ob er nicht etwa Goldstaub mit sich führe, den er ungerechtfertigterweise dem Schmelzhaus und der Tesouraria entzogen; fürchterlich sind die Strafen, mit denen jede Übertretung geahndet wird. Niemand darf Nachricht geben über das Land, Brasilien und seine Schätze, kein Brief wird herausgelassen, und ein Buch, das Antonil, ein italienischer Jesuit, über die »Reichtümer Brasiliens« geschrieben, von der Zensur unterdrückt. Kaum daß Portugal bewußt geworden ist, welches Wertobjekt es an Brasilien besitzt, bringt es alle Künste der Überwachung ins Spiel, um die gefährliche Eifersucht und Habgier der anderen Nationen fernzuhalten. Nur der Hof und die Beamten der Tesouraria dürfen wissen, an welchen Stellen Gold und an welchen Stellen Diamanten gefördert werden, und wie hoch der Anteil der Krone ist, und noch heute vermag eigentlich niemand die Ausbeute dieses Jahrhunderts verläßlich zu errechnen. Aber darüber, daß sie ungeheuer gewesen sein muß, kann kein Zweifel herrschen, denn nicht nur jenes Fünftel strömt in die längst seicht gewordenen Kassen, sondern jeder Diamant über zweiundzwanzig Karat hat ohne Entschädigung abgeliefert zu werden, und dazu kommt noch der Gewinn aus den Warenbeständen, die für die plötzlich reichgewordene Kolonie eingeführt werden, und der gesteigerte Ertrag an dem Umschlagszoll auf die Sklaven, die in verdoppelter Anzahl zur rascheren Ausbeutung importiert werden müssen. Nun erst ist Portugal gewahr geworden, daß es, als es alle seine indischen und afrikanischen Reiche verlor, doch die wertvollste seiner »überseeischen Provinzen« gerade mit dem Lande behielt, das seine »Lusiaden« nicht besungen und das nur seine Ärmsten und Ausgestoßenen besiedelt.

Der dritte Akt dieser Tragikomödie des Golds spielt ungefähr siebzig Jahre später und bringt die tragische Wendung. Die erste Szene ist Vila Rica und Vila Real, verändert und doch unverändert. Unverändert die Landschaft mit ihren dunkelgrünen oder nackten Bergen, mit dem unwillig durch die engen Täler sich vorstoßenden Fluß. Verändert aber die Stadt; hohe, helle, mächtige Kirchen, innen mit Bildwerk und Skulpturen reich geschmückt, haben sich hoch auf den Hügeln erhoben, um den Palast des Gouverneurs sich stattliche Häuser geschafft; eine ansehnliche und vermögende Bevölkerung hat sich gesammelt, aber es ist nicht die verschwenderische, die fröhlich belebte mehr von gestern und vorgestern. Etwas ist fort, was den Straßen und Tavernen und Geschäften die lebendige Regsamkeit gab, etwas ist fort, das die Blicke der Menschen erleuchtete, ihre Bewegungen frischer und lebendiger machte, etwas ist fort, was die Atmosphäre hier feurig und fiebrig machte. Und dieses Etwas ist das Gold. Noch immer strömt und schäumt der Fluß und wirft in seinem Lauf zerriebenes Gestein als Sand an die Ufer, aber soviel man ihn auch schütteln mag in Sieben und gewässert durch Abläufe treibt, er bleibt nur wertloser Sand. Nicht mehr finden sich wie einst die schweren, glänzenden Körner darin, vorbei sind die Jahre, wo, um sich zu bereichern, es genügte, fünfzig oder hundert Sklaven hinzustellen, die in Holzschüsseln den Sand schwenkten und schwenkten und schwenkten und dann unten am Grunde jedesmal ein paar Unzen der vollwichtigen Körner blieben. Das Gold des Rio das Velhas war nur Schwemmgold gewesen, Oberflächengold und ist nun abgeschöpft. Um es aus den Tiefen des Berges zu holen, ist mühselige technische Arbeit vonnöten, der die Zeit und das Land noch nicht gewachsen ist. Und so kommt die Wendung: Vila Rica wird Vila Pobre, eine arme Stadt. Die Goldwäscher von gestern, verarmt und verbittert, ziehen ab mit ihren Maultieren und Eseln und Negern und ihrer kärglichen Habe, die Lehmhütten der Sklaven, zu

Tausenden über die Hügel verstreut, werden weggeschwemmt vom Regen oder verfallen. Die Dragoner reiten weg, denn sie haben nichts mehr zu bewachen, die Casa de Fundação hat nichts mehr zu schmelzen, der Gouverneur nicht mehr viel zu verwalten; selbst das Gefängnis bleibt leer, weil kaum mehr hier einer dem andern etwas zu rauben oder zu stehlen hat. Der Zyklus des Goldes hat ausgeschwungen.

Vierter Akt dann in zwei gleichzeitigen Szenen, die eine in Portugal, die andere in Brasilien. Die erste Szene spielt im königlichen Palast von Lissabon. Der Kronrat ist versammelt. Die Berichte der Tesouraria werden verlesen, und sie sind erschreckend. Immer weniger Gold aus Brasilien und immer größer die Schulden im Land. Die industriellen Compagnien, die Pombal gegründet, stehen vor dem Zusammenbruch, weil man sie nicht mehr finanzieren kann, der Wiederaufbau Lissabons, so energisch begonnen, ist gehemmt. Wo Geld schaffen, seit das Gold nicht mehr aus Brasilien strömt, und wie Ersatz dafür? Die Austreibung der Jesuiten, die angeordnete Konfiskation ihrer Güter hat nichts geholfen; nach dem ersten Traumreich der »Lusiaden« ist nun auch das des ewigen Eldorados entschwunden. Tückisch wie immer hat das Gold nur Glückseligkeit versprochen und nicht gehalten. Und Portugal muß sich bescheiden, wieder zu werden, was es zuerst gewesen, ein kleines, stilles und eben um dieser stillen Schönheit willen liebenswertes Land.

Die andere, gleichzeitige Szene in Minas Gerais in vollkommenem Gegensatz: die Goldwäscher sind mit ihren Maultieren, Eseln, Sklaven und ihrer ganzen beweglichen Habe von der unwirtlichen Gebirgsgegend heruntergezogen und haben das fruchtbare Wiesenland entdeckt. Sie siedeln sich an, kleine Niederlassungen und Städte entstehen, den São Francisco entlang fahren die Schiffe, der Verkehr belebt sich, aus einem leeren unbewohnten, unbebauten Lande wird eine neue, tätige Provinz. Was für Portugal Verlust, wird für

Brasilien Vorteil; für das entschwundene Gold hat es eine ungleich kostbarere Substanz gewonnen, ein neues Stück seiner Erde für tätige und fruchtbringende Arbeit.

Dieser Goldsturm nach Minas Gerais stellt in demographischer Hinsicht eigentlich die erste jener großen Innenimmigrationen dar, die für die nationale und wirtschaftliche Entwicklung Brasiliens so entscheidend geworden sind. Ohne diese immer wiederholten Wanderungen im inneren Raum wäre das Phänomen unverständlich, daß ein Land von so ungeheurer Ausdehnung in einem solchen Maße national einheitlich geblieben ist, daß selbst die Sprache sich kaum in einzelne Dialekte umfärbte und vom Paraná hinauf bis zum Amazonas, vom Ozean bis in die fast unerreichbare Ferne von Goiaz dieselben Sitten obwalten und trotz aller klimatischen und beruflichen Verschiedenheiten der Volkstypus ein einheitlicher geblieben ist. Wie in allen großräumigen Ländern hat hier der Ansiedler ein anderes Verhältnis zur Scholle wie der Bauer der engen europäischen Gemarkung, der völlig seinem Haus wie seinem Grund verhaftet ist. In Brasilien, wo die Erde im ganzen Hinterlande frei war und jeder sie nehmen konnte, wo er wollte und wie er wollte, ist der Mensch wanderlustig und unternehmungsbereit. Es ergab sich hier ganz natürlich, daß der Ansiedler, weniger traditionell gebunden als der europäische Bauer, leicht seinen Wohnsitz tauschte und jeder neuen Gelegenheit willig folgte, die sich ihm bot. So prägen die großen Umschaltungen in der brasilianischen Wirtschaft von einem Monopolprodukt zum andern, die sogenannten Zyklen der Produktion, sich auch als Wanderungen und Verschiebungen des siedlerischen Gleichgewichts aus, und man könnte in gewissem Sinne diese Zyklen ebenso wie nach den Produktionsobjekten nach den Städten und Landschaften benennen, die sie geschaffen haben. Die Ära des Holzes, des Zuckers und Cotons hat den Norden besiedelt. Sie hat Bahia geschaffen, Recife, Olinda, Pernambuco und Ceará. Minas Gerais ist besiedelt worden durch das Gold. Rio de Janeiro wird seine Größe der Umsiedlung des Königs mit seinem Hofe danken, São Paulo seinen phantastischen Aufstieg dem Imperium des Kaffees, Manaus und Belém ihre plötzliche Blüte dem rasch ablaufenden Zyklus des Gummis, und noch wissen wir die Lage der Städte kaum, die der nächste Umschwung, die Erzgewinnung, die Industrie zu plötzlichem Wachstum bringen wird.

Dieser Prozeß der Gleichgewichtsverteilung, der noch heute in vollem Gang ist, – denn der Brasilianer ist dank seiner dunklen Erbschaft besonders beweglich von Natur –, und der dauernd gefördert wurde durch eine ständige Zumischung von erst der afrikanischen, dann der europäischen Immigration, hat verhindert, daß der organische Ausbreitungsprozeß jemals völlig ins Stocken geraten ist. Er hat eine allzu stabile soziale Schichtung verhindert, und statt des partikulären Elements das nationale stärker herausgearbeitet. Man hört noch hie und da sagen, daß dieser von Bahia stammt und jener aus Porto Alegre, aber bei näherer Nachfrage erfährt man, daß Vater oder Mutter fast immer von anderer Herkunft sind; dank dieser ständigen Transfusion und Transplantation hat sich dieses Wunder der brasilianischen Einheitlichkeit bis auf den heutigen Tag gerettet, wo durch die gesteigerten Verbindungsmöglichkeiten die bindenden Kräfte des Radios und der Zeitung eine nationale Zusammenfassung viel selbstverständlicher machen. Während das spanisch-südamerikanische Reich, das weder räumlich noch an Menschenanzahl dem ehemaligen portugiesischen Kronland überlegen ist, schon im Grundplan durch die Aufteilung in einzelne Gouverneursbezirke die Sonderheiten Argentiniens, Chiles, Perus, Venezuelas in dialektischen Formen, in Sitte und Habitus schärfer herausarbeitet, bereitete die zentralistisch geführte Regierungsform Brasiliens schon von Anfang an eine völlig einheitlich ökonomische und nationale Form vor, die, weil früh und organisch in der Seele des Volkes verankert, auch im wirtschaftlichen Sinne nicht mehr zu zerstören war.

Versucht man für die Epoche zu Anfang des neunzehnten Jahrhunderts die Bilanz von Soll und Haben aufzustellen zwischen der Kolonie und dem Mutterland, zwischen Brasilien und Portugal, so findet man ein vollkommen verändertes Bild. Von 1500 bis 1600 ist Brasilien der nehmende, Portugal der gebende Teil: es muß Beamte und Schiffe, Waren und Soldaten, Kaufleute und Kolonisten hinüberschicken, und seine weiße Bevölkerungszahl übertrifft um das Zehnfache die junge Kolonie. Um 1700, also zu Beginn des achtzehnten Jahrhunderts, dürfte die Waage auf gleich schwanken und sich eher zu Gunsten Brasiliens überneigen. Um 1800 hat sich die Proportion schon in phantastischer Weise verändert. Portugal mit seinen 91 000 Quadratkilometern erscheint winzig neben dem Land, das achteinhalb Millionen desselben Maßes umfaßt. Allein an schwarzen Sklaven beherbergt es mehr als Portugal mit all seinen Untertanen; an wirtschaftlicher Kraft ist das amerikanische Reich nicht mehr zu vergleichen mit dem verarmten, in ökonomischen Marasmus immer tiefer verfallenden europäischen Heimatland. Mit viel Gold oder wenig Gold, mit seinen Diamanten, seinem Zucker, seiner Baumwolle, seinem Tabak, seinem Viehstand, seinen Erzen und nicht zuletzt seinen von Jahr zu Jahr gewaltig wachsenden Arbeitskräften hat es sich längst von jeder Hilfeleistung emanzipiert. Das Kind erhält jetzt die Mutter und nicht mehr die Mutter das Kind. Beim Erdbeben von Lissabon schickt Brasilien nicht weniger als drei Millionen Cruzados zum Aufbau als Geschenk hinüber, und vermögend ist in Portugal nurmehr, wer Besitz hat in Brasilien oder Handel treibt mit seinen Häfen und Städten. Wie eine Welt steht Brasilien neben der *pequena casa Lusitana.*

Aber je kräftiger, je männlicher, je aufrechter Brasilien sich entfaltet, um so sichtlicher verrät das Mutterland die Sorge, sein allzu kräftig geratenes Kind könnte eines Tages seiner Obhut entlaufen. Immer wieder versucht es, das schon selbständig handelnde, selbständig denkende, selbständig wirkende Wesen, als ob es noch unmündig wäre und am königlichen Gängelband geführt werden müßte, in die Gehschule einzuschließen. Mit Gewalt soll seine wirtschaftliche Selbständigkeit verhindert werden. Während Nordamerika längst frei sein Schicksal bestimmt, darf Brasilien noch keine Waren erzeugen außer seinen Fertigprodukten. Es darf keine Stoffe weben, sondern soll sie auf dem Umweg über das Mutterland beziehen, es darf keine eigenen Schiffe bauen, damit einzig die portugiesischen Reeder verdienen. Für geistige Menschen, für Techniker, für Industrielle soll dort kein Raum sein und kein Tätigkeitsfeld. Kein Buch darf dort gedruckt werden, keine Zeitung veröffentlicht, und mit den Jesuiten nimmt man ihnen noch die einzigen, die dort ein wenig Bildung verbreiten. Nur keinen selbständigen ökonomischen Aufstieg, nur keine freie Verbindung mit den Weltmärkten! Brasilien soll Sklavenland bleiben, Fronland, abhängige Kolonie, und je unselbständiger, je ungeistiger, je unnationaler, desto besser. Jede Regung der Unabhängigkeit wird gewaltsam niedergeschlagen. Und die portugiesischen Truppen, die innerhalb Brasiliens stehen, haben längst nicht mehr wie einst den Sinn, die Kolonie gegen äußere Feinde zu schützen, – denn dies vermöchte das Land längst aus eigener Kraft –, sondern einzig die königliche Wirtschaftskaserne gegen das eigene Land zu bewachen.

Aber immer wiederholt sich das gleiche Phänomen in der Geschichte; was in Jahren und Jahren an Vernunft und Gleichgültigkeit versäumt wird, erzwingt dann die brutale Gewalt in einer einzigen Stunde. Es ist groteskerweise Napoleon, der Welttyrann Europas, der dieses amerikansiche Land befreit. Denn indem er den König von Portugal durch den blitzartigen Vormarsch seiner Truppen zwingt, seine Residenzstadt Lissabon in überstürzter Flucht zu verlassen, zwingt er ihn auch, zum erstenmal das Land in Augenschein zu nehmen, das ihm seine Paläste gebaut und seiner Krone, seinem Lande durch Jahrzehnte und Jahrhunderte der treueste Helfer gewesen. Statt der Zolleinnehmer und der Gendarmerie erscheint nun zum erstenmal mit seinem ganzen Hof, dem Adel und der Geistlichkeit ein Angehöriger des Hauses Bragança, der König João VI., in seiner Kolonie.

Aber das neunzehnte Jahrhundert wird keine Kolonie Brasilien mehr kennen; König Joao bleibt keine andere Wahl, als das Kind, das ihn, den Geflüchteten, den kläglich Geschlagenen, in seine Arme nimmt und aufrichtet, feierlich für mündig zu erklären. Unter dem Titel des Vereinigten Königreichs wird Brasilien Portugal gleichgestellt, und für zwölf Jahre liegt die Hauptstadt dieses Doppelkönigreichs nicht am Tajo mehr, sondern in der Bucht von Guanabara. Mit einem Schlage sind die Schranken gefallen, die Brasilien vom Welthandel bisher abgeschlossen haben, vorbei ist die Zeit der Erlaubnisse und Verbote und strengen Dekrete. Fremde Schiffe dürfen seit 1808 hier landen, Waren ausgetauscht werden, ohne daß der Tribut abgeliefert werden müßte an die Tesouraria jenseits des Meers. Brasilien darf arbeiten und produzieren, darf sprechen und schreiben und denken, und so kann mit der wirtschaftlichen endlich auch die lange gewaltsam zurückgehaltene kulturelle Entwicklung beginnen. Zum erstenmal seit der flüchtigen Episode der holländischen Besetzung werden Gelehrte, Künstler, Techniker von hohem Rang ins Land berufen, um hier den Aufbau einer eigenen Kultur zu fördern. Völlig unbekannte Dinge wie Bibliotheken, Museen, Universitäten, Kunstakademien, technische Schulen werden eingerichtet und dem Lande volle Freiheit gegeben, seine Sonderpersönlichkeit im Kulturkreis der Welt zu zeigen und zu bewähren.

Aber wer einmal das Gefühl der Freiheit kennen- und lieben

gelernt hat, der hält dann nicht mehr ein, ehe er nicht die volle, die schrankenlose Freiheit erlangt. Selbst dies gelokkerte Band, das das neue Königreich mit dem alten jenseits des Ozeans verbindet, empfindet es als Hemmung und Bedrückung. Und erst, wie es sich 1822 selber zum Königreich krönt, beginnt seine wahre Unabhängigkeit.

Oder vielmehr, sie könnte beginnen. Denn nur im politischen Sinne gelingt es Brasilien, sich seine Unabhängigkeit zu erkämpfen, nicht aber im wirtschaftlichen. Im Gegenteil, bis tief in die Mitte des neunzehnten Jahrhunderts gerät Brasilien eigentlich in schwerere ökonomische Abhängigkeit von England und den anderen Industriestaaten, als es vordem von Portugal gewesen. Brasilien hat – in seiner Entwicklung gehemmt durch die Verbote Lissabons – die industrielle Revolution verschlafen, die zu Ende des achtzehnten Jahrhunderts unsere Welt durchgreifend zu verändern begann. Bisher konnte es in der Lieferung seiner Kolonialprodukte jede Konkurrenz überwinden durch die Billigkeit seiner Arbeitskräfte, durch die Sklaverei, und im wirtschaftlichen Sinn den ersten Rang unter allen amerikanischen Kolonien behaupten. Noch zur Zeit der Unabhängigkeitserklärung war es im Export gegenüber Nordamerika führend gewesen und hatte in seinen Absatzziffern in manchen Jahren sogar diejenigen Englands erreicht. Aber im neuen Jahrhundert ist ein neues Element in die Weltwirtschaft eingebrochen: die Maschine. Eine einzige Dampfmaschine in Liverpool oder Manchester leistet jetzt, von einem Dutzend Arbeiter bedient, mehr als hundert und bald tausend Sklaven in der gleichen Zeit, Handindustrie kann von nun an gegen organisierte Fabrikindustrie auf die Dauer ebensowenig ankämpfen, wie nackte Eingeborene mit ihren Pfeilen gegen Maschinengewehre und Kanonen. Dieses an sich schon verhängnisvolle Zurückbleiben gegen das Tempo der Zeit wird noch vermehrt durch ein besonderes Mißgeschick. In dem gewaltigen und fast vollständigen Katalog seiner Erze und Gesteine fehlt gerade jener Kraftstoff, der für das neunzehnte Jahrhundert als motorische Substanz entscheidend ist: die Kohle.

Brasilien hat in diesem entscheidenden Augenblick der Transport- und Kraftumstellung auf diese neue dynamische Substanz in seinem unübersehbaren Territorium nicht eine einzige Kohlengrube. Jedes Kilogramm muß viele Wochen weither verfrachtet und mit dem in seinem Wert rapid absinkenden Zucker überteuert bezahlt werden. Dadurch wird jeder Transport unrentabel, und durch die gebirgige Struktur des Landes verzögert sich der Bau von Eisenbahnen überdies noch um unersetzbare Jahrzehnte und setzt auch dann noch nur unzulänglich ein. Während sich der Umschlagrhythmus von Ware und Verkehr in den europäischen und nordamerikanischen Staaten von Jahr zu Jahr verzehnfacht, verhundertfacht, vertausendfacht, wehrt sich in Brasilien die Erde, Kohle herzugeben, stemmen sich die Berge und krümmen sich die Flüsse, als wollten sie sich weigern gegen das neue Jahrhundert. Bald zeigt sich das Resultat: von Jahrfünft zu Jahrfünft bleibt Brasilien immer mehr zurück in der modernen Entwicklung, und besonders der Norden mit seinen schlechten Verkehrsmitteln gerät in einen später kaum mehr aufzuhaltenden Verfall. Zu einer Zeit, da Schienenstränge in dreifachem und vierfachem Gürtel schon die Vereinigten Staaten von Osten nach Westen, von Süden nach Norden verbinden, sind hier auf einem gleich großen Terrain neun Zehntel des Landes Meilen und Meilen weit von jeder Schienenspur, und während den Mississippi und den Hudson und den San Lorenzo ständig die neuen Dampfboote auf- und niederfahren, erblickt man nur selten am Amazonas und São Francisco den Rauch eines Schornsteins. So kommt es, daß zu einer Zeit, da in Europa und Nordamerika die Kohlenminen und Eisenwerke, die Fabriken und Verkaufszentren, die Städte und die Häfen mit immer geringerem Zeitverlust zusammenarbeiten und sich die Potenz und Schlagkraft der Massenproduktion von Jahr zu Jahr übersteigert, Brasilien bis tief ins neunzehnte Jahrhundert bei den Methoden des achtzehnten, des siebzehnten und sechzehnten ohnmächtig stehenbleibt, immer nur dieselben Rohstoffe liefernd und dadurch im Absatz seiner Fertigwaren der Willkür des Welthandels wehrlos ausgeliefert.

So fällt und verfällt die Handelsbilanz; Brasilien tritt als dominierender Faktor aus der vordersten Reihe Amerikas in die zweite oder dritte zurück, und sein Wirtschaftsbild entbehrt zu Anfang des neunzehnten Jahrhunderts nicht einer gewissen Perversität. Denn gerade das Land, das mehr Eisen besitzt als vielleicht irgendein anderes der Erde, muß jede Maschine, jedes Werkzeug vom Ausland importieren. Obwohl es Baumwolle auf seinem Boden in unbeschränkter Fülle erzeugt, muß es den gewebten, den bedruckten Stoff aus England einführen. Obwohl seine Waldbestände unermeßlich und ungefällt sich dehnen, muß es Papier von auswärts kaufen und so jedes Objekt, das nicht mit unorganisierter, altväterlicher Handarbeit erzeugt werden kann. Wie immer in Brasilien würden großzügige Investitionen, die den Betrieb umorganisierten, hier Rettung bringen. Aber Brasilien fehlt es seit der Stockung des Goldes an Kapital, und so werden seine Eisenbahnen, seine ersten Fabriken, seine wenigen großzügigen Unternehmungen ausschließlich von englischen und französischen und belgischen Compagnien eingerichtet und das neue Kaiserreich als Kolonie anonymer Gruppen aller Weltausbeutung ausgeliefert. In einer Zeit, wo der Rhythmus der Bewegung, die lebendige Durchpulsung des Raums mit schöpferischen Energien für die volkswirtschaftliche Entwicklung eines Landes entscheidend wird, ist Brasilien, das noch mit den alten Methoden und mit den alten Umsatzlangsamkeiten arbeitet, von einem vollkommenen Marasmus bedroht. Wieder einmal ist seine Wirtschaft bei einem Tiefpunkt angelangt.

Aber es gehört zur Besonderheit seiner Entwicklung, daß dieses Land der unbegrenzten Möglichkeiten jede seiner Krisen immer wieder durch eine plötzliche Umstellung überwindet, indem es, sobald sein Hauptexportartikel versagt, sich einen neuen und noch ergiebigeren findet. Wie das siebzehnte Jahrhundert durch den Zucker, das achtzehnte durch das Gold und die Diamanten, so zeitigt auch das neunzehnte ein solches Wunder des unvermuteten Aufstiegs durch den Kaffee. Nach dem Zyklus des Zuckers, des weißen Goldes, dem Zyklus des wirklichen Goldes setzt mit dem Kaffee der Zyklus des braunen Goldes ein, der dann noch für kurze Zeit durch den Zyklus des flüssigen Goldes, des Gummis, abgelöst wird, und es ist ein Triumphzug ohnegleichen. Denn mit dem Kaffee erschafft sich während des ganzen neunzehnten Jahrhunderts und bis in das zwanzigste hinein Brasilien ein absolutes Weltmonopol: wieder sind es die alten und so typischen Faktoren, die Ergiebigkeit der Erde, die Leichtigkeit der Anpflanzung, die Primitivität des Produktionsprozesses, die diesen neuen Artikel gerade Brasilien besonders gemäß machen. Die Kaffeebohne kann nicht mit Maschinen gepflanzt, nicht von Maschinen geerntet werden. Hier allein leistet der Sklave noch mehr als das eiserne Schwungrad. Und abermals ist es wie beim Zucker, beim Kakao, beim Tabak ein Qualitätsartikel, der an die verfeinerten Geschmacksnerven appelliert – eigentlich das notwendige Komplementprodukt zu diesen beiden früheren, denn als köstlicher Nachtisch bilden diese drei, die Zigarre, der Zucker, der Kaffee das ideale Trifolium.

Immer ist es seine Sonne und der Saft, die Kraft seiner Erde, die Brasilien retten. Was in der alten Heimat schon köstlich war, wird noch köstlicher auf dieser neuen Erde; nirgends gedeiht der Kaffee so üppig und mit solchem Aroma wie in dieser subtropischen Zone. Schon die früheren Jahrhunderte hatten diese Bohnen und ihre stimulierende Kraft gekannt. Aber wie der Kaffee 1730 ins Gebiet des Amazonas und 1762 nach Rio de Janeiro hinübergepflanzt wird, gilt er noch als Luxusartikel, und sein Absatz kann demgemäß für die Wirtschaft nicht entscheidend sein; in den statistischen Tabellen erscheint er zu Anfang des neunzehnten Jahrhunderts noch in den Quanten und wertmäßig weit hinter der Baumwolle, dem Leder, dem Kakao, dem Zucker und dem Tabak. Genau wie bei seinen älteren Brüdern, dem Tabak und dem Zucker, hilft erst die steigende, in immer breitere Schichten Europas und Nordamerikas eindringende Gewöhnung an dieses wundervolle Stimulans zu regerer Anpflanzung. In der zweiten Hälfte des neunzehnten Jahrhunderts beginnen Produktion und Absatz dann plötzlich in Fieberkurven anzusteigen, und Brasilien wird der Kaffeelieferant der ganzen Welt. Immer hastiger muß es seine Produktion erweitern, um dem Bedarf nachzukommen, Hunderttausende und schließlich Millionen Arbeiter strömen in die Provinz São Paulo ein, die großen Häfen und Magazine von Santos werden ausgebaut, wo manchmal an einem einzigen Tage dreißig Frachtdampfer gefüllt mit Kaffeesäcken vor Anker liegen. Mit dem Export von Kaffee reguliert Brasilien für Jahrzehnte seine Wirtschaft, und welchen Wert dieser Export darstellt, zeigen die gigantischen Zahlen. Zwischen 1821 und 1900, in achtzig Jahren, liefert das Land für 270 Millionen und 835 000 englische Pfund, im ganzen bis heute für über zwei Milliarden englischer Pfunde; damit allein ist ein Großteil seiner Investitionen und seiner Einfuhr schon gedeckt. Aber anderseits wird durch diese Monopolproduktion Brasilien immer mehr von den Börsenpreisen abhängig und seine Währung an die Notierung des Kaffees verhängnisvoll gebunden; jeder Sturz der Kaffeepreise muß den Milreis mit sich reißen.

Und dieser Sturz der Kaffeepreise erweist sich schließlich als unaufhaltsam. Die Pflanzer, von den leichten Absatzmöglichkeiten angelockt, erweitern ständig ihre Fazendas, und da keine organisierte Planwirtschaft rechtzeitig dieser wilden

Überproduktion entgegentritt, folgt eine Krise der andern. Die Regierung muß mehrmals intervenieren, um eine Katastrophe zu verhindern, einmal indem sie einen Teil der Ernte aufkauft, ein andermal, indem sie Neuanpflanzungen mit so hohen Steuern belegt, daß sie einem Anpflanzungsverbot gleichkommen, ein drittes Mal, indem sie den aufgekauften Kaffee ins Meer werfen läßt, um den Sturz der Preise aufzuhalten. Aber die Krise bleibt latent. Immer wieder stürzt nach kurzen Erholungen der Preis und reißt mit jedem seiner Stürze den Milreis mit sich. Derselbe Sack Kaffee, der um 1925 noch fünf englische Pfund kostet, fällt 1936 bis auf eineinhalb englische Pfund, während gleichzeitig der Milreis noch heftiger absinkt. Aber im Sinne der Stabilität der Finanzen und des innern Gleichgewichts ist es eher ein Vorteil, daß die Königsherrschaft des Kaffees sich ihrem Ende nähert und nicht Wohlstand oder Krise eines ganzen Landes durch den zufälligen Kurs der braunen Körner an den internationalen Warenbörsen bestimmt wird. Wie immer wird auch hier eine wirtschaftliche Krise Brasilien zum nationalen Gewinn, weil sie zu gleichmäßiger Ausbreitung seiner Produktion drängt und rechtzeitig die Gefahr der Einstellung seines Volksvermögens auf eine einzige Karte erkennen läßt.

Eine Zeitlang hat es den Anschein, als wollte gegen den wirtschaftlichen König Brasiliens, den Kaffee, ein gewaltiger Kronprätendent sich erheben, um die Herrschaft an sich zu reißen: das Gummi. Es hätte eigentlich für seinen Anspruch ein gewisses moralisches Recht, denn es ist nicht wie der Kaffee ein ziemlich spät gekommener Immigrant, sondern ein heimischer Bürger. Der Gummibaum, die *Hevea brasiliensis*, war ursprünglich in den Wäldern des Amazonas zu finden. Dreihundert Millionen solcher Bäume wachsen dort seit Hunderten und Hunderten von Jahren, ohne daß je ihre besondere Form und ihr kostbarer Saft den Europäern bekannt geworden wäre. Die Eingeborenen benutzen ab und zu das ausfließende Harz, wie Le Condamine auf seiner Amazonasreise als erster 1736 feststellt, um ihre Segel und Gefäße gegen das Wasser zu verkitten. Aber das klebrige Harz, industriell nicht verwertbar, weil es weder hohen noch niederen Temperaturen Widerstand zu leisten vermag, wird nur ab und zu in kleinen Quantitäten und in primitiv angefertigen Artikeln zu Beginn des neunzehnten Jahrhunderts nach Amerika geschickt. Die entscheidende Wendung kommt erst, als 1839 Charles Goodyear entdeckt, daß man durch eine Schwefellegierung die weiche Masse in eine neue, gegen Hitze und Kälte weniger empfindliche umwandeln könne. Mit einem Schlage wird der Kautschuk einer der »big five«, eine der großen Notwendigkeiten der modernen Welt, kaum minder wichtig als Kohle, Petroleum, Holz und Erz. Man benötigt ihn zu Schläuchen, zu Galoschen und zu tausend anderen Dingen, und mit der Einführung des Fahrrads und dann des Automobils nimmt sein Verbrauch gigantische Proportionen an.

Für den Grundstoff dieses neuen Produkts besitzt nun Brasilien bis zum Ende des neunzehnten Jahrhunderts das ausschließliche Monopol. Im ganzen Weltall ist nur in seinen amazonischen Wäldern – ein ökonomischer Glücksfall ohnegleichen – die *Hevea brasiliensis* zu finden; es ist also an Brasilien, die Preise zu diktieren. Entschlossen, das kostbare Monopol für sich allein zu behalten, verbietet die Regierung die Ausfuhr auch nur eines einzigen Baumes, wohl sich erinnernd, wie sehr es selbst durch die Einführung von ein paar Dutzend Kaffeesträuchern aus dem nachbarlichen französischen Guayana seinerzeit den gefährlichsten Rivalen schachmatt gesetzt hat. Und nun beginnt in merkwürdiger Parallelität zu der Entdeckung des Goldes in Minas Gerais ein plötzlicher *boom* in den bisher nur von Moskitos und anderem Getier bewohnten Urwäldern des Amazonas. Abermals setzt mit diesem Zyklus des »flüssigen Goldes« eine gewaltige Binnenimmigration in eine bisher unbesiedelte Provinz ein. Siebzigtausend Menschen aus der Gegend von Ceará, die infolge einer plötzlichen Dürre ihre bisherigen Wohnstätten verlassen mußten, werden von den Compagnien angeworben und von Belem in Booten und Schiffen hinauf in diese Wildnis geschickt, oder wenn man es ehrlicher sagt: verkauft. Denn ein furchtbares System der Ausbeutung beginnt in diesen Gegenden, die so weit von Gesetz und Überwachung sind wie seinerzeit die Goldtäler von Minas Gerais; obwohl nicht Sklaven, werden diese *seringueiros* durch Arbeitskontrakte und dadurch, daß die Unternehmer, noch nicht zufrieden mit dem Gewinn an dem Gummi, diesen unseligen Arbeitern im »grünen Gefängnis« des Urwalds uberdies noch die Waren und Lebensmittel, die sie benötigen, zum vier- und fünffachen Preise verkaufen, praktisch in Knechtschaft gehalten. Wer alle Einzelheiten des Horrors dieser Tage verstehen will, möge den wunderbaren Roman von Ferreira de Castro nachlesen, der mit großartigem Realismus diese schmachvolle Zeit schildert. Die Arbeit des *seringueiro* ist furchtbar; in elenden Hütten im Urwald kampierend, abseits von jeder gesitteten Menschheit, muß er mit Messer und Hacke durch das Gestrüpp erst den Weg zu diesen Bäumen sich bahnen, muß sie anzeichnen und abzapfen, mehrmals am Tag hin und zurück in der glühenden Hitze, muß zwischendurch die Gummimilch rechtzeitig verkochen und bleibt dabei, vom Fieber geschüttelt, in seinen Kräften zerstört, nach monatelanger Arbeit durch eine verbrecherische Kalkulation noch immer Schuldner des Unternehmers, der die Fracht der Beförderung von ihm zurückfordert, und der ihn bei der Lebensmittellieferung bewuchert. Versucht er aus seinem »Arbeitskontrakt«, wie man diesen Sklavendienst mit einem schöneren Worte nennt, zu entfliehen, so wird er genau wie früher ein Sklave von bewaffneten Wächtern gejagt und muß in Ketten weiterarbeiten.

Aber dank dieser schamlosen Ausbeutung der Arbeiter, dank des Handelsmonopols und des von Jahr zu Jahr steigenden Weltbedarfs schnellen die Gewinne ins Phantastische hinauf. Die Tage von Vila Rica und Vila Real im achtzehnten Jahrhundert, da die Goldstädte mit hastigem Prunk und sinnloser Pracht mitten in einer Einöde aufwuchsen, scheinen wiedergekehrt im neunzehnten Jahrhundert. Belém blüht auf, und eine völlig neue Stadt entsteht tausend Meilen weit von der Küste, Manaus, gewillt, Rio de Janeiro, São Paulo und Bahia durch Luxus und Pracht zu übertreffen. Asphaltierte Avenuen, Banken und Paläste mit elektrischem Licht, prächtige Häuser und Geschäfte, das größte und luxuriöseste Theater Brasiliens, das nicht weniger als zehn Millionen Dollar kostet, erstehen mitten im Urwald. Alles schwimmt in Geld. Ein Konto, damals zweihundert Dollar, wird ausgegeben wie ein Schilling, die raffiniertesten Luxuswaren kommen aus Paris und aus London in den großen Dampfern, die immer öfter und öfter den Amazonas befahren. Alles spekuliert, alles handelt mit Gummi, und während die Bäume bluten und im grünen Gefängnis des Urwalds die *seringueiros* zu Hunderten und Tausenden hinsterben, wird eine ganze Generation im Amazonasgebiet so reich an dem flüssigen Gold wie einstens ihre Urväter in den Minenfeldern von Minas Gerais. Auch der Staat profitiert freilich von diesem einträglichen Export, und in der Handelsbilanz kommt das Gummi in raschen und wilden Sprüngen dem Kaffee bedenklich nahe; die Einführung des Automobils eröffnet unbegrenzte Perspektiven. Ein Jahrzehnt noch, und Manaus wird nicht nur die reichste Stadt Brasiliens sondern eine der reichsten der Welt sein.

Aber ebenso rasch wie sie aufgestiegen war, platzt diese schillernde Blase. Ein einziger Mann hat sie heimtückisch aufgestochen. Ein junger Engländer holt, das staatliche Verbot der Ausfuhr der *Hevea brasiliensis* oder deren Samen durch Bestechung geschickt zunichte machend, nicht weniger als siebzigtausend dieser Samen nach England hinüber, wo in Kew Gardens die ersten Bäume gepflanzt und dann nach Ceylon, Singapore, Sumatra und Java übertragen werden. Damit ist das brasilianische Monopol gebrochen, und seine Produktion kommt rasch in die Hinterhand. Denn die systematisch angelegten Pflanzungen auf den malaiischen Inseln, wo in meilenweiten geraden Linien die Gummibäume wie Grenadiere aufgereiht stehen, ermöglichen eine viel raschere und leichtere Ausbeutung als inmitten des Urwalds, wo jeder einzelne Baum erst aus dem Dickicht freigelegt werden muß. Wie immer unterliegt die altmodische, improvisierte, brasilianische Produktion der überlegenen modernen Organisation.

Der Abstieg geschieht dann lawinenhaft schnell. 1900 produziert Brasilien noch 26750 Tonnen gegen bloße vier jämmerliche Tonnen aus Asien. Noch 1910 hat es die Oberhand mit seinen 42000 Tonnen gegen 8200 asiatische. Aber 1914 ist es schon geschlagen mit 37000 Tonnen gegen 71000, und von dieser Stunde an geht er rascher und rascher abwärts; 1938 produziert es nur mehr 16400 Tonnen gegen 365000 aus den malaiischen Staaten allein und 300000 der holländischen Kolonie, 58000 von Indochina und 52000 aus Ceylon. Und selbst diese ärmlichen 16000 Tonnen erzielen nur einen Teil des ursprünglichen Preises. Das Theater von Manaus sieht nicht mehr wie einst die Truppen der ersten europäischen Theater, die Vermögen zerrinnen, der Traum des flüssigen Goldes ist ausgeträumt. Wieder ist ein Zyklus zu Ende, nachdem er seine geheimnisvolle Pflicht erfüllt, einer bisher schlafenden Provinz einen Einschuß von Leben und Vitalität zu geben und sie in Handel und Verkehr mit der Gesamtheit der Nation enger zu verbinden.

Noch einmal wird sich zu Ende des neunzehnten Jahrhunderts das innerste Gesetz der brasilianischen Entwicklung erfüllen: daß es, leicht verführt von dem momentanen Gewinn eines Hauptartikels, immer eine Krise benötigt, um sich umzustellen, und daß somit alle diese zyklischen Krisen seiner vielfältigen Gesamtentwicklung eigentlich eher förderlich als schädlich gewesen sind. Die letzte große Umstellung, zu der Brasilien genötigt gewesen war, zwingt ihm nicht der Wille des äußeren Weltmarkts, sondern sein eigener Wille auf durch das Gesetz von 1888, das endgültig die Sklaverei abschafft.

Im ersten Augenblick ist es ein heftiger Schock für die Wirtschaft, ein so heftiger, daß er sogar den Thron des Kaisers umstürzt. Viele der Neger, von der neuen Freiheit berauscht, verlassen das innere Land und ziehen in die Städte. Betriebe, die nur dank der unbezahlten Arbeitskräfte ein Erträgnis abwarfen, werden stillgelegt, die Plantagenbesitzer verlieren mit den Sklaven einen Großteil ihres Kapitals, und, ohnehin schon kaum mehr konkurrenzfähig in der Produktion gegen die modernen maschinellen Methoden, droht schließlich auch die Landwirtschaft und Kaffeeanpflanzung zu versagen. Wieder erhebt sich der alte Ruf des Anfangs: Hände her nach Brasilien! Hände, Menschen her um jeden Preis! Das zwingt die Regierung, die Immigration, die bisher ein bloßes laissez-faire gewesen, eine passive, gleichgültige Einstellung, durch Anlockung europäischer und asiatischer Einwanderer systematisch in Schwung zu bringen. Vor der Ära des Kaffees hatte Brasilien nur eine landwirtschaftliche Immigration gekannt. Schon 1817 ließ König João durch europäische Agenten zweitausend Schweizer Kolonisten anwerben, die eine Siedlung Nova Friburgo begründeten, ihnen folgte 1825 eine deutsche Gruppe in Rio Grande do Sul, nach und nach entwickelten sich durch den Zuzug von etwa 120000 Deutschen nach dem Süden Brasiliens in Santa Catarina und Paraná geschlossene deutsche Bezirke; aber alle diese Zuwanderung war mehr oder minder durch eigene Initiative der Auswanderer oder durch die vermittelnde Tätigkeit privater Agenturen erfolgt. Nun erst, da eine neue große und erträgnisreiche Produktion in Schwung kommt und die Sklavenarbeit wegfällt, entschließt sich der Staat und besonders die Provinz von São Paulo, die Einwanderung in größerem Maßstabe als bisher zu fördern, indem sie den Unbemittelten die Schiffsreise aus eigenen Mitteln finanziert und für alle diejenigen, welche sich der Landwirtschaft zuwenden wollen, Grund und Boden zur Verfügung stellt. Diese Zuschüsse erreichen in den entscheidenden Jahren bis zu zehntausend Konto im Jahr an barem Gelde; aber kaum Brasilien den Weg gebahnt und die Tore geöffnet hat, strömen schon die Massen herein. Im Jahr nach der Sklavenbefreiung, 1890, steigt die Immigration von 66000 Köpfen auf 107000, um 1891 die bisher erreichte Höchstzahl von 216760 zu erreichen, und hält dann unentwegt auf einem schwankenden aber immer hohen Niveau an, das erst in den letzten Jahren der Erschwerungspolitik wieder auf ungefähr 20000 im Jahr herabgesunken ist.

Diese Immigration von vier bis fünf Millionen Weißen in den letzten fünfzig Jahren hat einen ungeheuren Energieeinschuß für Brasilien bedeutet und gleichzeitig einen gewaltigen kulturellen und ethnologischen Gewinn gebracht. Die brasilianische Rasse, die durch einen dreihundertjährigen Negerimport in der Hautfarbe immer dunkler, immer afrikanischer zu werden drohte, hellt sich sichtbar wieder auf, und das europäische Element steigert im Gegensatz zu den primitiv herangewachsenen, analphabetischen Sklaven das allgemeine Zivilisationsniveau. Der Italiener, der Deutsche, der Slawe, der Japaner bringt aus seiner Heimat einerseits eine völlig ungebrochene Arbeitskraft und Arbeitswilligkeit, anderseits Forderung eines höheren Lebensstandards mit. Er kann lesen und schreiben, er ist technisch geschult, er arbeitet in rascherem Rhythmus als die Generation, die durch Sklavenarbeit verwöhnt und vielfach durch das Klima in ihrem Leistungsvermögen geschwächt ist. Instinktiv suchen die Einwanderer überall jene Gegenden, die sie dem heimischen Klima und den alten Lebensformen ähnlich finden, und so sind es vor allem die südlichen Provinzen von Rio Grande do Sul, Santa Catarina, die von diesem neuen Zyklus des »lebendigen Goldes« belebt werden. Der Zyklus der Immigration bedeutet für die Städte und das Gebiet von São Paulo, Porto Alegre und Santa Catarina, was einst der Zucker für Bahia, das Gold für Minas Gerais, der Kaffee für Santos gewesen: den entscheidenden Anschwung, der dann aus weiterwirkender Kraft Wohnstätten, Arbeitsmöglichkeiten, Industrien und Kulturwerte schafft. Und gerade weil dies neue Material aus den verschiedensten Zonen der Welt stammt – Italiener, Deutsche, Slaven, Japaner, Armenier – kann Brasilien seine alte Kunst der Mischung und gegenseitigen Anpassung auf das glücklichste bewähren. Mit einer erstaunlichen Geschwindigkeit ordnen sich dank der besonderen assimilatorischen Kraft dieses Landes die neuen Elemente ein, und die nächste Generation wirkt schon selbstverständlich und gleichberechtigt mit an dem alten Ideal des Anfangs: einer in einer einzigen Sprache und Denkweise verbundenen Nation.

Dieser Aufschwung, den die Immigration der letzten fünfzig Jahre bewirkt hat, ist der eigentliche Dank für die moralische Tat der Sklavenbefreiung. Der Einschuß von vier oder fünf Millionen Europäern um die Jahrhundertwende stellt einen der größten Glücksfälle in der Geschichte Brasiliens dar und zwar einen doppelten Glücksfall. Einen doppelten Glücksfall erstens, weil diese starken, gesunden Kräfte so reich und so quellend ins Land kommen, und zweitens, daß ihr Kommen gerade im richtigen historischen Moment einsetzt. Wäre eine Immigration solchen Umfangs, wären solche Millionenmassen von Italienern und Deutschen ein Jahrhundert früher eingeströmt, da die portugiesische Kultur nur eine dünne Schicht bedeckte, so hätten diese fremden Sprachen und

Eigensitten einzelne Provinzen besetzt und ergriffen, große Teile des Landes hätten sich endgültig italianisiert oder verdeutscht. Hätte anderseits die Hauptimmigration, die Massenzuwanderung sich nicht in dieser noch kosmopolitisch gesinnten Epoche, sondern in unserer Zeit des überreizten Nationalismus vollzogen, so wären die einzelnen nicht mehr gewillt gewesen, sich in eine neue Sprachform und Denkform aufzulösen. Sie wären starr und widerstrebend an die Ideologie ihrer Länder gebunden geblieben und nicht an die Idee ihres neuen Landes. So wie das Gold nicht zu früh entdeckt wurde und nicht zu spät, um Brasiliens Wirtschaft zu fördern und doch nicht seine Einheit zu gefährden, so wie der rettende Zyklus des Kaffees gerade im Augenblicke des katastrophalsten Rückschlages einsetzte, so hat sich die europäische Massenimmigration gerade in dem Augenblick ereignet, wo sie am fruchtbarsten sich auswirken konnte. Statt das Brasilianische in Brasilien zu verfremden, hat dieser mächtige Einschuß das Brasilianische nur noch stärker, vielfältiger und persönlicher gemacht.

Auch im zwanzigsten Jahrhundert erfüllt sich somit wiederum das gleichsam eingeborene Gesetz, daß Brasilien immer Krisen benötigt, um seine Wirtschaft zu energischer Umstellung zu erziehen. Diesmal sind es zu seinem Glück nicht mehr Krisen im eigenen Land, sondern die beiden Katastrophen jenseits des Ozeans, die beiden großen europäischen Kriege, die seiner ökonomischen Schichtung entscheidende Impulse geben. Der Erste Weltkrieg offenbart Brasilien die Gefahr, beinahe seine ganze Exportproduktion an ein einziges Rohstoffprodukt entscheidend gebunden und anderseits seine Industrien nicht in ihrer ganzen Vielfalt ausgebaut zu haben. Der Kaffee-Export stockt; damit ist die Hauptschlagader plötzlich abgebunden, ganze Provinzen wissen nicht mehr, wohin mit ihren Kolonialprodukten, anderseits können viele Fertigprodukte des täglichen Bedarfs bei der Unsicherheit der Meere und der Kriegsbelastung Europas nicht mehr engeführt werden. Weil es allzu einseitig, allzu sorglos und ohne auf das innere Gleichgewicht zu achten, auf den Absatz seiner Milliarden Kaffeebohnen die ganze Handelsbilanz aufgebaut, beginnt diese gefährlich zu wanken, und dies zwingt Brasilien, sich umzustellen und wenigstens einigen dieser industriellen Unternehmungen sich zuzuwenden. Einmal eingesetzt, wirkt sich dieser Impuls kräftig aus; während all der Jahre, da das unselige Europa durch Kriegsangst und Kriegsvorbereitungen ständig gehemmt ist, werden nun eine Anzahl maschineller und handwerklicher Artikel, die vorher von Europa bezogen werden mußten, im Lande selbst hergestellt und eine gewisse Autarkie vorbereitet. Wer dann nach einigen Jahren Abwesenheit wieder nach Brasilien kam, war erstaunt zu sehen, wieviele vormals ausländische Artikel schon durch inländische ersetzt worden waren, wie unabhängig auch sich in den organisatorischen Maßnahmen das Land von fremden Instruktoren und Direktoren in so kurzer Frist zu machen wußte. Dank dieser Vorbereitung traf der Zweite Weltkrieg die brasilianische Wirtschaft nicht mehr so frontal wie der Erste. Auch diesmal war ein Preissturz des Kaffees und vieler anderer Kolonialprodukte unvermeidlich, aber der neuerliche Abbruch der Kaffeekonjunktur verödete nicht São Paulo, wie einstens das Aufhören des Goldes die Städte von Minas Gerais und die Gummikatastrophe Manaus. Schon hatte die Wirtschaft die Weisheit des alten englischen Sprichworts gelernt, daß man nicht alle Eier in einem einzigen Korb tragen solle, und sich auf eine solidere Basis gestellt als den eines einzigen, allen Weltmarktschwankungen unterworfenen Monopol- oder Zentralartikels. Das Gleichgewicht blieb erhalten, weil der Verlust auf der einen Linie kompensiert werden konnte durch die scharf ansteigende Konjunktur der Industrie, die ein Großteil dessen, was sie vordem aus

Deutschland und den anderen abgesperrten Ländern beziehen mußte, nun im eigenen Lande und aus eigenem Material in immer größeren Dimensionen erzeugt. Wie die Napoleonkriege indirekt die politische Unabhängigkeit, so hat Hitlers Krieg die Industrie Brasiliens geschaffen, und genau wie seine politische, so wird sich dieses Land wohl auch die ökonomische durch die Jahrhunderte zu erhalten wissen.

Aus der Gegenwart einen Blick in die Zukunft zu tun, ist immer bedenklich. Mit seinen fünfzig Millionen Menschen und seinem riesigen Raum eine der großartigsten Kolonisationsleistungen der Menschheit, steht Brasilien heute doch erst im Anfang seiner Entwicklung. Noch lange sind die Schwierigkeiten nicht überwunden, die sich seinem endgültigen Aufbau entgegenstellen, und trotz der gewaltigen Leistung sind manche dieser Schwierigkeiten noch immer beträchtlich. Um diese durch Jahrhunderte getane Leistung richtig einschätzen zu können, fordert die Gerechtigkeit, auch die Hemmungen in Betracht zu ziehen, die sich ihr entgegensetzten und noch immer entgegensetzen; es gibt kein besseres Maß für die Willenskraft eines Menschen wie eines Volkes, als die Schwierigkeiten, die bei seiner physischen oder moralischen Leistung zu überwinden sind.

Von den beiden Hauptschwierigkeiten, die Brasilien gehemmt haben, das volle Ausmaß seiner potentiellen Kräfte einzusetzen, liegt eine offen zutage, während die andere sich zunächst dem oberflächlichen Blick verbirgt. Die geheime und darum tückischere Gefahr für die volle Auswirkung seiner Energien liegt im Gesundheitszustand der Bevölkerung, der von den Regierungsstellen weder verschwiegen noch unterschätzt wird. Brasilien, dieses friedlichste Land, hat einige erbitterte Feinde im Innern, die ihm alljährlich soviele Menschen rauben oder schwächen, wie in einem kriegführenden Lande ein Feldzug. Es muß ständig kämpfen gegen Milliarden winziger und kaum sichtbarer Wesen, gegen Bazillen und Mücken und andere tückische Krankheitsträger.

Der Hauptfeind ist heute noch immer die Tuberkulose, die an die zweimalhunderttausend Menschen jährlich, also ganze Armeekorps, dem Lande wegrafft. An und für sich scheint der brasilianische Mensch, weil zart geartet, dieser *peste branca*, dieser weißen Pest wehrloser ausgeliefert. Dazu kommt, besonders im Norden, Unterernährung oder vielmehr falsche Ernährung innerhalb eines Landes, das von Lebensmitteln strotzt. Eine kräftige Gegenaktion der Regierung hat bereits eingesetzt, um wenn schon nicht der Krankheit selbst, so doch ihrem Verbreitungsfaktor Einhalt zu gebieten, und diese Campagne dürfte in den nächsten Jahren noch verstärkt werden. Aber wenn nicht die Medizin, die moderne Wissenschaft das seit Jahrzehnten ersehnte Heilmittel schafft, so wird noch lange mit diesem gefährlichen Gegner zu rechnen sein, während die Syphilis hier durch jahrhundertelange Verbreitung an Intensität verloren hat und durch die Ehrlich-Therapie bald erledigt sein dürfte.

Der zweite Feind ist die Malaria, der Paludismo, an sich schon durch die klimatischen Umstände des Nordens beinahe bedingt und noch gemehrt durch den unvermuteten Einbruch der *Anopheles Gambia*, von der einige Exemplare sich 1930 in dem Flugzeug von Dakar aus Afrika mit herüberschmuggelten und, wie im guten Sinne jede Frucht und jede Pflanze und jedes Tier und jeder Mensch, sich hier rasch heimisch gemacht und vermehrt haben.

Die dritte Krankheit im Bunde ist die Lepra, die, solange man eine Radikalkur für diese nicht kennt, nur durch Isolation eingedämmt werden kann. Alle diese Krankheiten verursachen, auch sofern sie nicht gerade tödlichen Ausgang zu verzeichnen haben, eine gewaltige Schwächung der Produktionsfähigkeit. Besonders im Norden ist die durch das Klima ohnehin schon herabgeminderte Leistung großenteils noch tief unter dem europäischen und nordamerikanischen Niveau, und wenn die statistische Tabelle vierzig bis fünfzig Millionen Einwohner verzeichnet, so entspricht die produktive Auswirkung dieser Ziffer nicht im entferntesten der Energieleistung einer gleichen Masse von Nordamerikanern, Japanern oder Europäern, die mit einer viel höheren Gesundheitsquote und unter besseren klimatischen Bedingungen zustande kommt. Eine erschreckend große Zahl von Menschen wirkt hier noch immer weder als Produzenten noch als Konsumenten im wirtschaftlichen Leben mit; die Statistik schätzt die Zahl der Leute ohne Beschäftigung oder ohne bestimmte Beschäftigung auf 25 Millionen, und ihr Standard ist besonders in den äquatorialen Zonen so tief, daß die Ernährungsverhältnisse manchmal schlechter sind als in der Sklavenzeit. Diese unerfaßbare Masse in den amazonischen Wäldern und in den Tiefen der Randprovinzen wirtschaftlich wie gesundheitlich in das staatliche Leben einzuordnen, ist eine der großen Aufgaben, die heute die Regierung schon dringlich beschäftigt und die zu ihrer endgültigen Lösung noch Jahrzehnte erfordern wird.

Es ist also der Mensch, sofern wir ihn als produktive Kraft betrachten, in Brasilien noch nicht im entferntesten ausgenützt, und ebensowenig ist es die Erde mit allen ihren oberirdischen und unterirdischen Reichtümern. Hier liegt die Schwierigkeit offen zutage (und nicht verborgen wie bei der Krankheit). Sie ist bedingt durch das noch immer nicht überwundene Mißverhältnis zwischen Raum, Bevölkerungszahl und Transport. Man darf sich nicht blenden lassen durch die vorbildliche Organisation und moderne Kultur in São Paulo, wo ein Haus an das andere sich reiht, die Wolkenkratzer in den Himmel klettern und die Automobile ständig im Wettlauf rennen. Zwei Stunden hinter der Küste verlieren sich die asphaltierten Musterstraßen in ziemlich zweifelhafte Chausseen, die nach einem der so häufigen tropischen Regengüsse für Tage unbefahrbar oder nur mit Ketten befahrbar sind, und es beginnt der *sertão*, die dunkle und noch lange nicht einer wirklichen Zivilisation gewonnene Zone. Jede Reise rechts und links von der Hauptstraße wird zum Abenteuer. Die Eisenbahnen reichen nicht tief genug in das Innere und sind mit ihren drei verschiedenen Spurweiten schlecht untereinander verbunden, außerdem so langsam und unpraktisch, daß man sowohl hinunter nach Porto Alegre wie hinauf nach Bahia und Belém viel rascher zu Schiff als mit diesen Bahnen kommt. Die großen Wasserläufe anderseits, wie der São Francisco oder Rio Doce, sind nur selten und unzulänglich beschifft und demzufolge große und wesentliche Teile des Landes – soweit nicht das Flugzeug hilft – eigentlich nur durch individuelle Expeditionen zu erreichen. Noch immer leidet also – medizinisch gesprochen – dieser gewaltige Körper an einer ständigen Zirkulationsstörung, der Blutdruck geht nicht gleichmäßig durch den ganzen Organismus, und wesentliche Partien des Landes sind im wirtschaftlichen Sinne völlig atrophisch. So liegen stumm und noch unausgenützt die kostbarsten Produkte unter der Erde, ohne der Industrie zu dienen. Man weiß heute genau, wo sie liegen, aber es hat keinen Sinn, sie zu schürfen, solange nicht die Möglichkeit besteht, sie abzutransportieren. Wo das Erz liegt, fehlt die Bahn oder das Schiff, die Kohle heranzufrachten, wo die Viehzucht üppig und leicht blühen könnte, die Möglichkeit, das Vieh zu verladen. Ursache und Wirkung (oder vielmehr Un-wirkung) beißt sich wie eine Schlange selbst in den Schwanz. Die Produktion kann sich nicht in dem richtigen Tempo entwickeln, weil die Straßen fehlen, die Straßen wiederum können nicht in rascher Folge gebaut werden, weil ihre kostspielige Anlage und Erhaltung in dem welligen und schwachbesiedelten Lande noch nicht einem rentablen Verkehr entsprechen. Dazu kommt noch das besondere Verhängnis, daß auch für das neue Beförderungsmittel, das Automobil, dem Brasilien des zwanzigsten Jahrhunderts der gemäße Betriebsstoff, das Petroleum, auf dem eigenen Boden ebenso fehlt wie im neunzehnten Jahrhundert die Kohle, und das Benzin, soweit es nicht durch Alkohol ersetzt werden kann, Tropfen für Tropfen importiert werden muß. Um dieses Hauptproblem der Verkehrs- und Transportschwierigkeit in beschleunigter Form zu lösen, wäre ein gewaltiges Kapital nötig, und Brasilien fehlt es an flüssigem Kapital. Bares Geld ist von je hier rar, selbst die Staatspapiere verzinsen sich mit ungefähr acht Prozent, und im Privatverkehr klettert der Zinsfuß noch bedenklich höher hinauf. Die mehrmalige Entwertung des Milreis, das alte, schon instinktiv gewordene Mißtrauen gegen Engagements in Südamerika haben die nordamerikanische und europäische Großfinanz durch Jahrzehnte zu großer und wahrscheinlich übergroßer Vorsicht veranlaßt; anderseits übt die Regierung in den letzten Jahren eine gewisse Zurückhaltung in der Erteilung von Konzessionen, um die vitalsten Unternehmungen nicht ganz in ausländische Hände geraten zu lassen. All das hat den Prozeß der Industrialisierung und Intensivierung im Vergleich zu Europa und Nordamerika verlangsamt; während bei uns zu viel und zu hastig investiert wurde, blieb manches hier um Jahrzehnte zurück. Um von einem Ende bis zum andern dieses riesige Land, dieses Reich, diese Welt rascher zur Entfaltung zu bringen, bedürfte es einer doppelten Befruchtung: eines breiten Einstroms von Kapital und noch mehr eines ständigen Zustroms von Menschen, der aber in den letzten Jahren durch den Weltkrieg und seine ideologischen Folgen arg gedrosselt und eingeschränkt worden ist. Leidet Nordamerika an einem Überschuß an flüssigem, in den Banken zinsenlos aufgehäuften Kapital, leidet Europa an einem Überschuß von Menschen und zu wenig Raum, an einem Zustand, der es kongestioniert und immer wieder zu neuen plötzlichen Tobsuchtsausbrüchen im Politischen führt, so krankt Brasilien an einer Anämie, an einem Zuwenig an Menschen in einem zu großen Raum. Das Heilmittel für die alte Welt und für diese neue Welt zugleich wäre: eine große, gründliche, mit aller Vorsicht und Geduld durchgeführte Transfusion von Blut und Kapital.

Aber sind die Schwierigkeiten auch groß, – sie waren es vom ersten Tage und blieben eigentlich immer dieselben –, so sind doch tausendmal größer noch die Möglichkeiten dieses mächtigen und gesegneten Teils unserer Erde. Gerade daß die Kapazität der potentiellen Kräfte hier noch nicht im entferntesten ausgewertet ist, bedeutet eine unermeßliche Reserve nicht nur für dieses Land, sondern für die ganze Menschheit. Gegen die Umstände, die seine Entwicklung verlangsamen, ist Brasilien als Helfer ein wirklicher Wundertäter zur Seite getreten, die moderne Wissenschaft, die moderne Technik, von der wir wissen, was sie leisten kann, und doch nicht zu ahnen vermögen, was sie noch leisten wird. Schon heute ist, wer nach einigen Jahren das Land wieder betritt, ununterbrochen überrascht, welche erstaunlichen Dinge sie im Sinne der Vereinheitlichung und Verselbständigung und Gesundung des Landes geleistet hat. Die Syphilis, die hier Erbkrankheit gewesen, und von der man so selbstverständlich sprach wie von einem Schnupfen, ist durch die eine Erfindung Professor Ehrlichs soviel wie ausgerottet, und es ist kein Zweifel, daß auch den anderen Krankheiten die wissenschaftliche Hygiene in absehbarer Zeit scharf auf den Leib rücken wird. So wie Rio de Janeiro, noch vor einem Jahrzehnt die gefürchtetste Brutstätte des gelben Fiebers, heute eine der im sanitären Sinne sichersten Städte der Welt geworden ist, wird die Wissenschaft hoffentlich den schwer gefährdeten Norden von seinen Miasmen und Plagen zu befreien wissen und den durch Fieber und Unterernährung in seiner Leistungskraft bedrohten Teil der Bevölkerung in das aktive und produktive Leben einschalten. Wo man vor fünf Jahren von Rio de Janeiro bis Belo Horizonte sechzehn Stunden brauchte, saust heute das Flugzeug in anderthalb Stunden; in zwei Tagen kann man statt vordem in zwanzig im Herzen der Wälder des Amazonas, in Manaus, sein, ein halber Tag bringt einen nach

Argentinien, zweieinhalb Tage nach Nordamerika, zwei Tage nach Europa, und all diese Zahlen gelten bloß für heute; morgen wird sich der aeronautische Fortschritt wahrscheinlich schon halbiert haben. Die Bewältigung seines riesigen Raums, die Crux, diese Hauptschwierigkeit des brasilianischen Wirtschaftsproblems, ist theoretisch eigentlich schon gelöst und in praktischer Überwindung begriffen; wer weiß zu sagen, ob nicht auch die Schwierigkeit der Transporte in knapper Frist schon überwunden sein wird durch eine neue Art der Luftschiffe und andere Erfindungen, für die sich unsere Phantasie heute noch als zu arm und zu ängstlich erweist. Auch der anderen, scheinbar unüberwindbaren Hemmung, der unzulänglichen Arbeitsleistung in dem tropischen Klima, das die individuelle Energie vermindert und die körperliche Frische bedroht, beginnt die Technik entschlossen auf den Leib zu rücken. Was heute noch wenigen Luxusstätten vorbehalten ist, die Luftkühlung der Wohnungen und Büros, wird hier in einigen Jahren so allgebräuchlich und selbstverständlich sein, wie in unseren kälteren Zonen die Zentralheizung. Wer sieht, was hier geleistet worden ist, und zugleich weiß, was hier noch zu leisten ist, für den ist es gewiß, daß die Überwältigung aller Schwierigkeiten nur eine Frage der Zeit ist. Aber man vergesse nicht, daß die Zeit in sich selbst kein einheitliches Maß mehr ist, daß sie sich beschleunigt hat durch den Antrieb der Maschine und den noch großartigeren Organismus des menschlichen Geistes. Ein Jahr unter der Ära Getúlio Vargas' kann heute, 1940, mehr leisten wie ein Jahrzehnt unter Dom Pedro II., 1840, und ein Jahrhundert vorher unter einem König João. Wer heute das Tempo sieht, in dem hier die Städte wachsen, die Organisation sich verbessert, die potentiellen Kräfte sich in faktische umwandeln, der fühlt, daß – ganz im Gegensatz zu vordem – die Stunde hier mehr Minuten hat als bei uns in Europa. Aus welchem Fenster man blickt, überall wächst ein Haus, an jeder Straße und weithin am Horizont sieht man neue Siedlungen, und noch mehr als alles ist hier der Geist und die Freude an der Unternehmung gewachsen. Zu all den Kräften, den noch ungehobenen und unbekannten Brasiliens, ist in den letzten Jahren eine neue getreten: das Selbstbewußtsein der Nation. Lange hat sich dieses Land daran gewöhnt gehabt, in Kultur und Fortschritt, in Arbeitstempo und Leistung hinter Europa zurückzubleiben. Demütig hatte es, mit einer Art verspätetem Kolonialbewußtsein zu der Welt über dem Ozean als der erfahreneren, der weiseren, der besseren aufgeblickt. Aber die Verblendung Europas, das in törichten Nationalismen und Imperalismen sich nun zum zweitenmal selbst verwüstet, hat hier die neue Generation auf sich selbst gestellt. Vorbei ist die Zeit, da Gobineau spotten konnte: *Le brésilien est un homme qui désire passionnément habiter Paris.* Kein Brasilianer und selten ein Immigrant wird sich mehr finden, der zurück wollte in die alte Welt, und dieser Ehrgeiz, sich selbst allein und im Sinne der Zeit aufzubauen, drückt sich in einem ganz neuen Optimismus und Wagemut aus. Brasilien hat gelernt, in den Dimensionen der Zukunft zu denken. Wenn es ein Ministerium baut, wie jetzt das Arbeitsministerium, das Kriegsministerium in Rio de Janeiro, so ist es größer als eines in Paris oder London oder Berlin. Wenn ein Stadtplan angelegt wird, kalkuliert man die fünffache, die zehnfache Bevölkerung von vornherein ein. Nichts ist zu verwegen, nichts zu neu, als daß sich dieser neue Wille nicht daran wagte. Nach langen Jahren der Unsicherheit und Bescheidenheit hat das Land gelernt, in den Dimensionen seiner eigenen Größe zu denken und mit seinen unbeschränkten Möglichkeiten als mit einer bald greifbaren und erfaßbaren Realität zu rechnen. Es hat erkannt, daß Raum Kraft ist und Kräfte erzeugt, daß nicht Gold und nicht erspartes Kapital den Reichtum eines Landes bedeutet, sondern die Erde und die Arbeit, die auf ihr geleistet wird. Wer aber besitzt noch mehr ungenutzte, unbewohnte, unausgewertete Erde als dieses Reich, das in sich allein soviel Raum hat wie die ganze alte Welt? Und Raum ist nicht nur bloße Materie. Raum ist auch seelische Kraft. Er erweitert den Blick und erweitert die Seele, er gibt dem Menschen, der ihn bewohnt und den er umhüllt, Mut und Vertrauen, sich vorwärts zu wagen; wo Raum ist, da ist nicht nur Zeit, sondern auch Zukunft. Und wer in diesem Lande lebt, spürt ihre Schwingen stark und beflügelnd über sich rauschen.

Blick auf die brasilianische Kultur

Seit vierhundert Jahren kocht und gärt in der ungeheuren Retorte dieses Landes, immer wieder umgeschüttelt und mit neuem Zusatz versehen, die menschliche Masse. Ist dieser Prozeß nun endgültig beendet, ist diese Millionenmasse schon Eigenform, Eigenstoff geworden, eine neue Substanz? Gibt es heute schon etwas, was man die brasilianische Rasse nennen kann, den brasilianischen Menschen, die brasilianische Seele? In Hinsicht auf die Rasse hat der genialste Kenner des brasilianischen Volkstums, Euclides da Cunha, längst die entscheidende Verneinung gegeben, indem er glatt erklärte: *Não há um tipo antropológico brasileiro*, »es gibt keine brasilianische Rasse«. Rasse, sofern man diesen dubiosen und heute überbewerteten Begriff, der doch mehr oder minder nur einen Übersichtsbehelf darstellt, überhaupt verwerten will, meint tausendjährige Gemeinsamkeit von Blut und Geschichte, während bei einem richtigen Brasilianer alle im Unbewußten aus Urzeiten schlummernden Erinnerungen gleichzeitig träumen müssen von den Ahnenwelten dreier Kontinente, von europäischen Küsten, afrikanischen Krals und amerikanischem Urwald. Der Prozeß des zum Brasilianer Werdens ist nicht nur ein Assimilationsprozeß an das Klima, an die Natur, an die geistigen und räumlichen Bedingtheiten des Landes, sondern vor allem ein Transfusionsproblem. Denn die Mehrzahl der brasilianischen Bevölkerung – abgesehen von den spät Eingewanderten – stellt ein Mischprodukt dar und zwar eines denkbar vielfältigster Art. Nicht genug an der dreifach verschiedenen Heimat, der europäischen, der afrikanischen, der amerikanischen, ist jede dieser drei Schichtungen in sich selbst wieder neuerdings geschichtet. Der europäische Erstling in diesem Lande, der Portugiese des sechzehnten Jahrhunderts, ist alles weniger als einrassig oder reinrassig; er stellt ein Gemenge dar aus iberischen, aus römischen, gotischen, phönizischen, jüdischen und maurischen Vorfahren. Die Urbevölkerung des Landes wiederum zerfällt in ganz artfremde Rassen, die Tupís und die Tapuyas. Und erst die Neger; aus wievielen Zonen des unübersehbaren Afrika waren sie zusammengetrieben! All das hat sich ständig gemischt, gekreuzt und außerdem noch erfrischt durch den ständigen Zustrom neuen Bluts durch die Jahrhunderte. Aus allen Ländern Europas und schließlich mit den Japanern noch aus Asien hier herübergekommen, vervielfältigen und variieren sich diese Blutgruppen in unübersehbaren Kreuzungen und Überkreuzungen ununterbrochen im brasilianischen Raum. Alle Schattierungen, alle physiologischen und charakterologischen Nuancen sind hier zu finden; wer in Rio über die Straße geht, sieht in einer Stunde mehr eigenartig gemischte und eigentlich schon unbestimmbare Typen als sonst in einer anderen Stadt in einem Jahr. Selbst das Schachspiel mit seinen Millionen Kombinationen, von denen keine einzige sich wiederholt, scheint arm gegen dieses Chaos der Varianten, Kreuzungen und Überkreuzungen, in denen sich die unerschöpfliche Natur in vier Jahrhunderten hier gefallen hat.

Aber wenn beim Schachspiel auch keine Partie der anderen gleicht, so bleibt dieses Spiel doch immer Schach, weil eingeschlossen in den Rahmen desselben Raums und bestimmten Gesetzen unterworfen. Ebenso hat die Gebundenheit im selben Raum und damit die Anpassung an das gleiche klimatische Gesetz sowie der einheitliche Rahmen der Religion und der Sprache unter den brasilianischen Menschen bestimmte unverkennbare Ähnlichkeiten jenseits der Eigenheiten erzeugt, die von Jahrhundert zu Jahrhundert immer sichtbarer werden. Wie Kiesel in einem strömenden Fluß sich mehr und immer mehr abschleifen, je mehr und je länger sie gemeinsam rollen, so ist durch das Zusammenleben und die ständige Durchmischung innerhalb dieser Millionen die scharfe Eigenlinie des Ursprungs immer unmerkbarer geworden und gleichzeitig das Ähnliche und Gemeinschaftliche immer größer. Noch ist dieser Prozeß der fortwährenden Verähnlichung durch fortwährende Vermischung im Gang, noch ist die endgültige Form innerhalb dieser Entwicklung nicht ganz starr und ausgebildet. Aber doch hat der Brasilianer aller Klassen und Stände schon den deutlichen und typischen Stempel einer Volkspersönlichkeit.

Wer das Charakteristische dieses Brasilianischen von irgendeinem landeigenen Ursprung abzuleiten versuchte, geriete ins Unwahre und Künstliche. Denn nichts ist so sehr typisch für den Brasilianer, als daß er ein geschichtsloser Mensch oder zum mindesten einer mit einer kurzen Geschichte ist. Seine Kultur fußt nicht wie die der europäischen Völker auf uralten, bis in mythische Zeiten zurückreichenden Traditionen, noch kann sie sich wie diejenige der Peruaner und Mexikaner auf eine prähistorische Vergangenheit auf eigener Scholle berufen. Soviel die Nation in den letzten Jahren durch neue Kombinationen und eigene Leistung zugetan, die Aufbauelemente ihrer Kultur sind doch zur Gänze aus Europa importierte. Sowohl die Religion, die Sitte als die äußere und innere Grundform des Lebensstils dieser Millionen und Millionen verdankt wenig oder eigentlich nichts der heimischen Erde. Alle Kulturwerte sind auf Schiffen verschiedenster Art, auf den alten portugiesischen Karavellen, auf den Segelbooten und den modernen Dampfern über das Meer gebracht worden, und auch die pietätvoll-ehrgeizigste Mühe hat bisher einen wesentlichen Beitrag der nackten und kannibalischen Ureinwohner zur brasilianischen Kultur nicht finden oder erfinden können. Es gibt keine prähistorische brasilianische Dichtung, keine urbrasilianische Religion, keine altbrasilianische Musik, keine durch Jahrhunderte bewahrten Volkslegenden und nicht einmal die bescheidensten Ansätze zu einem Kunsthandwerk; wo sonst in den Nationalmuseen der Völkerkunde stolz die tausend

Jahre alten Erzeugnisse von autochthoner Schrift- und Werkkunst gezeigt werden, müßte in den brasilianischen Museen eine völlig leere Ecke stehen. Gegen die Tatsache hilft kein Suchen und Nachspüren, und versucht man heute manche Tänze wie Samba oder Macumba als national-brasilianische zu deklarieren, so verschattet und verschiebt man damit künstlich die wirkliche Situation, denn diese Tänze und Riten sind von den Negern gleichzeitig mit ihren Ketten und Brandmarkungen mitgebracht worden. Ebensowenig sind die einzigen Kunstobjekte, die man auf brasilianischem Boden gefunden, die bemalten Tongeräte auf der Insel Marajó, autochthonen Ursprungs; sie sind zweifellos von Angehörigen fremder Rassen, wahrscheinlich von Peruanern, die den Amazonenstrom bis zur Insel an seiner Mündung herunterkamen, mitgenommen oder hier angefertigt worden. Man muß sich also damit abfinden: nichts kulturell Charakteristisches in Architektur und jeder anderen Form der Gestaltung reicht hier weiter zurück als bis in die Kolonialzeit, in das sechzehnte oder siebzehnte Jahrhundert, und selbst deren schönste Produkte in den Kirchen von Bahia und Olinda mit ihren goldstrotzenden Altären und geschnitzten Möbeln sind unverkennbare Schößlinge des portugiesischen oder jesuitischen Stils und kaum unterscheidbar von jenen in Goa oder den eigenen des Mutterlands. Wo immer man im Historischen hier über den Tag zurückgreifen will, da die ersten Europäer landeten, greift man in ein Vakuum, in ein Nichts. Alles was wir heute brasilianisch nennen und als solches anerkennen, läßt sich nicht aus einer eigenen Tradition erklären, sondern aus einer schöpferischen Umwandlung des Europäischen durch das Land, das Klima und seine Menschen.

Dieses typisch Brasilianische ist allerdings heute schon augenfällig und persönlich genug, um nicht mehr verwechselt zu werden mit dem Portugiesischen, sosehr die Verwandtschaft, die Kindschaft noch fühlbar ist. Unsinnig, diese

Abhängigkeit zu leugnen. Portugal hat Brasilien die drei Dinge gegeben, die für die Formung eines Volkes entscheidend sind, die Sprache, die Religion, die Sitte, und damit die Formen, innerhalb deren sich das neue Land, die neue Nation entwickeln konnte. Daß diese Urformen sich unter anderer Sonne und in anderen Dimensionen und bei immer stärker einströmendem fremdem Blut zu einem anderen Inhalt entwickelten, war ein unvermeidlicher, weil organischer Prozeß, den keine königliche Autorität und keine bewaffnete Organisation aufhalten konnte. Vor allem hat sich die Denkrichtung der beiden Nationen voneinander verschieden entwickelt; Portugal, als das historisch ältere Land, träumt zurück in eine große, wohl nie mehr zu erneuernde Vergangenheit, Brasiliens Blick ist in die Zukunft gerichtet. Das Mutterland hat seine Möglichkeiten – in großartigster Weise – schon einmal erschöpft, das neue die seinen noch nicht völlig erreicht. Es ist ein Unterschied nicht so sehr der volksmäßigen Struktur, als eine Verschiedenheit der Generation. Beide Völker, heute in enger Freundschaft verbunden, haben sich nicht einander entfremdet; sie haben sich gewissermaßen nur auseinandergelebt. Deutlichstes Symbol dafür vielleicht die Sprache. In Schrift und Vokabular, also in den Urformen, ist sie heute noch fast vollkommen identisch, und man muß schon das Ohr für die allerletzten Nuancen geschärft haben, um zu erkennen, ob man das Buch eines brasilianischen oder eines portugiesischen Dichters in Händen hält. Anderseits ist kaum ein einziges Wort der Ursprache der Tupís und Tapuyas, wie sie die ersten Missionare noch verzeichneten, in das Brasilianisch von heute übergegangen. Der Brasilianer spricht – dies der ganze Unterschied – das Portugiesische nur anders, eben brasilianischer aus als der Portugiese, und das Merkwürdigste ist, daß dieser brasilianische Akzent, dieser brasilianische Dialekt vom Norden bis zum Süden, vom Osten zum Westen über achteinhalb Millionen Quadratkilometer ein und derselbe geblieben ist, also eine vollkommene

Nationalsprache. Noch verstehen sich der Portugiese und der Brasilianer vollkommen, da sie sich derselben Worte, derselben Syntax bedienen, aber in der Intonation und zum Teil auch schon im literarischen Ausdruck beginnen sich diese ursprünglich minimalen Varianten ungefähr in dem gleichen Verhältnis zu verstärken, wie sich Engländer und Amerikaner innerhalb derselben Sprachwelt von Jahrzehnt zu Jahrzehnt deutlicher als Individualitäten voneinander absondern. Tausend Meilen Distanz, ein anderes Klima, andere Lebensbedingungen, neue Bindungen und Gemeinsamkeiten mußten sich nach vierhundert Jahren allmählich fühlbar machen, und langsam, aber unaufhaltsam mußte hier ein neuer Typus, eine ganz spezifische Volkspersönlichkeit entstehen.

Was den Brasilianer physisch und seelisch charakterisiert, ist vor allem, daß er zarter geartet ist als der Europäer, der Nordamerikaner. Der wuchtige, der massige, der hochaufgeschossene, der starkknochige Typus fehlt beinahe vollkommen. Ebenso fehlt im Seelischen – und man empfindet es als Wohltat, dies vertausendfacht zu sehen innerhalb einer Nation – jede Brutalität, Heftigkeit, Vehemenz und Lautheit, alles Grobe, Auftrumpfende und Anmaßende. Der Brasilianer ist ein stiller Mensch, träumerisch gesinnt und sentimental, manchmal sogar mit einem leisen Anflug von Melancholie, die schon Anchieta 1585 und Padre Cardim in der Luft zu fühlen meinten, als sie dieses neue Land *desleixada e remissa e algo melancólica* nannten. Sogar im äußeren Umgang sind die Formen merkbar gedämpft. Selten hört man jemanden laut sprechen oder gar zornig einen andern anschreien, und gerade wo sich Massen sammeln, spürt man am deutlichsten diese für uns auffällige Sordinierung. Bei einem großen Volksfest wie dem bei Penha oder einer Überfahrt im Ferryboat zu einer Art Kirchweih nach der Insel Paquetá, wo in einem dichtgedrängten Raum tausende Menschen und darunter unzählige Kinder versammelt sind, hört man kein Toben und Juchzen, kein gegenseitig sich zu wilder Lustigkeit Anfeuern. Auch wenn sie sich in Massen vergnügen, bleiben hier die Menschen still und diskret, und diese Abwesenheit alles Robusten und Brutalen gibt ihrer leisen Freude einen rührenden Reiz. Lärm zu machen, zu schreien, zu toben, wild zu tanzen, ist hier der Sitte eine derart gegensätzliche Lust, daß sie gleichsam als Ventil aller zurückgestauten Triebe den vier Tagen des Karnevals aufgespart ist, aber selbst in diesen vier Tagen des anscheinend zügellosen Übermuts kommt es innerhalb einer Millionenmasse gleichsam von einer Tarantel gestochener Menschen nie zu Exzessen, Unanständigkeiten oder Gemeinheiten; jeder Fremde, ja sogar jede Frau kann sich beruhigt auf die quirlenden, von Lärm explodierenden Straßen wagen. Immer bewahrt der Brasilianer seine natürliche Weichheit und Gutartigkeit. Die allerverschiedensten Klassen begegnen sich untereinander mit einer Höflichkeit und Herzlichkeit, die uns Menschen des in den letzten Jahren arg verwilderten Europa immer wieder von neuem erstaunt. Man sieht auf der Straße zwei Männer sich begegnen; sie umarmen sich. Unwillkürlich denkt man, es seien Brüder oder Jugendfreunde, von denen einer gerade aus Europa oder von einer exotischen Reise zurückgekehrt sei. Aber an der nächsten Ecke sieht man wieder zwei Männer sich in dieser Art begrüßen und erkennt, daß die accolade zwischen Brasilianern eine durchaus selbstverständliche Sitte ist, ein Ausstrom natürlicher Herzlichkeit. Höflichkeit wiederum ist hier die selbstverständliche Grundform menschlicher Beziehung, und sie nimmt Formen an, die wir in Europa längst vergessen haben – bei jedem Gespräch auf der Straße behalten die Leute den Hut in der Hand, wo immer man eine Auskunft erbittet, wird einem mit begeistertem Eifer geholfen und in den höheren Kreisen das Ritual der Förmlichkeit mit Besuch und Gegenbesuch und Kartenabwerfen mit protokollarischer Genauigkeit erfüllt. Jeder Fremde wird auf das Zuvorkommendste empfangen und auf das Gefälligste ihm der Weg geebnet; mißtrauisch wie wir leider geworden sind gegen alles natürlich Humane, erkundigt man sich bei Freunden und neu Eingewanderten, ob diese offenbare Herzlichkeit nicht eine bloß formelle und formale sei, ob dieses gute, freundliche Zusammenleben ohne sichtbaren Haß und Neid zwischen Rassen und Klassen nicht eine Augentäuschung ersten oberflächlichen Eindrucks sei. Aber einstimmig hört man von allen als erste und wesentlichste Eigenschaft dieses Volkes rühmen, daß es von Natur aus gutartig sei. Jeder einzelne, den man befragt, wiederholt das Wort der ersten Ankömmlinge: *É a mais gentil gente.* Nie hat man hier von Grausamkeit gegen Tiere gehört, nie von Stierkämpfen oder Hahnenturnieren, nie hat selbst in den dunkelsten Tagen die Inquisition ihre Autodafés der Menge dargeboten; alles Brutale stößt den Brasilianer instinktiv ab, und es ist statistisch festgestellt, daß Mord und Totschlag fast niemals als geplante und vorausbedachte Tat geschehen, sondern immer spontan als *crime passional*, als ein plötzlicher Ausbruch von Eifersucht oder Gekränktheit. Verbrechen, die an List, Berechnung, Raubgier oder Raffiniertheit gebunden sind, gehören zu den größten Seltenheiten; es ist nur wie ein Nervenriß, ein Sonnenstich, wenn ein Brasilianer zum Messer greift, und mir selbst fiel es auf, als ich die große *Penitenciária* in São Paulo besuchte, daß der eigentliche in der Kriminologie genau verzeichnete Verbrechertypus völlig fehlte. Es waren durchaus sanfte Menschen mit stillen, weichen Augen, die irgendeinmal in einer überhitzten Minute etwas begangen haben mußten, von dem sie selber nicht wußten. Aber im allgemeinen – und dies bestätigte jeder Eingewanderte – liegt jede Gewalttätigkeit, alles Brutale und Sadistische auch in den unmerklichsten Spuren dem brasilianischen Menschen vollkommen fern. Er ist gutmütig, arglos, und das Volk hat jenen halb kindlich-herzlichen Zug, wie er dem Südländer oft zu eigen ist, aber doch selten in einem so ausgesprochenen und allgemeinen Maß wie hier. In all den Monaten bin ich hier keiner Unfreundlichkeit begegnet, nicht oben und nicht unten; überall konnte ich den gleichen – heute so seltenen – Mangel an Mißtrauen gegen den Fremden, gegen den Andersrassigen oder Andersklassigen feststellen. Manchmal, wenn ich in den *favelas*, diesen prachtvoll pittoresken Negerhütten, die auf den Felsen mitten in der Stadt wie schwanke Vogelhäuschen liegen, neugierig herumkletterte, hatte ich ein schlechtes Gewissen und schlimmes Vorgefühl. Denn schließlich war ich gekommen, mir als Neugieriger eine unterste Stufe der Lebenshaltung anzusehen und in diesen jedem Blick wehrlos offenstehenden Lehm- oder Bambushütten Menschen im primitivsten Urzustand zu beobachten und somit unbefugt in ihre Wohnungen und damit in ihr privatestes Leben hineinzuschauen; im Anfang war ich eigentlich ständig gewärtig, etwa wie in einer proletarischen Arbeitergegend in Europa, einen bösen Blick ins Auge oder ein Schimpfwort in den Rücken zu bekommen. Aber im Gegenteil, diesen Arglosen ist ein Fremder, der sich in diesen verlorenen Winkel bemüht, ein willkommener Gast und beinahe ein Freund; mit blinkenden Zahnreihen lacht der Neger, der einem wassertragend begegnet, einem zu und hilft einem noch die glitschigen Lehmstufen empor; die Frauen, die ihre Kinder säugen, sehen freundlich und unbefangen auf. Und ebenso begegnet man in jeder Straßenbahn, auf jedem Ausflugsschiff, gleichgültig ob man einem Neger, einem Weißen oder Mischling gegenübersitzt, der gleichen unbefangenen Herzlichkeit. Niemals ist innerhalb der Dutzende Rassen etwas von Absonderung gegeneinander zu entdecken, weder bei Erwachsenen noch bei Kindern. Das schwarze Kind spielt mit dem weißen, der Braune geht mit dem Neger selbstverständlich Arm in Arm, nirgends gibt es Einschränkung oder auch nur privaten Boykott. Beim Militär, in den Ämtern, auf den Märkten, in den Büros, in den Geschäften, in den Arbeitsstätten denken die einzelnen nicht daran, sich nach Farbe oder Herkunft zu schichten, sondern arbeiten friedlich und freundlich zusammen. Japaner heiraten Negerinnen und Weiße widerum Braune: das Wort »Mischling« ist hier kein Schimpfwort, sondern eine Feststellung, die nichts Entwertendes in sich hat: der Klassenhaß und Rassenhaß, diese Giftpflanze Europas, hat hier noch nicht Wurzel und Boden gefaßt.

Diese ungemeine Zartheit des Seelischen, diese vorurteilslose und arglose Gutartigkeit, diese Unfähigkeit zur Brutalität büßt der Brasilianer mit einer sehr starken und vielleicht überstarken Empfindlichkeit. Nicht nur sentimental, sondern auch sensitiv veranlagt, besitzt jeder Brasilianer ein besonderes leicht verletzbares Ehrgefühl und zwar ein Ehrgefühl besonderer Art. Gerade weil er selbst so besonders höflich und persönlich bescheiden ist, empfindet er jede und auch die unbeabsichtigtste Unhöflichkeit sofort als Mißachtung. Nicht daß er heftig reagiert wie etwa ein Spanier oder Italiener oder ein Engländer; er schweigt die vermeintliche Kränkung gleichsam in sich hinein. Immer wieder wird einem dasselbe erzählt: in einem Hause ist eine Angestellte, schwarz oder weiß oder braun; sie ist sauber, freundlich und still und gibt nicht den geringsten Anlaß zu einer Beschwerde. Eines Morgens ist sie verschwunden, die Hausfrau weiß nicht warum und wird es nie erfahren. Sie hat ihr vielleicht gestern ein leises Wort des Tadels, der Unzufriedenheit gesagt und mit diesem einen kleinen oder vielleicht zu lauten Wort, ohne es zu ahnen, das Mädchen tief gekränkt. Das Mädchen revoltiert nicht, beschwert sich nicht, sucht keine Auseinandersetzung. Still packt sie ihre Sachen und geht lautlos fort. Es ist nicht in der Art des brasilianischen Menschen, sich zu rechtfertigen oder Rechtfertigung zu fordern, sich zu beschweren oder zornig auseinanderzusetzen. Er zieht sich nur in sich selbst zurück; es ist seine natürliche Gegenwehr, und diesem stillen, geheimnisvoll schweigsamen Trotz begegnet man hier überall. Niemand wird, wenn man einmal eine Einladung oder Aufforderung auch in allerhöflichster

Form abgelehnt hat, sie wiederholen, kein Verkäufer in einem Geschäft, wenn man mit dem Ankauf zögert, mit einem weiteren Wort zureden, und dieser geheime Stolz, diese Empfindlichkeit des Ehrgefühls reicht hinab bis in die untersten und alleruntersten Schichten. Während man in den reichste Städten der Welt, in London und Paris und gar in den Südländern überall Bettler findet, fehlen sie in diesem Lande, wo die »nackte Armut« oft kaum mehr ein Wort der Übertreibung ist, fast vollkommen und dies nicht etwa infolge eines energischen Dekrets, sondern aus der dem ganzen Volke eigenen Hypertrophie der Empfindlichkeit, die auch die höflichste Zurückweisung noch als Kränkung empfindet.

Diese Zartheit des Gefühls, diese Abwesenheit jeder Vehemenz will mir vielleicht als die charakteristischste Eigenschaft des brasilianischen Volkes erscheinen. Die Menschen brauchen hier keine heftigen und gewaltigen Spannungen, keine sichtbaren und ausnutzbaren Erfolge, um zufrieden zu sein. Es ist kein Zufall, daß der Sport, der doch im letzten die Leidenschaft des sich gegenseitig Überholens und Übertreffens darstellt, die ein gut Teil der Verrohung und Entgeistigung unserer Jugend verschuldet, in diesem Klima, das mehr zur Ruhe und zu behaglichem Genießen lockt, nicht jene absurde Überwichtigkeit gewonnen hat, und daß jene wüsten Szenen und tollwütigen Erregungen völlig fehlen, wie sie in unseren sogenannten zivilisierten Ländern an der Tagesordnung sind. Was Goethe auf seiner ersten Italienreise bei den Südländern so sehr sympathisch erstaunte, daß sie nicht ununterbrochen materielle oder metaphysische Zwecke des Lebens suchten, sondern sich des Lebens an sich auf stille und oft lässige Weise freuen, ist hier immer wieder von neuem dankbar zu empfinden. Die Menschen wollen hier nicht zu viel, sie sind nicht ungeduldig. Nach der Arbeit oder zwischen der Arbeit ein bißchen plaudern, Kaffee trinken, frisch rasiert und mit gutgeputzten Schuhen zu flanieren, an seinem Haus, an seinen Kindern seine gute Freude zu haben, ist den meisten genug. Alle Zustände des Behagens, des Glücks sind mit dieser friedlichen Gelassenheit gemischt. Darum ist und war es von je verhältnismäßig so leicht, dieses Land zu regieren, darum brauchte Portugal so wenig Militär und benötigt die Regierung heute so wenig Druck und Nachdruck, um Frieden und Ordnung zu bewahren. Das Zusammenleben im Staat ergibt sich hier mit unendlich viel weniger Haß von Gruppe zu Gruppe und Klasse zu Klasse dank dieser ihnen immanent innewohnenden Friedlichkeit und Neidlosigkeit.

Im wirtschaftlichen, im erfolgstechnischen Sinne mag dieser Mangel an Impetus, dieses Nicht-gierigsein, Nicht-ungeduldigsein, das an sich individuell für mich eine der schönsten Tugenden des Brasilianers darstellt, ein gewisses Manko sein. Mit Europa oder mit Nordamerika verglichen, bleibt im Tempo die kollektive Arbeitsleistung des ganzen Landes stark zurück, und schon vor vierhundert Jahren hat Anchieta den hemmenden Einfluß verzeichnet, den die erschlaffende Wirkung des Klimas notwendigerweise ausüben muß. Aber man kann diese Minderleistung keineswegs Trägheit nennen. An sich ist der Brasilianer ein ausgezeichneter Arbeiter. Er ist anstellig, schafft und begreift rasch. Man kann ihn zu allem heranbilden, und die aus Deutschland herübergekommenen Emigranten, die neue und oft komplizierte Industrien ins Land übertragen, rühmen einstimmig, mit welcher Wendigkeit und welchem Interesse sich die einfachsten Arbeiter auf neue Formen der Produktion umzustellen wissen. Im Kunsthandwerk zeigen die Frauen viel Geschick und in den Wissenschaften die Studenten regstes Interesse, und es wäre ungerecht im höchsten Maße, den brasilianischen Handwerker oder Arbeiter minderwertig zu nennen. In São Paulo, in einem günstigeren Klima und eingepaßt in eine europäische Organisation, leistet er genau dasselbe, wie irgendein anderer Arbeiter der Welt, aber auch in Rio de Janeiro habe ich hunderte Male beobachtet, wie bis tief in die Nacht die kleinen Schuster und Schneider noch in ihren engen Werkstätten arbeiten, und redlich bewundert, wie auf den Baustellen bei einer infernalischen Sommerhitze, wo es für einen selbst schon eine Anstrengung bedeutet, einen Hut vom Boden aufzuheben, die schwere Arbeit des Lasttragens inmitten der prallen Sonne ohne Pause weitergeht. Es ist also keineswegs die Fähigkeit, die Willigkeit und das Tempo des einzelnen, das zurückbleibt, es fehlt nur im ganzen jene europäische oder nordamerikanische Ungeduld, mittels verdoppelten Einsatzes an Arbeit im Leben doppelt rasch vorwärtszukommen – oder »hochzukommen«, wie man im deutschen Jargon sagt – es ist also eher eine seelische Minderspannung, welche die Gesamtheitsdynamik vermindert. Ein großer Teil der *caboclos*, besonders in den tropischen Zonen, arbeitet nicht, um zu sparen und zurückzulegen, sondern einzig, um die nächsten paar Tage zu fristen; wie immer in den Ländern, wo die Welt schön ist, die Natur alles bietet, was man zum Leben braucht, die Früchte rings um das Haus einem gleichsam in die Hand wachsen und man für keinen schlimmen Winter vorzusorgen hat, stellt sich eine gewisse Gleichgültigkeit gegen Gewinn und Sparsinn ein; man hat es nicht eilig mit dem Geld und auch nicht mit der Zeit. Warum durchaus heute dies liefern oder schaffen? Warum nicht morgen – *amanhã, amanhã* – warum in einer so paradiesischen Welt sich übereilen? Pünktlichkeit gilt hier höchstens insofern, als jede Vorlesung, jedes Konzert ziemlich pünktlich eine Viertel- oder halbe Stunde später anfängt als angesagt; stellt man seine Uhr richtig darauf ein, so versäumt man nichts und paßt sich selber an. Das Leben an sich ist hier wichtiger als die Zeit. Oft geschieht es – so berichtete man mir zu übereinstimmend, als daß ich es bezweifeln könnte – daß am Tage nach der Lohnauszahlung der Arbeiter einfach zwei, drei Tage ausbleibt. Er hat fleißig und flink die letzte Woche seine Pflicht getan und genug verdient, um in bescheidenster, allerbescheidenster Weise noch zwei Tage ohne Arbeit zu leben. Wozu dann diese zwei Tage noch arbeiten? Reich kann er von den paar Milreis ohnehin nicht werden, also lieber diese zwei oder drei Tage in stiller und behaglicher Weise genießen, und vielleicht muß man die Üppigkeit der Welt hier gesehen haben, um dies zu verstehen. Während in einem grauen und öden Flachland Arbeit die einzige Rettung des Menschen vor der Freudlosigkeit des Daseins ist, erweckt innerhalb einer so reichen, von Früchten überquellenden und durch Schönheit beglückenden Natur das Leben den Wunsch nicht so heftig und so wild wie bei uns, reich zu werden. Reichtum ist in der Vision des Brasilianers keineswegs mühsame Aufhäufung von gespartem Geld aus unzähligen Arbeitsstunden, nicht Resultat eines rasenden und nervenzerrüttenden Antriebs. Der Reichtum ist etwas, wovon man träumt; es soll vom Himmel kommen, und die Funktion dieses Himmels ersetzt in Brasilien die Lotterie. Das Lotto ist in Brasilien eine der wenigen sichtbaren Leidenschaften dieses äußerlich so stillen Volkes und die tagtägliche solidarische Hoffnung von Hunderttausenden und Millionen. Ununterbrochen dreht sich das Glücksrad, jeden Tag ist neue Ziehung. Wo man geht und wo man steht, in jedem Geschäft und auf der Straße, auf dem Schiff und in der Bahn werden einem Lose angeboten, und jeder Brasilianer kauft Lose mit dem, was er von seinem Wochenlohn gerade übrig hat, der Friseurgehilfe, der Schuhputzer, der Gepäckträger, der Angestellte und der Soldat. Um eine bestimmte Nachmittagsstunde sieht man dann wie eine schwarze Geschwulst dicke Ansammlungen von Menschen vor den Ziehungsstellen, in allen Häusern und Geschäften ist das Radio aufgedreht, die Erwartung einer ganzen Stadt oder vielmehr des ganzen Landes ist in diesem Augenblick auf eine einzige Ziffer und eine einzige Zahl gestellt. Die oberen Schichten wieder spielen in den Kasinos, und fast jeder Kurort, jedes vornehme Luxusetablissement hat das seine. Monte Carlo ist hier verdutzendfacht, und selten sieht man einen der Tische nicht umdrängt. Aber noch nicht genug an dem. Zu diesem aus Europa importierten Spiel, dem Lotto, dem Baccarat und dem Roulette, hat sich die Bevölkerung hier noch ein eigenes brasilianisches Nationalspiel erfunden, das *bicho*, das sogenannte Tierspiel, das zwar von der Regierung streng verboten ist, aber trotz aller Verbote auf das fleißigste gespielt wird.

Dieses Bicho, dieses Tierspiel, hat eine sonderbare Entstehungsgeschichte, die an sich schon deutlich zeigt, wie sehr diese Leidenschaft für das Hasard dem träumerischen und naiven Charakter dieses Volkes zutiefst entspricht. Der Direktor des Zoologischen Gartens in Rio de Janeiro hatte über schlechten Besuch zu klagen. So kam er, seine Landsleute genau kennend, auf die gloriose Idee, daß jeden Tag ein bestimmtes Tier seines zoologischen Gartens, einmal der Bär, einmal der Esel, einmal der Papagei, einmal der Elefant ausgelost wurde. Wessen Besucherkarte diesem Tier entsprach, dem wurde dann der zwanzig- oder fünfundzwanzigfache Eintrittspreis ausbezahlt. Sofort stellte sich der erwünschte Erfolg ein: der Tiergarten wurde durch Wochen von Menschen überfüllt, die eigentlich weniger kamen, um die Tiere sich anzusehen, als die Prämie zu gewinnen. Schließlich wurde es ihnen zu weit und zu mühsam, immer wieder in den Tiergarten zu gehen. So spielten sie privatim untereinander, welches Tier an diesem Tage ausgelost werden würde. Kleine Winkelbanken taten sich hinter Schanktischen und an den Straßenecken auf, welche den Einsatz aufnahmen und die Gewinne ausbezahlten. Als dann die Polizei das Spiel verbot, wurde es auf geheimnisvolle Weise dem jeweiligen Lottoresultat angegliedert, in dem jede Ziffer für einen Brasilianer ein bestimmtes Tier darstellte. Um der Polizei jeden Beweis zu entziehen, wird auf Treu und Glauben gespielt. Der Winkelbankier stellt keine Bescheinigung für seine Klienten aus, aber es ist kein einziger Fall bekannt, wo er seine Verpflichtung nicht verläßlich eingehalten hätte.

Dieses Spiel hat, vielleicht gerade um des Verbotenen willen, alle Kreise erfaßt, jedes Kind in Rio weiß schon, kaum es in der Schule zählen gelernt hat, welche Zahl jedes Tier darstellt, und kann die ganze Liste besser heruntersagen als das Alphabet. Alle Autoritäten, alle Strafen haben sich als illusorisch erwiesen. Denn wozu träumt der Mensch des Nachts, wenn er dann nicht morgens seinen Traum in Ziffer und Zahl, in Tier- und Lottospiel umsetzen dürfte? Wie immer haben sich die Gesetze machtlos erwiesen gegen eine wirkliche Volksleidenschaft, und immer wieder wird der Brasilianer, was ihm an Raffgier fehlt, kompensieren durch diesen täglichen Traum von plötzlichem Reichwerden.

Es ist also keine Frage: wie aus der Erde selbst noch lange nicht alle potentiellen Werte, so hat auch die große Masse Brasiliens aus sich noch nicht hundertprozentig herausgeholt, was in ihr an Begabung, an Arbeitskraft, an aktiven Möglichkeiten steckt. Aber im ganzen gesehen ist in Anrechnung der klimatischen Hemmungen, der körperlichen Feinorganisiertheit die Leistung eine äußerst respektable, und man zögert nach den Erfahrungen der letzten Jahre, ein allfälliges Manko an Ungeduld und Impetus, ein Es-nicht-allzu-eilig-Haben mit dem Vorwärtskommen, einen Fehler zu nennen. Denn es ist eine Frage weit über das brasilianische Problem hinaus, ob das friedliche, sich selbst bescheidende Leben von Nationen und Individuen nicht wichtiger ist als der übersteigerte, überhitzte Dynamismus, der eine Nation gegen die andere zum Wettkampf und schließlich zum Kriege treibt, und ob bei dem hundertprozentigen Herausholen aller seiner dynamischen Kräfte nicht etwas im seelischen Erdreich des Menschen durch dieses ständige *doping*, diese fiebrige Überhitzung eintrocknet und verdorrt. Der kommerziellen Statistik, den trockenen Zahlen der Handelsbilanz steht hier etwas Unsichtbares als der wahre Gewinn gegenüber: eine unverstörte, unverstümmelte Humanität und ein friedliches Zufriedensein.

Diese erstaunliche Genügsamkeit der Existenzform charakterisiert die ganze untere Schicht dieses Landes, und es ist eine ungeheure Schicht, eine dunkle und unabsehbare Masse, die bisher statistisch in ihrer Zahl oder in ihren Lebensbedingungen nie vollkommen erfaßt werden konnte. Wer in großen Städten lebt, begegnet ihr kaum. Sie ist nicht gesammelt wie etwa die amerikanische, die europäische Masse der Besitzlosen in Fabriken oder Arbeitsstätten, und man kann sie eigentlich nicht Proletariat nennen, weil diesen versteckten und über das Land hin verstreuten Millionen jede Bindung untereinander fehlt. Die *caboclos* des Amazonas, die *seringueiros* in den Wäldern, die *vaqueiros* auf den großen Weideflächen, die Indios in ihrem oft unzugänglichen Dikkicht sind nirgends zu großen übersichtlichen Siedlungen vereinigt, und der Fremde (und auch der einheimische Großstädter) weiß eigentlich wenig von ihrer Existenz. Er weiß nur dunkel, daß irgendwo diese Millionen sind, und daß sowohl der Bedarf als auch das Einkommen dieser untersten, fast durchweg farbigen Masse sich an der untersten Grenze des Lebensniveaus knapp an dem Nullpunkt bewegt. Seit hunderten Jahren hat sich die Lebenshaltung dieser vielfach gemischten Abkömmlinge der Indios und Sklaven weder verändert noch verbessert, und wenig von den Leistungen und Fortschritten der Technik ihr Leben überhaupt erreicht. Die Wohnung schaffen sich die meisten selbst, eine Hütte oder ein kleines Haus aus Bambusrohr, mit Lehm beworfen und mit Schilf gedeckt, das sie sich mit eigener Hand irgendwo erbauen. Gläserne Fenster sind schon ein Luxus, ein Spiegel oder sonst ein Einrichtungsgegenstand außer Bett und Tisch in diesen Wohnhütten des inneren Landes eine Seltenheit. Für diese selbstgebaute Hütte bezahlt man allerdings keine Miete; außer in den Städten stellt Grund und Boden einen solchen non-valeur dar, daß niemand sich die Mühe nehmen würde, für ein paar Quadratmeter Entgelt zu verlangen. An Kleidung erfordert das Klima nicht mehr als eine Leinenhose, ein Hemd und einen Rock. Die Banane, der Mandioca, die Ananas, die Kokosnuß geben sich von Baum und Strauch umsonst, ein paar Hühner finden sich leicht dazu und allenfalls noch ein Schwein. Damit sind die Hauptbedürfnisse des Lebens gedeckt, und welche geregelte oder gelegentliche Tätigkeit dieser Arbeiter denn verrichtet, immer bleibt ihm noch etwas für die Zigarette und die anderen kleinen – allerdings winzig kleinen – Notwendigkeiten seiner Existenz. Daß die Lebensverhältnisse dieser Unterklasse, besonders im Norden, unserer Zeit nicht mehr entsprechen, daß bei der geradezu endemischen Armut ganzer Landstriche die Bevölkerung durch Unterernährung geschwächt und zu einer normalen Leistung nicht fähig ist, wissen die oberen Stellen längst selbst, und ununterbrochen werden Maßnahmen erwogen und angeordnet, dieser im wahrsten Sinne nackten Armut zu steuern. Aber in dieses von Bahnen und Straßen gleich abgelegene Hinterland, in die Wälder von Mato Grosso und Acre können die von der Regierung Getúlio Vargas festgelegten Minimallohnsätze als Norm noch nicht vordringen, Millionen Menschen sind weder im Sinne einer regulierten, organisierten, kontrollierten Arbeit, noch in dem der Zivilisation überhaupt erfaßt, und es wird Jahre und Jahrzehnte dauern, ehe sie dem nationalen Leben tätig eingeordnet werden können. Wie alle Kräfte seiner Natur, so hat Brasilien auch diese weite und dunkle Masse weder als Produzent noch als Konsument von Gütern bisher ausgewertet. Auch sie stellt eine der ungeheuren Reserven der Zukunft, eine der vielen noch nicht in Leistung umgesetzten potentiellen Energien dieses erstaunlichen Landes dar.

Über dieser im Dunkel verstreuten und amorphen Masse, die – großenteils analphabetisch und in ihrem Lebensstandard nahe dem absoluten Tiefpunkt – bisher wenig oder eigentlich gar nichts zur Kultur beitragen konnte, erhebt sich, stark aufstrebend und ständig in ihrem Einfluß wachsend, die kleinbürgerliche, die ländliche Mittelklasse: die Angestellten, die kleinen Unternehmer, die Geschäftsleute, die Handwerker, die vielfältigen Berufe der Städte und der Fazendas. In dieser durchaus rationalen Schicht prägt sich am deutlichsten die bestimmte und bewußte brasilianische Eigenheit in einem unverkennbar persönlichen Lebensstile aus – einem Lebensstil, der viel der alten kolonialen Tradition nicht nur bewußt aufrechterhält, sondern auch schon schöpferisch weiterbildet. Es ist nicht leicht, in ihre Existenz hineinzublicken, denn in der äußeren Haltung fehlt jede Ostentation, diese Klasse lebt völlig einfach und unauffällig und fast möchte ich sagen, lautlos, weil drei Viertel der Existenz sich ganz in unserem alten europäischen Stil im Familienkreis erfüllt. Ein eigenes Haus bildet – außer in Rio de Janeiro und São Paulo, wo in unseren Tagen die vielstöckigen Häuser eigentlich zum erstenmal den Typus der Mietswohnung eingeführt haben – die unauffällige Schale, die den eigentlichen Kern des Daseins, den Familienkreis umschließt. Es ist fast immer ein kleines Haus mit ein oder höchstens zwei Stockwerken und drei bis sechs Zimmern, das nach außen ohne Prätention und ohne Zierrat sich in die Gasse einordnet und innen mit so einfachem Mobiliar eingerichtet ist, daß für Feste und Gäste kein Raum bleibt. Außer bei drei- oder vierhundert »oberen« Familien wird man im ganzen Lande kein wertvolles Bild, kein Kunstwerk auch nur von mittlerem Rang, keine wertvollen Bücher finden, nichts von der breiten Bequemlichkeit des europäischen Kleinbürgers – immer wieder ist es in Brasilien die Genügsamkeit, die einem von neuem auffällt. Da das Haus ausschließlich für die Familie bestimmt ist, versucht es nicht mit falschem Prunk und kleinen Üppigkeiten zu blenden. Mit Ausnahme des Radios und des elektrischen Lichts und allenfalls eines Badezimmers ist heute seine Einteilung nicht anders als in der Kolonialzeit der Vizekönige und auch die Lebensform in diesem Hause; in der Sitte hat manches Patriarchalische aus dem anderen Jahrhundert, das bei uns längst – man bedauert es fast – historisch geworden ist, sich noch in voller Geltung erhalten: vor allem widerstrebt hier bewußt ein traditioneller Wille der Auflockerung des Familienlebens und des väterlichen Autoritätsprinzips. Wie in den alten Provinzen Nordamerikas wirkt auch hier die strengere Auffassung der Kolonialzeit unbewußt nach; man begegnet hier noch in voller Geltung, was unsere eigenen Väter in Europa uns von der Welt ihrer Väter erzählten. Die Familie ist hier noch der Sinn des Lebens und das eigentliche Kraftzentrum, von dem alles ausgeht und zu dem alles zurückführt. Man lebt und man hält zusammen; wochentags im engeren Kreise, versammelt man sonntags den weiteren Kreis der Verwandten; gemeinsam wird der Beruf, das Studium des einzelnen bestimmt. In der Familie wiederum ist der Vater, der Mann noch unbeschränkter Herr über die Seinen. Er hat alle Rechte und Vorrechte, kann Gehorsam als selbstverständlich voraussetzen, und es ist besonders in den ländlichen Kreisen noch wie einst bei uns in früheren Jahrhunderten der Brauch, daß die Kinder dem Vater die Hand küssen als Zeichen des Respekts. Die männliche Superiorität und Autorität sind noch unbestritten und dem Manne vieles verstattet, was der Frau versagt ist, die, wenn auch nicht mehr so streng gehalten wie noch vor wenigen Jahrzehnten, im wesentlichen auf den inneren Wirkungskreis im Haus beschränkt ist. Die bürgerliche Frau betritt hier fast nie allein die Straße, und selbst von einer Freundin begleitet wäre es unzulässig, wenn sie nach Einbruch der Dämmerung ohne ihren Gatten außer dem Hause gesehen würde. Darum sind abends, ähnlich wie in Spanien oder Italien, die Städte eigentlich nurmehr Männerstädte; die Männer sind es, die die Cafés überfüllen, auf den Boulevards promenieren, und es wäre selbst in den Großstädten kaum denkbar, daß Frauen oder Mädchen abends ohne Begleitung des Vaters oder Bruders in ein Kino gingen. Emanzipationsbestrebungen oder Frauenrechtlerei haben hier noch keinen Boden gefunden, selbst die berufstätigen Frauen, die hier noch in verschwindender Minorität gegen die an Haus und Familie gebundenen stehen, bewahren die traditionelle Zurückhaltung. Noch eingeschränkter ist selbstverständlich die Stellung der jungen Mädchen. Freundschaftlicher Verkehr mit jungen Leuten auch naivster Art, sofern er nicht deutlich von Anfang an sich mit Heiratsabsichten verbindet, ist selbst heute noch nicht üblich, und das Wort *flirt* läßt sich nicht ins Brasilianische übersetzen. Im allgemeinen heiratet man, um alle Komplikationen zu vermeiden, außerordentlich früh, die Mädchen aus den bürgerlichen Kreisen meist mit siebzehn, mit achtzehn Jahren, wenn nicht schon vordem. Baldiger sowie reichlicher Kindersegen ist hier noch erwünscht und nicht gefürchtet. Frau, Haus, Familie sind hier noch innig verbunden, außer bei wohltätigen Veranstaltungen treten die Frauen selbst bei festlichen oder repräsentativen Anlässen niemals in den Vordergrund und – mit Ausnahme der Geliebten Dom Pedros I., der Marquise von Santos – haben sie im politischen Leben niemals eine Rolle gespielt. Amerikaner und Europäer mögen dies hochmütig als rückständig empfinden, aber diese unzähligen Familien, die still und ohne jede Vordringlichkeit in ihren kleinen Häusern zufrieden leben, bilden durch ihre gesunde, normale Existenzform das eigentliche Kraftreservoir der Nation. Aus dieser mittleren Schicht, die trotz ihrer konservativen Lebenshaltung bildungseifrig und fortschrittsfreundlich gesinnt ist; aus diesem festen und gesunden' Humus stammt heute jene Generation, die die Führung des Landes mit den alten und aristokratischen Familien zu teilen beginnt, und in gewissem Sinne ist Vargas, der selbst vom Lande und aus dem Mittelstand stammt, der sinnfälligste Ausdruck dieser neuen, stark und energisch aufstrebenden und doch gleichzeitig bewußt traditionellen Generation.

Über dieser, das ganze Land schon durchdringenden und sich ständig in ihrem Einfluß steigernden Klasse, die das neue

Brasilien repräsentiert, steht – oder besser gesagt, besteht – unentwegt die alte und bedeutend kleinere, die man die aristokratische nennen möchte, wenn in diesem neuen und durchaus demokratischen Lande dieses Wort nicht irreführend wirken würde. Denn, teilweise noch aus der Kolonialzeit stammend, teilweise erst mit König João aus Portugal herübergekommen, hatten diese vielfach untereinander verschwägerten – manchmal geadelten, manchmal ungeadelten – Familien nicht eigentlich Zeit, zu einer aristokratischen Kaste zu erstarren; ihre Gemeinsamkeit bestand einzig in der Lebenshaltung und der schon seit Generationen hochentwikkelten geistigen Kultur. Vielgereist in Europa oder von europäischen Lehrern und Gouvernanten herangebildet, zum großen Teil reich begütert oder in hohen Regierungsfunktionen, haben sie seit dem Beginn des ersten Kaiserreichs den geistigen Zusammenhang mit Europa ständig bewahrt und ihren Ehrgeiz daran gesetzt, Brasilien vor der Welt im Sinne kultivierter und fortschrittlicher Wesensart zu repräsentieren. Aus diesen Kreisen stammt die Generation jener großen Staatsmänner wie Rio Branco, Rui Barbosa, Joaquim Nabuco, die auf das glücklichste verstanden, innerhalb der einzigen Monarchie Amerikas den nordamerikanisch-demokratischen Idealismus mit dem europäischen Liberalismus zu verbinden und jene Methode der Konzilianz, der Schiedsgerichte und Verträge, die für die brasilianische Politik so ehrenvoll ist, auf eine stille und beharrliche Weise durchzusetzen.

Noch heute ist die Diplomatie fast ausschließlich diesen Kreisen vorbehalten, während der Verwaltungsdienst und das Militär schon mehr in die Hände der jungen, aufsteigenden Bürgerklasse überzugehen beginnen. Aber ihr kultureller Einfluß auf das allgemeine Repräsentationsniveau ist noch immer wohltätig fühlbar. Auch in ihrer Lebenshaltung fehlt jede Ostentation. In schönen Häusern mit alten, wundervollen Gärten wohnend, die sich aber keineswegs als Paläste markieren, meist in den früher exklusiven Teilen der Stadt, in Tijuca und Laranjeiras oder der Rua Paissandú halten sie in der Wohnkultur am Traditionellen fest, Sammler von allen historischen Kunstwerten ihres Landes, und stellen in ihrer gleichzeitigen nationalen Gebundenheit und geistigen Universalität einen Typus höchster Zivilisation vor, wie er in den anderen südamerikanischen Ländern fast völlig fehlt, und der stark an den österreichischen erinnert in seiner Kunstfreundlichkeit und geistigen Liberalität. Noch sind diese alten Familien – alt meint hier schon hundert Jahre – in ihrer kulturellen Vorherrschaft nicht verdrängt durch eine neue Aristokratie des Reichtums, weil sie großenteils selbst vermögend sind und hier die Unterschiede viel unmerklicher als bei uns ineinanderfließen. Das Brasilianische kennt nicht das Exklusive – dies seine eigentliche Kraft – und wie in der rassenmäßigen, so ist auch in der sozialen Schichtung der Assimilationsprozeß ein ständiger. Alle Tradition, alle Vergangenheit ist hier zu kurzfristig, als daß sie sich nicht willig und leicht in die neuen und erst werdenden Formen des Brasilianischen auflöste.

Auf diesen beiden Gruppen ruht, da die unterste Masse durch Analphabetismus und räumliche Isolierung an der Herausformung einer typisch brasilianischen Kultur noch nicht teilnimmt, sowohl im produktiven als auch im aufnehmenden Sinne der ganze individuelle Anteil Brasiliens an der Weltkultur. Um diese spezifische Leistung gerecht einzuschätzen, darf nicht vergessen werden, daß das ganze geistige Leben dieser Nation kaum viel mehr als hundert Jahre umfaßt und daß in den dreihundert kolonialen Jahren vordem jede Form des kulturellen Auftriebs systematisch unterdrückt worden war. Bis 1800 ist in diesem Land, das keine Zeitung und kein literarisches Werk drucken darf, das Buch eine Kostbarkeit, eine Rarität und außerdem meist eine Überflüssigkeit, denn man schätzt eher zu hoch als zu tief, wenn man annimmt, daß um 1800 unter hundert Menschen neunundneunzig Analphabeten einem einzigen gegenüberstanden, der

Am Amazonas in der Nähe von Manáus
(Foto: Michael Hagemann)

Wohnhütte im Delta des Rio do Para südwestlich von Belem, dem »Tor zum Amazonasgebiet«

Fischerflöße am Strand von Boa Viagem

Viehhirten in einem Dorf der Provinz Minas Gerais

Christusstatue über Rio de Janeiro
(Foto: Michael Hagemann)

Rio de Janeiro
Blick auf Leblon und Ipanema

Rio de Janeiro
Das Opernhaus »Teatro Municipal«

Favelas in Rio de Janeiro

São Paulo, die Avenida São João

Tabakanbau

Kind beim Trocknen des naßaufbereiteten Rohkaffees

Ernte des Zuckerrohrs

Erztransport von Minas Gerais nach Tubarão

Congonhas do Campo.
Barockkirche mit den von Aleijadinho geschaffenen
Statuen der zwölf Apostel

Madonnenverehrung in Rio de Janeiro

Der »Mercado Municipal«,
das Handelszentrum in der Altstadt von Belem

lesen und schreiben konnte. Zuerst waren es noch die Jesuiten, die in ihren Colégios den Unterricht besorgten, bei dem sie selbstverständlich die Unterweisung in der Religion jeder Form der universellen und zeitgenössischen Bildung voranstellten. Mit ihrer Austreibung 1765 entsteht ein völliges Vakuum im öffentlichen Unterricht. Weder Staat noch Stadt denken daran, Schulen einzurichten. Eine besondere Steuer auf Lebensmittel und Getränke, die 1772 der Marquis de Pombal anordnet, um von diesem Ertrage Elementarschulen zu eröffnen, bleibt bloßes papiernes Dekret. Mit dem flüchtenden portugiesischen Hofe kommt 1808 die erste wirkliche Bibliothek ins Land, und um nach außen hin seiner Residenzstadt einen gewissen kulturellen Glanz zu geben, läßt der König Gelehrte herüberkommen und gründet Akademien und eine Kunstschule. Aber damit ist nicht viel mehr als eine dünngestrichene Fassade geschaffen; noch immer geschieht nichts Großzügiges, um systematisch die großen Massen in das doch recht bescheidene Geheimnis des Lesens, Schreibens und Rechnens einzuführen. Erst unter dem Kaiserreich beginnt man 1823 herumzuprojektieren, daß *cada villa ou cidade tenha uma escola pública, cada província um liceu, e que se estabeleçam universidades nos mais apropriados locais.* Aber es dauert noch vier Jahre, bis 1827 gesetzlich wenigstens die Minimalforderung festgelegt wird, in jeder größeren Ortschaft müsse eine Elementarschule vorhanden sein. Damit ist endlich der prinzipielle Ansatz zu einem Fortschritt gemacht, der jedoch nur im Schneckentempo fortschreitet. 1872 errechnet man, daß bei einer Bevölkerung von über zehn Millionen im ganzen nur 139000 Kinder die Schule besuchen, und selbst in unseren Tagen, 1938, sah sich die Regierung noch vor die Notwendigkeit gestellt, ein eigenes Initiativkommittee zu gründen zwecks der endgültigen Ausrottung des Analphabetismus.

Der ersehnten Blüte einer eigenen Dichtung und Literatur fehlte also jahrhundertelang der richtige Humus, in dem sie zu wirklichem Wachstum gelangen konnte: das einheimische Publikum. Verse zu schreiben, Bücher zu verfassen bedeutete für einen Brasilianer bis knapp in unsere Zeit einen materiell aussichtslosen und wirklich heroischen Opferdienst an das dichterische Ideal, denn sie alle schufen und sprachen, sofern sie nicht dem Journalismus oder der Politik sich dienstbar machten, völlig ins Leere. Die großen Massen vermochten ihre Bücher nicht zu lesen, weil sie überhaupt nicht lesen konnten, und die obere dünne intellektuelle Schicht, die aristokratische, hielt es für wenig wichtig, ein brasilianisches Buch zu bestellen, und bezog ihre Lektüre an Romanen und Versen fast ausschließlich aus Paris. Erst in den letzten Jahrzehnten ist durch den Zustrom kulturgewohnter und darum kulturbedürftiger Elemente, durch die enorme Ausweitung der Bildung in der aufsteigenden Mittelklasse hier Wandel geschaffen worden, und mit der ganzen Ungeduld, wie sie nur lang zurückgehaltene Nationen haben, dringt die brasilianische Literatur in die Weltliteratur vor. Das Interesse an geistiger Produktion ist hier erstaunlich. Buchladen entsteht neben Buchladen, in Druck und Ausstattung verbessert sich die Herstellung ständig, belletristische und auch wissenschaftliche Werke können schon Auflageziffern erreichen, die vor einem Jahrzehnt noch als traumhaft gegolten, und schon beginnt die brasilianische Produktion die portugiesische zu überflügeln. Mehr als bei uns, wo der Sport und die Politik in gleich verhängnisvoller Weise die Aufmerksamkeit der Jugend ablenkt, steht die geistige und künstlerische Produktion im Mittelpunkt des Interesses der ganzen Nation.

Denn der Brasilianer ist an sich durchaus geistig interessiert. Beweglichen Intellekts, rasch in der Auffassung und von Natur aus gesprächig, hat er als Portugiesenenkel die natürliche Freude an schönen sprachlichen Formen, die sich hier in Brief und Umgang in besonderen Höflichkeiten bewegen und im Rednerischen gern zum Überschwang neigen. Er liebt zu lesen; selten sieht man den Arbeiter, den Straßenbahnschaffner in einer freien Minute ohne eine Zeitung in der Hand, selten einen jungen Studenten ohne ein Buch. Dieser ganzen neuen Generation ist Schrift und Literatur nicht wie dem Europäer schon eine jahrhundertealte Selbstverständlichkeit, ein überliefertes Erbe, sondern etwas selbst Errungenes, und sie finden noch einen Stolz und eine Freude darin, sich selbst und die ganze Weltliteratur zu entdecken. Man übertreibt nicht, wenn man sagt, daß in diesen südamerikanischen Ländern mehr als in allen andern noch eine gewisse Ehrfurcht vor der geistigen Leistung besteht, und daß das zeitgenössische – auch dank der Billigkeit der Ausgaben – rascher und weiter sich in das Volk verbreitet wie bei den traditionsgebundenen Nationen. Durch die eingeborene Neigung des Brasilianers zu zarteren Formen hat die Poesie lange den Vorrang in der nationalen Literatur gehabt; mit den epischen Gedichten »Uruguai« und »Marília« beginnt die brasilianische Kultur des Verses, die wirklich hervorragende Persönlichkeiten zeitigt. Ein Lyriker kann hier noch wirklich populär werden. In allen Parks findet man wie im Parc Monceau und Luxembourg in Paris die Statuen der nationalen Dichter aufgestellt, und sogar einem lebenden, Catulo da Paixão Cearense, hat die Bevölkerung – oder vielmehr das wirkliche Volk durch gemeinsame Sammlung von kleinen Silbermünzen – diese rührende Huldigung erwiesen. Noch ehrt, als eines der letzten, dieses Land das Gedicht, und die brasilianische Akademie versammelt heute eine stattliche Anzahl von Poeten, die der Sprache neue und persönliche Nuancen gegeben.

Länger dauert die Emanzipation von den europäischen Vorbildern in der Prosa, im Roman und in der Novelle. Selbst die Entdeckung des »guten Indios« in dem »Guarani« von José de Alencar war eigentlich nur ein Rückimport ausländischer Vorbilder wie Chateaubriands »Atala« oder Fenimore Coopers »Lederstrumpf«; bloß die äußere Thematik in seinen Romanen, nur ihr historisches Kolorit ist brasilianisch, nicht aber die seelische Einstellung; die künstlerische Atmosphäre.

Erst in der zweiten Hälfte des neunzehnten Jahrhunderts tritt mit zwei wahrhaft repräsentativen Gestalten, mit Machado de Assis und Euclides da Cunha Brasilien in die Aula der Weltliteratur ein. Machado de Assis bedeutet für Brasilien, was Dickens für England und Alphonse Daudet für Frankreich. Er hat die Fähigkeit, lebendige Typen, die sein Land, sein Volk charakterisieren, lebendig zu erfassen, ist ein geborener Erzähler, und die Mischung von leisem Humor und überlegener Skepsis gibt jedem seiner Romane einen besonderen Reiz. Mit seinem »Dom Casmurro«, dem populärsten seiner Meisterwerke, hat er eine Figur geschaffen, die für sein Land so unsterblich ist wie David Copperfield für England und Tartarin de Tarascon für Frankreich; dank der durchsichtigen Sauberkeit seiner Prosa, seinem klaren und menschlichen Blick stellt er sich den besten europäischen Erzählern seiner Zeit zur Seite.

Im Gegensatz zu Machado de Assis war Euclides da Cunha kein Schriftsteller von Profession; sein großes nationales Epos, die »Sertões«, ist gleichsam durch einen Zufall entstanden. Euclides da Cunha, seinem Beruf nach Ingenieur, hatte als Vertreter der Zeitung »Estado de São Paulo« eine der militärischen Expeditionen gegen die Canudos, eine aufständische Sekte in dem wilden und düsteren Gebiet des Nordens begleitet. Der Bericht über die Expedition, mit prachtvoller dramatischer Kraft gestaltet, wuchs sich in Buchform zu einer umfassenden psychologischen Darstellung der brasilianischen Erde, des Volkes, des Landes aus, wie sie seitdem mit ähnlichem Tiefblick und soziologischer Weitsicht nie mehr versucht und nie mehr erreicht worden ist. Vergleichbar in der Weltliteratur noch am ehesten den »Sieben Säulen der Weisheit«, in denen Lawrence den Kampf in der Wüste schildert, ist dieses im Ausland wenig bekannte großartige

Epos bestimmt, unzählige heute berühmte Bücher zu überdauern durch die dramatische Großartigkeit seiner Darstellung, seinen Reichtum an geistigen Erkenntnissen und die wunderbare Humanität, die das Werk erfüllt. Wenn die brasilianische Literatur heute in ihren Romanschriftstellern und Dichtern an Subtilität, an sprachlicher Nuancierung im einzelnen ungeheure Fortschritte gemacht hat, so hat sie doch mit keinem Werke mehr diesen überragenden Gipfel erreicht.

Schwach dagegen ist vorläufig noch die dramatische Kunst entwickelt. Hier ist kein Name eines Dramas mir als wirklich bemerkenswert genannt worden, und auch im öffentlichen und geselligen Leben spielt die theatralische Kunst kaum eine wesentliche Rolle. An sich ist diese Tatsache nicht verwunderlich, denn das Theater als typisches Produkt einer einheitlich organisierten Gesellschaft ist eine Kunstform, die ausschließlich innerhalb einer bestimmten Schicht der Gesellschaft in Erscheinung treten kann, und diese Form der Gesellschaft hat in Brasilien nicht Zeit gehabt, sich zu entwickeln. Brasilien hat kein elisabethanisches Zeitalter durchlebt, keinen Hof Ludwig XIV., keine breite bürgerliche theaterfanatische Masse gehabt wie Spanien oder Österreich. Alle theatralische Produktion beruhte bis tief in das Kaiserreich ausschließlich auf Import – und zwar infolge der Riesendistanz auf dem Import minderer Truppen und minderer Ware. Ein richtiges nationales Theater war selbst unter Dom Pedro nicht richtig versucht und gefördert worden; die ersten Truppen, die von Europa ins Land kamen, spielten sogar in spanischer und nicht in portugiesischer Sprache. Heute, da in den Millionenstädten schon ein aufnahmefähiges Publikum bestünde, ist es durch den alles überflutenden Einfluß des Kinos vielleicht schon zu spät, hier einen Anfang zu machen.

Ähnlich liegen die Verhältnisse in der Musik. Auch hier macht sich das Fehlen einer jahrhundertealten, tief in alle Schichten eingedrungenen Tradition fühlbar. Es fehlen die großen herangebildeten Chöre, so daß gerade die monumentalen Werke der Musik wie die Matthäuspassion, die großen Requiems, die neunte Symphonie von Beethoven, die Händelschen Oratorien dem großen Publikum soviel wie unbekannt sind. Die Oper in Rio de Janeiro und São Paulo baut ihr Repertoire noch wie vor fünfzig Jahren auf die italienische Oper Verdis und bestenfalls Puccinis auf. Ein Werk wie der »Tristan«, den Kaiser Dom Pedro vor fast hundert Jahren für Rio de Janeiro zur Uraufführung haben wollte, ist vielleicht zwei- oder dreimal seitdem gespielt worden und die wirklich neuzeitliche Musik soviel wie unbekannt. Erst jetzt hat man damit begonnen, symphonische Orchester aufzubauen, aber noch immer ist es die leichte, die gefällige Musik, die hier im Publikum vorwaltet.

Um so erstaunlicher deshalb, daß dieses Land schon zu einer Zeit, wo es wirklichen Heroismus und einen geradezu verzweifelten Lernwillen erforderte, sich heranzubilden, einen Musiker hervorgebracht hat, dem ein rauschender Welterfolg beschieden war, Carlos Gomes. In einem kleinen Städtchen im Staate von São Paulo 1836 geboren, tritt er schon mit zehn Jahren in eine Musikkapelle ein und bildet sich nun ohne jeden richtigen Lehrer in einem Lande, wo Partitur und wirkliche Opernvorstellungen kaum für ihn erreichbar sind, so willenskräftig aus, daß er bereits mit vierundzwanzig Jahren eine Oper, »A Noite do Castelo«, vorlegen kann. 1861 in Rio de Janeiro aufgeführt, wird sie ebenso wie seine nächste ein großer nationaler Erfolg. Nun nimmt sich der Kaiser Dom Pedro seiner an und sendet ihn zur weiteren Ausbildung nach Europa. In Italien fällt ihm der Roman seines Landsmanns, die »Guarani« von José de Alencar, in italienischer Übersetzung in die Hand, und sofort stürzt er damit zum Librettisten, dies sei das Werk, mit dem er als Brasilianer Brasilien vor der Welt darstellen wolle. 1870 wird die Oper in der Scala aufgeführt und ein sensationeller Erfolg. Der Altmeister Verdi erklärt, einen würdigen Nachfolger gefunden zu haben, und noch heute gelangen die »Guarani« – die beste Oper Meyerbeers, wie sie ein Musikhistoriker genannt hat – ab und zu auf italienischen Bühnen zur Aufführung. Ein typisches Musterexemplar jener großen Oper, die dem Auge, dem Ohr alles reichlich und überreichlich gibt, nur der Seele nicht genug, melodiös in ihrem lyrischen Teil, macht das Werk heute noch den Erfolg und die großen Hoffnungen, die man an den weiteren Aufstieg Carlos Gomes' knüpfte, verständlich, aber gerade weil sie so trefflich in diese romantische und pompöse Meyerbeer-Zeit paßten, sind die »Guarani« heute schon mehr ein musikhistorisches Dokument als lebendige Musik. Den typisch brasilianischen Beitrag zur Weltmusik hat bedeutend mehr als der italianisierende Carlos Gomes uns Villa Lobos gegeben. Ein starker, eigenwilliger Rhythmiker, der jedem seiner Werke eine bei anderen Komponisten nicht zu findende Farbe gibt, die in ihrer Grelle und dann wieder in ihrer geheimnisvollen Schwermut geheimnisvoll die Landschaft und die brasilianische Seele spiegeln.

Einen ähnlich typisch brasilianischen Ausdruck des Volkshaften erwartet man sich in der Malerei von Portinari, dem es als erstem brasilianischen Maler gelungen ist, sich eine internationale Stellung in wenigen Jahren zu erobern. Aber wieviel Farbe, wieviel Vielfalt, welche ungeheuren glücklichen Aufgaben erwarten in dieser großartigen Landschaft noch den Mann, der ähnlich wie Gauguin für die Südsee, Segantini für die Schweiz die grandiose Natur dieses Landes der Welt vertraut machen wollte. Welche Möglichkeiten eröffnen sich hier der Architektur in diesen mit fiebriger Geschwindigkeit wachsenden Städten, die immer stärker den Willen offenbaren, nicht mehr nach europäischem Schema und nicht auch nach dem nordamerikanischen, sondern in einer persönlichen Form zu gestalten! Viel wird in diesem Sinne hier versucht und einiges Wesentliche ist schon erreicht worden.

In der Wissenschaft – einer Materie, wo mir persönlich

Überblick und Wertung durch mangelnde Fachkenntnis versagt ist – haben die letzten Jahre einen erstaunlichen Fortschritt in der historischen und ökonomischen Selbstdarstellung des Landes gebracht. Fast alle früheren Dokumente und Darstellungen Brasiliens waren von Ausländern geschrieben worden. Im sechzehnten Jahrhundert ist es der Franzose Thévet, der Deutsche Hans Staden, im siebzehnten der Holländer Berleus, im achtzehnten Jahrhundert der Italiener Antonil und im neunzehnten Jahrhundert der Engländer Southey, der Deutsche Humboldt, der Franzose Debret und der von Deutschen abstammende Varnhagen, denen man die eigentlich klassischen Darstellungen des Landes dankt. Aber in den letzten Jahrzehnten sind es die Brasilianer, die sich der Aufgabe angenommen haben, ihr Land und seine Geschichte auf Grund sorgfältigster Quellenstudien verständlich zu machen, und zusammen mit den sehr gründlichen Publikationen der Regierung und der einzelnen Staaten umfaßt diese Literatur schon allein eine ganze Bibliothek. In der Philosophie ist als merkwürdigstes Phänomen zu verzeichnen, daß der Positivismus Auguste Comtes hier eine Schule und sogar eine Kirche gegründet hat; ein gut Teil der brasilianischen Staatsverfassung ist von den Formeln und Anschauungen des französischen Philosophen durchsetzt, der hier ungleich mehr als in seinem Heimatland Einfluß auf das reale Leben genommen hat. Auf dem Gebiet der Technik wiederum hat vor allem der Aeronaut Santos Dumont unsterblichen Ruhm gewonnen durch seinen ersten Flug um den Eiffelturm und seine Konstruktionen von Aeroplanen, die in ihrer Kühnheit und Tatkraft den entscheidenden Anstoß zum Erfolg gaben. Ist der Prioritätsstreit heute auch noch immer im Gang, ob er es war oder die Brüder Wright, die zum erstenmal den Flug des Menschen in einem Flugzeug verwirklichten, das schwerer war als die Luft, so meint diese Frage eigentlich nur, ob Santos Dumont an zweifellos erster oder schlimmstenfalls bloß an zweiterster Stelle in dieser hervorragendsten und heroischsten Tat unserer neuen Welt steht, und dies ist genug, um seinen Namen für alle Zeiten in die Ehrentafel der Geschichte einzugraben. Sein Leben ist in sich selbst ein großartiges episches Gedicht des Wagemuts und der Selbstverleugnung, und unvergeßlich wie seine technische Tat werden die Taten seiner Menschlichkeit sein, jene beiden Briefe, die er verzweifelt an den Völkerbund richtete, damit dieser ein für allemal die Verwendung des Flugzeugs zu Bombenabwurf und anderen kriegerischen Grausamkeiten verbiete. Mit diesen beiden Briefen allein, welche die humanitäre Gesinnung seines Vaterlands vor der ganzen Welt proklamierten und verteidigten, hat sich seine Gestalt für alle Zeiten gegen jedes undankbare Vergessen geschützt.

Setzt man also in die Bilanz die richtigen Zahlen ein, so ist die kulturelle Leistung Brasiliens heute schon eine außerordentliche. Richtig aber rechnet man nur, sofern man das kulturelle Alter dieses Landes nicht mit vierhundertfünfzig Jahren und die Zahl seiner Bevölkerung mit fünfzig Millionen einstellt. Denn Brasilien zählt seit seiner Unabhängigkeit nicht viel mehr als hundert, genauer hundertneunzehn Jahre, und von seiner Bevölkerung nehmen heute noch kaum mehr als sieben oder acht Millionen an modernen Lebensbedingungen produktiv teil. Ebenso führt jeder Vergleich mit Europa ins Leere. Europa hat unermeßlich mehr Tradition und weniger Zukunft, Brasilien weniger Vergangenheit und mehr Zukunft, alles Geleistete ist hier ein Teil des noch zu Leistenden, vieles, was Europa der jahrhundertealte Grundstock als selbstverständlich gewährt, ist hier noch aufzubauen, die Museen, die Bibliotheken, der durchgreifende Bildungsapparat; noch hat es der junge Künstler, der junge Schriftsteller, der junge Gelehrte, der Student hier hundertmal schwerer als in den besser dotierten und besser organisierten Lehranstalten Nordamerikas, sich Überblick und universelle Kenntnisse anzueignen. Noch spürt man hier manchmal eine gewisse Enge und anderseits Ferne von den aktuellen Bemühungen unserer Zeit, noch ist das Land nicht seiner eigenen Proportion entsprechend entwickelt, noch wird jeder Brasilianer ein Jahr Europa oder Nordamerika als die richtige letzte Stufe seiner Studien empfinden, noch hat Brasilien trotz allen und allen unseren Torheiten von unserer alten Welt Auftrieb und Antrieb zu empfangen.

Aber anderseits hat auch der Europäer, der zu kürzerem oder längerem Besuch landet, schon viel hier zu lernen. Er begegnet einem anderen Raumgefühl, einem anderen Zeitgefühl. Der Spannungsgrad der Atmosphäre ist ein geringerer, die Menschen freundlicher, die Kontraste weniger vehement, die Natur näher, die Zeit nicht so überfüllt, die Energien nicht so bis zum letzten und äußersten gespannt. Man lebt hier friedlicher, also menschlicher, nicht so maschinell, nicht so standardisiert wie in Amerika, nicht so politisch überreizt und vergiftet wie in Europa. Dadurch, daß Raum ist um den Menschen, stößt nicht einer so ungeduldig mit dem Ellbogen gegen den andern, dadurch daß Zukunft ist in diesem Lande, ist die Atmosphäre unbesorgter und der einzelne weniger bekümmert und erregt. Es ist ein gutes Land für ältere Menschen, die schon viel von dieser Welt gesehen haben und nun in einer schönen, friedlichen Landschaft Stille und Zurückgezogenheit begehren, um all das Erlebte zu überdenken und auszuwerten. Und es ist ein wundervolles Land für junge Menschen, die ihre noch nicht ausgewerteten Energien in eine noch nicht ermüdete Welt bringen wollen, die noch restlos und freudig sich hier einpassen können und mitarbeiten an Entwicklung und Aufstieg. Von allen, die in den letzten Jahrzehnten aus Europa kamen, ist kaum einer zurückgekehrt; denselben Völkern, die heute sich jenseits des Ozeans sinnlos bekämpfen, ist hier eine gemeinsame Heimat des Friedens geworden. Und sollte – dies der glücklichste Trost in manchen Augenblicken unserer Verstörung – die Zivilisation unserer alten Welt sich wirklich in diesem selbstmörderischen Kampf vernichten, so wissen wir, daß hier eine neue am Werke ist, bereit, all das, was bei uns die edelsten geistigen Generationen vergeblich gewünscht und erträumt, noch einmal zur Wirklichkeit zu gestalten: eine humane und friedliche Kultur.

Rio de Janeiro

Vor fast vierhundert Jahren, 1552, schreibt Tomé de Sousa, da er in Rio landet: *Tudo é graça que dela se pode dizer.* Man kann es eigentlich nicht besser ausdrücken als dieser rauhe Kriegsmann. Die Schönheit dieser Stadt, dieser Landschaft läßt sich wirklich kaum wiedergeben. Sie versagt sich dem Wort, sie versagt sich der Fotografie, weil sie zu vielfältig, zu unübersichtlich, zu unerschöpflich ist; selbst ein Maler, der Rio in seiner Gänze darstellen wollte mit all seinen tausend Farben und Szenen, käme in einem einzigen Leben nicht zu Ende. Denn hier hat die Natur in einer einmaligen Laune von Verschwendung von den Elementen der landschaftlichen Schönheit alles in einen engen Raum zusammengerückt, was sie sonst sparsam auf ganze Länder verteilt und vereinzelt. Hier ist das Meer, aber Meer in allen seinen Formen und Farben, grün anschäumend am Strand von Copacabana von der unendlichen Ferne des Atlantischen Ozeans, bei Gávea wieder grimmig aufspringend an einzelnen Felsen und dann wieder in Niterói glatt und blau an den flachen Sandstrand sich schmiegend oder die Inseln zärtlich umschließend. Da sind Gebirge, aber jeder Gipfel und Hang anders geformt, schroff, grau und felsig der eine, umgrünt und weich der andere, spitz gesteilt der Pão de Açúcar und wie von einem gigantischen Hammer flach geschlagen die Höhe von Gávea, hier zerrissen und zerzackt die Bergkette des Dedo de Deus, des Fingers Gottes. Jeder seine eigene Form eigenwillig bewahrend und doch alle in brüderlichem Kreise sich verbindend. Da sind Seen wie die Lagoa Rodrigo de Freitas und der von Tijuca, die die Berge, die Landschaft und gleichzeitig die elektrischen Linien der Stadt spiegeln, da sind Wasserfälle, kühl und schäumend aus den Felsen fallend, da sind Bäche und Flüsse, Wasser in allen seinen unfaßbaren Formen. Da ist

Grün in allen Farben, Urwald bis knapp heran an die Stadt mit wuchernden Lianen und undurchdringlichem Dickicht, da sind Parks und gepflegte Gärten, die jeden Baum, jede Frucht, jeden Strauch der Tropen in scheinbarem Durcheinander und doch weiser Ordnung vereinen. Überall ist die Natur eine überschwengliche und doch harmonische, und inmitten der Natur die Stadt selbst, ein steinerner Wald, mit ihren Wolkenkratzern und kleinen Palästen, mit ihren Avenuen und Plätzen und farbig orientalischen Gäßchen, mit ihren Negerhütten und gigantischen Ministerien, mit ihren Badeständen und Kasinos – ein Alles-Zugleich, eine Luxusstadt, eine Hafenstadt, eine Geschäftsstadt, eine Fremdenstadt, eine Industriestadt, eine Beamtenstadt. Und über dem allen ein seliger Himmel, tiefblau des Tags wie ein riesiges Zelt und nachts besät mit südlichen Sternen; wo immer der Blick in Rio hinwandert, ist er von neuem beglückt.

Es gibt – wer sie einmal gesehen, wird mir nicht widersprechen – keine schönere Stadt auf Erden, und es gibt kaum eine unergründlichere, eine unübersichtlichere. Man wird nicht fertig mit ihr. Schon das Meer hat in einem sonderbaren Zickzack die Strandlinien gezogen und das Gebirge ihr in den Raum der Entfaltung steile Hänge geworfen. Überall trifft man auf Ecken und Kurven, alle Straßen schneiden sich in unregelmäßigen Formen, unablässig verliert man die Richtung. Wo man zu Ende zu sein glaubt, stößt man auf einen neuen Anfang, wo man eine Bucht verlassen, um in den Kern der Stadt zu dringen, gelangt man überrascht an eine andere Bucht. Auf jedem Weg entdeckt man etwas Neues, einen überraschenden Durchblick von den Hügeln, einen kleinen, wie aus der Kolonialzeit vergessenen Platz, einen Markt, einen palmenbestandenen Kanal, einen Garten, eine *favela*. Wo man hundertmal vorbeigegangen, findet man, wenn man aus Versehen eine Nebengasse nimmt, sich in einer anderen Welt: es ist, als ob man auf einer Drehscheibe stünde, die einen ununterbrochen zu anderen Ausblicken bringt. Dazu kommt noch, daß sich die Stadt mit einer radikalen Geschwindigkeit von Jahr zu Jahr, ja von Monat zu Monat verändert. Jemand, der ihr einige Jahre ferngeblieben, braucht geraume Zeit, um sich wieder zurechtzufinden. Man will einen Hügel hinauf, wieder einmal die alten romantischen Quartiere mitten in der Stadt zu sehen, und findet ihn nicht: er ist einfach abgeräumt, und ein mächtiger Boulevard, rechts und links von zwölf Stock hohen Häusern flankiert, durchquert die alte Stelle. Wo ein Felsen den Weg sperrte, ist jetzt ein Tunnel, wo das Meer zutraulich bis an den Strand kam, ein Flugplatz weit ins Meer gebaut, wo man vor drei Monaten noch an einer abgelegenen Küste im leeren weichen Sand hinstapfte, steht eine ganze Villenkolonie; all das geht hier mit traumhafter Geschwindigkeit. Überall geschieht etwas, überall ist Farbe, Licht und Bewegung, nichts wiederholt sich, nichts paßt zusammen, und doch paßt alles zusammen. Spazierenschlendern – in anderen Großstädten unergiebig und kaum mehr möglich – ist hier noch eine Lust und eine tägliche Entdeckungsfreude. Wo immer man sich befindet, überall wird dem Blick eine Wohltat getan. Man geht zu einem Freunde und schaut im Gespräch vom sechsten Stock zufällig aus dem Fenster: breit und majestätisch, wie man sie nie gesehen, breitet sich die Bucht mit ihren schimmernden Inseln und gleitenden Dampfern vor einem aus. Man tritt in derselben Wohnung in ein rückwärtiges Zimmer, und fort ist das Meer, aber entgegen glüht einem das Kreuz des Corcovado und die dunklen Gestalten der Sterne. Stundenweit glänzen die Lichter der Straße, und zugleich sieht man, wenn man sich vom Balkon vorbeugt, unten in ein Negerdorf mit kleinen Hütten und farbigen Lichtern hinein. Man will zur Stadt fahren, und der Weg geht quer über einen Berg; jeden Augenblick bittet man den Freund, der den Wagen chauffiert, anzuhalten, um einen andern überraschenden Ausblick nicht zu versäumen. Man will in ein Vorstadtviertel, um sich dort an den bunten kleinen Läden zu erfreuen, und findet sich plötzlich zwischen großen feudalen Palacetes mit hundertjährigen Gärten. Man fährt bei Santa Teresa mit der Tram den Berg hinauf, um ganz in der einsamen Natur zu sein, und ist plötzlich auf einem Aquädukt aus dem achtzehnten Jahrhundert und ein paar Minuten später inmitten einer Gruppe steiler Mietshäuser. In einer Viertelstunde kann man vom funkelnden Ufer des Meers auf einer Bergspitze sein, in fünf Minuten aus einer Luxuswelt in der primitivsten Armut der Lehmhütten und wieder mitten im kosmopolitischen Getriebe von blitzenden Cafés und zwischen einem Malstrom von Automobilen – alles geht hier durcheinander, ineinander, kreuz und quer, arm und reich und neu und alt, Landschaft und Kultur, Hütten und Wolkenkratzer, Neger und Weiße, altvaterische Lastkarren und Automobile, Strand und Fels und Grün und Asphalt. Und all das glänzt und glüht in denselben vollen und blendenden Farben, schön das eine und schön das andere, beides immer neu durchmischt und immer faszinierend. Nie wird man müde, nie hat man genug. Nie hat man das volle Profil der Stadt erfaßt, denn sie hat Dutzende, nein Hunderte. Sie ist immer anders von jeder Seite, von jeder Fläche, von jeder Perspektive, anders von innen, von außen, von oben, von unten, vom Berg, vom Meer, von der Straße, vom Flugzeug, von der Fähre, anders von jedem Haus und anders von jedem einzelnen Stockwerk und jedem Zimmer dieses Hauses. Wer von Rio kommt, dem scheinen in allen anderen Städten dann alle Farben ohne Leuchtkraft, die Menschen auf der Straße monoton, das Leben zu ordentlich, zu einheitlich. Alles nach dem ist Ernüchterung, Abschattung nach diesem Rausch von Farben und Formen, nach der göttlichen Vielfalt dieser Stadt.

Man kann leben in Rio, wie man will. Der Gedanke ist verführerischer als anderswo, hier reich zu sein, in einem dieser von Parks umschlossenen Traumhäuser auf den Hügeln von Tijuca zu wohnen, und es ist doch gleichzeitig leichter hier, arm zu sein, als in einer anderen Großstadt. Das

Meer ist frei für das Bad, die Schönheit frei fur jeden Blick, die kleinen Notwendigkeiten des Daseins billig, die Menschen freundlich und unerschöpflich die Vielfalt jener kleinen täglichen Überraschungen, die einen glücklich machen, ohne daß man wüßte warum. Etwas Weiches und Entspannendes liegt hier in der Luft, das einen weniger kämpferisch, vielleicht auch weniger energisch sein läßt. Immer ist man hier der Empfangende in Schauen und Genießen, und unbewußt kommt einem von dieser Landschaft eine geheimnisvolle Tröstung wie immer von dem Schönen und Einmaligen auf Erden zu. Nachts mit ihren Millionen Sternen und Lichtern, tags mit ihren hellen und grellen, ihren heißen und explodierenden Farben, in der Dämmerung mit ihrem leisen Nebel und Wolkenspiel, in ihrer duftenden Schwüle und in ihrem tropischen Wetterguß, immer ist diese Stadt zauberhaft. Je länger man sie kennt, um so mehr liebt man sie, und doch, je länger man sie kennt, um so weniger kann man sie beschreiben.

Einfahrt

Frühmorgens warten schon alle Passagiere ungeduldig an Bord, mit Ferngläsern und Kameras bewaffnet; keiner will, sooft er sie auch schon bewundernd gesehen, die berühmte Einfahrt in Rio de Janeiro versäumen. Aber noch glänzt das Meer blau und metallen wie seit Tagen und Tagen, beruhigende und zugleich ermüdende Monotonie. Und doch, man fühlt es, daß man sich dem Lande nähert, man atmet die nahe Erde, noch ehe man sie sieht, denn feucht und süß wird mit einem Mal die Luft, weicher fühlt man sie an Mund und Handen, ein dunkler Duft schwebt unmerklich her, gebraut in den Tiefen der riesigen Wälder aus Pflanzenatem und Feuchte der Kelche, jener unbeschreibbare, warme, schwüle und gärende Brodem der Tropen, der auf süße Art einen trunken und müde zugleich macht.

Jetzt endlich in der Ferne ein Umriß: eine Bergkette zeichnet sich unsicher-wolkenhaft in den leeren Himmel hinein, und in dem Maße als das Schiff näher stampft, festigen sich ihre Konturen: es ist die Bergkette, die mit ausgespannten Armen die Bucht von Guanabara beschirmt, eine der größten der Erde. Alle Schiffe aller Nationen fänden darin gleichzeitig Raum, so weit und schwunghaft wölbt sie sich mit ihren vielen einzelnen Baien und Vorgebirgen aus, und innerhalb dieser aufgebrochenen Riesenmuschel liegen wie Perlen verstreut eine Unzahl Inseln, jede anders in Form und Farbe. Manche tauchen nur grau und gleichtönig aus der amethystenen See; für Walfische könnte man sie aus der Ferne halten, so nackt und kahl ist ihr Rücken. Manche wieder sind länglich und steinig gerippt wie Krokodile, manche mit Häusern bestanden, manche als Festungen bewehrt, manche scheinen schwimmende Gärten mit Palmen und Gartengeländen, und während man neugierig ihre unvermutete Vielfalt der Formen mit dem Fernglas bewundert, treten nun gleichzeitig die Berge des Hintergrundes plastisch hervor, auch sie jeder anders und eigenwillig. Nackt steht der eine und der andere ins grüne Palmenkleid gehüllt, felsig dieser und der andere einen schimmernden Gürtel von Häusern und Gärten umgelegt; es ist, als hätte die Natur als verwegene Plastikerin alle irdischen Formen nebeneinanderzustellen versucht, und irdische Namen hat darum auch die Volksphantasie jeder einzelnen dieser bergigen Steingestalten gegeben: die Witwe, der Bucklige, der Hund, der Finger Gottes, der schlafende Riese, die beiden Brüder, und dem allersichtbarsten, dem Pão de Açúcar, den Namen Zuckerhut, der, knapp vor der Stadt aufsteigend, mit seiner steilen Plötzlichkeit vor dem Eingang steht wie die Freiheitsstatue in New York, als das uralte und unverrückbare Symbol dieser Stadt. Aber noch über allen diesen einzelnen Monolithen und Bergen erhebt sich der Häuptling dieses Riesengeschlechts, der Corcovado, und hält ein gewaltiges Kreuz, (das nachts elektrisch erglüht) über Rio de Janeiro segnend erhoben wie ein Priester die Monstranz über eine hingekniete Schar.

Jetzt endlich gewahrt man, nachdem man das Gewirr der Inseln durchfahren, die Stadt. Aber nicht auf einmal gewahrt man sie. Nicht wie etwa in Neapel, in Algier, in Marseille tut sich dies Häuserpanorama wie eine offene Arena mit steigenden Steinstufen einem einzigen Blick auf; Bild um Bild, Teil um Teil, Prospekt nach Prospekt blättert sich Rio de Janeiro auf wie ein Fächer, und gerade dies macht die Einfahrt so dramatisch, so unablässig überraschend. Denn jede der einzelnen besiedelten Buchten, deren Summe erst ihren Strand ergibt, ist durch Bergketten getrennt – es sind gleichsam die Rippen des Fächers, die hier jedes Bild vereinzeln und doch zusammenhalten. Endlich zeigt sich der geschwungene Strand, bezaubernder Anblick: eine weite Strandpromenade, von den Wogen ständig beschäumt, mit Häusern und Villen und Gärten, deutlich unterscheidet man schon das Luxushotel und ansteigend die Hügel empor die waldumrandeten Villen – aber Irrtum! Es ist nur der Strand von Copacabana gewesen, einer der schönsten der Welt, nur eine neue Vorstadt, nicht die eigentliche Stadt. Noch muß man den Pão de Açúcar, den Zuckerhut, umsteuern, der den Blick sperrt, dann erst sieht man die Stadt in der Bucht, dicht und weiß vorblickend zum Strand und wirr sich auflösend in die begrünten Höhen. Man sieht die neuangelegten Strandgärten und den Flugplatz, der eben dem Meer abgewonnen war: gleich wird man landen und seiner Ungeduld Genüge tun. Aber nein! Es war wiederum ein Irrtum und dies nur die Bucht von Botafogo und Flamengo, nochmals muß das Schiff weiter steuern, noch ein anderes Blatt dieses göttlichen, in allen Farben leuchtenden Fächers aufgeblättert werden, noch muß man vorbei an der Marineinsel und jener kleinen mit dem gotischen Palast, wo Kaiser Pedro zwei Tage vor seiner Absetzung ahnungslos den letzten Ball gegeben. Und jetzt erst grüßen die Turmhäuser, eine einzige vertikale Masse, jetzt erst zeigen sich die Docks, jetzt erst kann das Schiff anlegen und man ist in Südamerika, ist in Brasilien, ist in der schönsten Stadt der Welt!

Diese einstündige Einfahrt in Rio ist ein Erlebnis einziger Art und in ihrem unwiderstehlichen Eindruck nur jener in New York zu vergleichen. Aber New York grüßt härter, energischer: wie ein nordischer Fjord wirkt es mit seinen aufgetürmten eisweißen Kuben. Manhattan ist ein männlicher, heroischer Gruß, der steil aufgestoßene menschliche Wille Amerikas, ein einziger Ausbruch zusammengefaßter Kraft. Rio de Janeiro aber bäumt sich einem nicht entgegen – es breitet sich auf mit weichen, weiblichen Armen, es empfängt in einer weit ausgespannten zärtlichen Umarmung, es zieht an sich heran, es gibt sich mit einer gewissen Wollust dem Blicke hin. Alles ist hier Harmonie, die Stadt und das Meer und das Grün und die Berge, all das fließt gewissermaßen klingend ineinander, selbst die Hochhäuser, die Schiffe, die bunten Lichtplakate stören nicht; und diese Harmonie wiederholt sich in immer anderen Akkorden: anders ist diese Stadt, von den Hügeln gesehen, und anders vom Meer, aber überall Harmonie, gelöste Vielfalt in immer wieder völliger Einheit, Natur, die Stadt geworden ist, und eine Stadt, die wie die Natur wirkt. Und vieldeutig und unerschöpflich, großartig und großmütig, wie sie einen empfängt, weiß sie einen zu halten; von der Stunde der Einfahrt an weiß man schon, das Auge wird nicht müde werden und der Sinn nicht satt an dieser einzigartigen Stadt.

Kürzer, aber vielleicht noch verwirrender ist der Eindruck, wenn man mit dem Flugzeug ankommt. Da überschaut man zum ersten Male die wirkliche Anlage der Stadt – wie sie hingebettet ist an den Rand der Berge, die sie bewachen, wie sie gleichsam sich auflöst in die Landschaft. Man schwingt über Berge und Berge herab, und plötzlich sieht man die Weite dieser Bucht, die in ihrer riesigen blauen Schale diese weiße Perle einschließt. Man sieht die scharfen, wie mit dem Messer gezogenen Diagonalen der Avenidas, die sie durchschneiden, den blinkenden Strand, nicht breiter wie das Weiße, das eine goldfarbene Orange umschließt, und dann weit ins Land hinein sich ergießend die hellen Kiesel der Villen und Häuser, und all dies abgezeichnet gegen ein doppeltes Blau, den stahlblanken Azur und das Wasser, das ihn spiegelt. Und dann scheinen die Berge, da das Flugzeug die Kurve nimmt, plötzlich zu verschwinden, jetzt ist es die Stadt, die mit ihren weißen Häusern als eine einzige steinerne Wand einen grüßt, und schon sieht man das schwirrende Band der Autos an den Strandstraßen, die Badenden im Meer, man spürt das Leben, das einen erwartet, die Farben, die einem entgegenglühen. Und noch einmal, zweimal, dreimal schwingt sich das Flugzeug niederer und niederer, daß es beinahe das Dach von São Bento streift. Und dann knirschen die Räder, man ist auf flachem Boden, auf der schönsten Erde der Welt.

Das alte Rio

Um eine Stadt, um ein Kunstwerk, um einen Menschen wirklich zu verstehen, muß man ihre Vergangenheit, ihre Lebensgeschichte, ihre Entwicklung kennen. So geht mein erster Weg in jeder neuen Stadt zunächst zu den Fundamenten, auf denen sie sich erbaut hat, um ihr Heute aus dem Gestern zu begreifen. Nichts natürlicher, als daß ich in Rio zunächst den Morro do Castelo, den historischen Hügel suchte, wo sich vor vierhundert Jahren die Franzosen verschanzt hatten, und auf dem die siegreich stürmenden Portugiesen dann den eigentlichen Grundstein ihrer Stadt gelegt. Aber vergebens die Suche. Der historische Hügel ist abgeräumt. Kein Stein, keine Scholle Erde ist mehr davon zu finden. Das Terrain ist längst nivelliert, und breite Straßen erheben sich auf dem abgeflachten Boden. Merkwürdiges Phänomen. Das alte Rio ist verschwunden und das neue steht auf einem völlig anderen Grund als die Stadt des sechzehnten und des siebzehnten Jahrhunderts. Wo heute die asphaltierten Straßen laufen, war ursprünglich nur Sumpf gewesen, von kleinen Flußläufen durchzogen, ungesund und unbewohnbar, und die ersten Ansiedler hatten sich auf die Hügel hinaufgerettet. Erst allmählich konnte Terrain dem Sumpf und dem Meer abgewonnen werden, indem man das Land zwischen den Hügeln austrocknete, die Flußläufe zuschüttete oder kanalisierte und gleichzeitig durch Aufschüttung die Ufer immer weiter in die Bucht hineinschob. Dann wiederum fielen die Hügel, die den Verkehr hemmten. So hat sich in dreihundert Jahren die Stadt eigentlich völlig umgestülpt, und alles oder fast alles Historische ist dieser ungeduldigen Verwandlung zum Opfer gefallen.

Es ist kein großer Verlust, denn im sechzehnten, im siebzehnten und weit bis ins achtzehnte Jahrhundert war

Bahia die Hauptstadt Brasiliens und Rio zu arm, zu gering für Kunstbauten und prunkvolle Paläste. Selbst als zu Anfang des neunzehnten Jahrhunderts der portugiesische Hof hier seine Residenz aufschlug, fanden die unfreiwilligen Gäste keine würdige Unterkunft. So reicht alles Historische bestenfalls in die Kolonialzeit zurück, und ein Haus von hundertfünfzig Jahren genießt hier schon im Gegensatz zu Bahia die Reverenz der Ehrwürdigkeit. Von dieser kolonialen Zeit, ihrem Stil und ihren Lebensformen bekommt man am besten ein Bild in den wenigen in ihrer Echtheit noch unveränderten Gassen um die Alfândega in Rio. Sie sind noch typisch portugiesisch und wirken angenehm in ihrer anspruchslosen Bescheidenheit. Einstöckig und zweistöckig, einstmals wohl bunt getüncht, haben sie keine andere Zier als das schön gehämmerte eiserne Spitzenwerk der Balkone; zurückgesunken nach einstiger Vornehmheit dienen sie ausschließlich mehr den kleinen Geschäften. Zu ebener Erde stehen die Läden, die Armazéns mit ihren Warenlägern offen, man blickt frei auf die aufgestapelte Ware, und meist riecht man sie schon zuvor, denn diese engen Gassen um den Hafen, die letzten unveränderten aus der Kolonialzeit, schwelen von einem fettig warmen Dunst von Fischen, Obst und Gemüsen. Es bedürfte nicht der ausgezeichneten Schilderungen Luís Edmundos in seinem Buch über Rio zur Zeit der Vizekönige, um zu ahnen, wie schauerlich verpestet und stickig diese engen Durchlässe gewesen sein müssen in einer Zeit, da Menschen und Vieh gemeinsam die Gasse bevölkerten und die primitivsten Gesetze der Hygiene noch nicht beachtet wurden. Auch die wenigen öffentlichen Gebäude aus den Zeiten der Kolonie, die Palais und Kasernen, sind hastig und billig ohne Plan und Ambition gebaut und stellen bestenfalls wohlfeile Kopien der portugiesischen dar. Jedes sentimentale Klagen um das »alte Rio« ist also eigentlich nur Angelegenheit von ein paar alten Leuten, die unbewußt ihre eigene Jugend beklagen. In Wirklichkeit hat Rio mit allem, was es weggräumte, wenig oder nichts verdorben. Von der Kolonialzeit verdienen einzig ein paar Kirchen, vor allem die wunderbar gelegene der Glória und São Francisco sowie der Aquädukt mit seinen nobel geschwungenen Linien geschützt zu werden und allenfalls als Wahrzeichen die eine oder die andere dieser kleinen farbigen Gassen. Denn ein großes Denkmal seiner Vergangenheit ist als Wahrzeichen unvergänglich: die Kirche und das Kloster von São Bento.

Diese Kirche von São Bento hat sich vom Wandel der Jahrhunderte gerettet, indem sie sich tapfer und einsam vom ersten Tage an auf einem Hügel verschanzte; so blieb dieses Bauwerk, 1589 begonnen, das einzige imposante Denkmal des sechzehnten Jahrhunderts, und vergessen wir nicht: ein Kunstwerk aus dem sechzehnten Jahrhundert ist für die neue Welt so alt wie für uns der Parthenon und die Pyramiden. Allein auf seiner Höhe, den Blick noch nicht verstellt von den Hochhäusern zu seiner Tiefe, frei nach allen Seiten schauend, bedeutet es ein wundervolles Stück Schönheit und Stille in dieser unruhig vordrängenden, mit Farbe und Lärm dröhnenden Stadt. Hier allein ist die Zeit in Rio stillgestanden, hier allein hat sein ungeduldiger Erneuerungswille nichts zu ändern vermocht. Noch ist die alte holprige Straße, die den Berg hinaufführt, dieselbe, die vor dreihundert Jahren die Pilger emporwanderten, und von derselben Terrasse, von der man früher die Galeonen Portugals und die schmalen Segelschiffe landen sah, blickt man jetzt auf die großen Ozeanriesen, die langsam und majestätisch ihre Bahn ziehen.

Von außen wirkt São Bento mit seinem angrenzenden Kloster zunächst weder sonderlich imposant noch eigenartig. Es ist ein solider breiter Bau mit schweren runden Türmen, das Kloster in seiner viereckigen Form eher einer Festung ähnlich, und tatsächlich hat es in Kriegszeiten als solche gedient. Ohne große Erwartung tritt man durch die schweren, kunstvoll geschnitzten Holztüren. Aber kaum man den Innenraum betritt, ist man geblendet. Eben stand man noch im scharfen südlichen Sonnenlicht von Rio, jetzt ist es nur ein honigfarbener Schimmer, der einen umhüllt, ein sonderbar weiches, gedämpftes Licht wie das eines nebligen Sonnenuntergangs. Man unterscheidet keine Formen, keine Konturen, Raum und Form zerfließen in diesem leuchtenden Nebel. Dann nimmt man erst wahr, daß dieser Schimmer von Gold ausgeht, das all die Wände einheitlich umleuchtet. Aber es ist nicht der laute, dröhnende, gellende Farbton von vergoldetem Metall, sondern ein ganz dünner, ein – möchte man sagen – leiser Glanz, der wie eine Lasur die Pfeiler und das Getäfel umspielt. Jede Linie, jede Fläche fließt dadurch zart und weich ineinander über und ergibt, gemengt mit dem Tageslicht, das von den Dachfenstern einströmt, diesen schwebenden Glanz, der wie ein feiner Rauch das weite und geräumige Kirchenschiff durchzieht.

Allmählich gewöhnt sich das Auge und vermag Einzelheiten zu erfassen. Und nun erkennt man, was in unseren Kirchen aus Stein und Metall und Marmor geformt ist, die geschnitzten Balustraden, die Täfelung, die Verzierungen, ist hier aus dem heimischen Holz, nur daß dies Holz mit einer ganz dünnen Schicht von Gold – man weiß nicht zu sagen: übermalt oder überzogen ist, einer so dünnen und so kunstvoll aufgetragenen Schicht, daß sie zart und unauffällig jede Schwingung und Biegung wiedergibt und das Krause des Barocks auf wunderbare Weise entlastet. Ohne an Originalität oder an Pracht den großen Kathedralen Europas vergleichbar zu sein, ist mit São Bento seinen Künstlern doch etwas Einmaliges gelungen: eine glückliche und neuartige Bewältigung der Materie, eine vollkommene Harmonie in dieser goldenen Dämmerung, die man nicht mehr vergißt. Und dieses wohltuend Maßvolle waltet dann auch im Kloster vor, in seinen weiten, steingepflasterten Gängen, den schweren schwarzen Holztüren, der schön proportionierten Bibliothek, dem abgeschiedenen Klosterhof, und man geht durch diese kühlen, von dicken Wänden gegen Lärm und

Laut geschützten Gänge wie durch eine andere Zeit. Man hat vergessen, daß man in einer südlichen Welt ist jenseits des Äquators und unter anderen Sternen. Man könnte glauben in einem schweizer oder deutschen Benediktinerkloster, diesen uralten Refugien der Bücherfreunde, vor sich hin zu träumen. Da plötzlich an einem Fenster erinnert einen der Blick auf herrlichste Weise, wo man sich befindet: mit seinen Wolkenkratzern und Palais, mit seinen überfüllten Straßen dehnt sich in weitem Umkreis das Häusergewirr einer modernen Metropole unter der grünen Wacht seiner Berge. In der Tiefe dehnt sich die Bucht mit ihren Schiffen und Inseln und funkelt das tropische Meer; wie überall erlebt man in Rio an allen Stellen und auch den abgesondertsten und einsamsten diese unvergleichliche Zwiefalt von Stadt und Landschaft, von Zeitlichem und Zeitlosigkeit.

Dieses eine Kloster und noch das zweite auf dem andern Hügel von Santo Antônio hat sich Rio gerettet von seiner Vergangenheit. Es ist sein Adelsbrief, bezeugend das Alter und die Vornehmheit seiner Kultur. Mag alles Kleinliche und Ärmliche der Kolonialzeit auch weiter verfallen und verschwinden, mag die Stadt in ihrer Ungeduld sich von Jahr zu Jahr verändern, dieser goldene Schimmer durchleuchtet die Zeit.

Spazieren durch die Stadt

Jeder Weg beginnt hier an der Avenida Rio Branco. Sie ist – oder vielmehr, sie war – der Stolz der Stadt. Vor etwa vierzig Jahren kam der Ehrgeiz über Rio, es den europäischen Großstädten gleichzutun und einen Boulevard, eine repräsentative Hauptstraße im Herzen der Stadt zu haben. Und da sie wie alle Städte des Südens davon träumte, ein Paris zu werden, verlockte das Vorbild des Boulevard Haussmann, den der große Präfekt mit kühnem, breitem Strich geometrisch gerade durch das frühere Gewirr verschachtelter alter Gassen gezogen, zur Nachahmung. Der Plan dieser Prunkavenida aber glaubte schon verwegen zu sein, wenn er sich das Maß von den europäischen Boulevards borgte und die Straßenbreite mit dreiunddreißig Metern ansetzte. Die Brasilianer der älteren Generation, die bodenständigen *cariocas*, an ihre engen schattigen kolonialen Durchlässe gewöhnt, schüttelten zwar die Köpfe und erklärten diese übermäßige Breite als allzu verwegen. Aber der Plan setzte sich durch. Man stellte an den Eingang der Avenida ein prächtiges und sehr pariserisches Opernhaus, die Nationalbibliothek, das Museum, das damalige Luxushotel, um von vornherein die neue Straße als den geistigen und kulturellen Mittelpunkt zu kennzeichnen, man wagte sogar sechstöckige Häuser, die hochmütig über die niederen Dächer der bisherigen Palácios und Palacetes herabblickten. Die breiten Trottoirs wurden mit schwarzweißem Mosaik auf das schönste geschmückt, die Fahrbahn asphaltiert, die Geschäftshäuser und Klubs beeilten sich, die breite schöne Front in der damals modernsten Architektur zu flankieren. Es wurde in der Tat eine prächtige Straße, und mit Stolz konnten die Brasilianer sich sagen, daß sie den berühmten Boulevards Europas würdig an die Seite zu stellen sei.

Aber es erweist sich in Amerika, diesem mit ganz anderer Vehemenz aufstrebenden Kontinent, immer als Fehler und verhängnisvolle Bescheidenheit, in europäischen Maßen zu denken und zu rechnen. Zeit und Raum haben jenseits des Ozeans ein anderes dynamisches Maß. Hier entwickeln sich alle Dinge geschwinder, um freilich auch rascher zu veralten. Und so ist durch das tropische Wachstum Rios und den phantastisch sich entwickelnden Verkehr schon heute die Avenida Rio Branco längst zu eng, zu schmal geworden, ständig verstopft durch die Prozession der Autos, die nur im Schritt sich vorwärts bewegen können, donnernd von Lärm, überfüllt von Menschen und überdies noch rechts und links zurückgepreßt in ihrem Strombett durch die vorgeschobenen Planken der standigen Umbauten. Denn schon scheinen die Prachtbauten von 1910 hier nicht mehr prächtig und verwegen genug, das Luxushotel von einst ist bereits zum Abbruch verurteilt, und an seiner Stelle soll ein zweiunddreißig Stock hoher Bau errichtet werden, die sechsstöckigen Häuser setzen entweder neue Stockwerke auf oder werden völlig umgestaltet; was vor dreißig Jahren mächtig und sogar monströs erschienen, wirkt heute klein und im Stil antiquiert und altmodisch. Die Oper, ganz in den Schatten gedrängt, kann ihre Proportionen nicht mehr entfalten, das Kunstmuseum und die Bibliothek haben ihre Superiorität verloren, und wie bei den Pariser Innenboulevards, der Berliner Friedrichstraße, der Londoner Regent Street beginnen die Luxusgeschäfte vor dieser wilden Betriebsamkeit sich in stillere Nebengassen zurückzuziehen. Die Prunkstraße ist heute nicht viel mehr als die obligate Verkehrsstraße und Durchgangsstraße ohne besonderes Cachet und ohne künstlerische Persönlichkeit; gerade was ihr als Charakter zugedacht war, die Vornehmheit, ist verloren, weil sie heute einzig der Zeit zu dienen sucht und ihr doch nicht mehr genügt.

Um ihren immer mächtigeren Rhythmus voll entfalten zu können, brauchte die Stadt darum neue und breitere Boulevards außer diesem einen, und sie schafft sie sich in ihrer ständigen Atemnot mit entschlossener Kraft. Rechts und links – die Pläne sind wirklich grandios in ihrer Verwegenheit – stößt sich Rio von innen heraus immer neue Avenuen frei, ganze Häuserblöcke wegfegend, wie eine vorwärtsrasende Lokomotive ein papiernes Blatt. Hügel werden abgetragen, ganze Karrees von Häusern der Spitzhacke ausgeliefert, Felsen mit Tunnels durchbohrt, die Berge empor in zementenen Serpentinen breite Verbindungen gebahnt. Rechtzeitig hat hier eine vorausdenkende Verwaltung erkannt, daß es nichts nützt, mit Raum zu sparen, indem man die Häuser höher türmt, wenn gleichzeitig die Stadt sich wie ein überkochender Topf weit und weiter hinaus ins Land ergießt. Die alten Hauptstraßen, die Rua Carioca und Catete und Laranjeiras, die nach Tijuca und Isidoro und Meyer halten den Verkehr mehr auf als sie ihm dienen, und von dem neuen Wohnviertel in das Herz der Stadt fährt man mit dem Auto eine halbe Stunde und noch mehr. Es mußte also Raum gewonnen werden um jeden Preis, und am nachgiebigsten, am gefälligsten erwies sich noch das Meer. Einer Bucht, die sich auf Meilen dehnt, zweihundert und sogar fünfhundert Meter durch Aufschüttung fortzunehmen, hieß dem unendlichen Meer nicht viel nehmen und doch der Stadt unendlich viel gewinnen. So entstanden die großen Strandboulevards, die heute den Blick umranden und durch den Blick auf das Meer und die Landschaft, geschmückt mit Bäumen, durchzogen von Gärten, mit ihren immer abwechslungsvollen Formen dem modernen Rio als Entgelt für seine alte Romantik eine neue Schönheit geben. Sie wirken wie der weiße Rand eines Buches um den gedruckten Text. Jede Seite dieses wie von Gottes Hand aufgeschlagenen Buches sagt eine andere Schönheit aus, und man wird nicht müde, sie immer und immer wieder aufzublättern. Dank der bizarren Formung, in der sich in fünffachen und sechsfachen Buchten das Meer in die Stadt hineinschmiegt, wirkt an jeder Kurve der Blick abwechslungsreicher. Man kann Rio wirklich nur mit einem gemalten Fächer vergleichen, wo jedes Blatt seine besondere Zeichnung hat und doch erst der voll ausgebreitete Fächer das ganze Bild ergibt.

Wer diese Strandboulevards im Auto durchfährt oder – wenn er stundenlang zu marschieren bereit ist – entlanggeht, durchwandert eigentlich sechs oder sieben oder acht völlig verschiedene Städte. Da strahlen zuerst zur Linken der Avenida Rio Branco all die Straßen aus, die zum Hafen und damit in die Handelsstadt führen. Hier landen die großen Ozeandampfer, hier stoßen die Ferryboote nach den Inseln ab, hier füllt sich der farbenfunkelnde Markt mit Blüten und Früchten, hier wartet der Flugplatz mit seinen silbernen Schwalben, hier scharen die Docks und die Arsenale und die Kasernen der Marine sich zusammen; in neuer stolzer Gruppe erhebt sich der mächtige Block der zusammengescharten Ministerien, zwölf-, vierzehn-, sechzehnstöckige Bauten von neuzeitlichstem Charakter. Nach einem kühnen Plan ist beinahe die ganze Verwaltung des riesigen Reiches hier wie zu einem einzigen aufstrebenden Block vereinigt. Aber mögen auch Hafen und Geschäftsstadt und Verwaltungsstadt um ein paar Nuancen farbiger getönt sein als anderswo, die Physiognomie des Modernen wirkt hier noch international. Noch hat man die eigentliche, die persönliche Stadtschönheit Rios nicht gespürt, die weder im Nutzhaften noch im Historischen liegt, sondern in der unvergleichlichen Kunst, wie sie alle Gegensätze harmonisch zu lösen vermag.

Die kostbare, nachts mit tausend Lichtperlen leuchtende Kette der Strandboulevars beginnt eigentlich erst, sobald man die Avenida verläßt; die Praça Paris, von der sie ausgeht, ist gleichsam ihre kunstvolle Schließe. Der Name Praça Paris ist nicht zufällig. Zweifellos haben die französischen Stadtarchitekten, die den Plan entwarfen, an den Place de la Concorde gedacht, wenn er abends mit den runden Bogenlichtern strahlte. Aber diese Praça Paris hat noch den Blick auf die

Bucht mit ihren gegenüberliegenden Inseln und Bergen, Luxus des Städtischen verbindet sich dem Verschwenderischen der Natur in einem unvergeßlichen Bild. Zwischen das blaue Meer und die weißen Häuserreihen ist ein breiter Streifen Grün gestellt, und der Himmel ruht offen über den Wipfeln dieses Parks, durch den blau, rot, grün, gelb wie wildgewordene Tiere die Automobile und Autobusse sausen, ohne aber wie in den meisten anderen Straßen durch ihr Jagen und Heulen den Blick zu verwirren. Hier kann der Blick rasten und betrachten, was ihm beliebt. Die belebte Linie der Palácios und Hotels, die freie Bucht mit ihrem weißen Saum von Niterói und den Schiffen und Ferrybooten oder auf den Hügeln über den Häusern die weiße, noble, alte Kirche Nossa Senhora da Glória, die sich abhebt von den massigeren Hängen des wie eine Kulisse fern aufsteigenden Gebirges.

Schon glaubt er alles umfaßt zu haben, dieser erste Blick, die ganze panoramische Schau, aber wie wenig erst hat er gesehen, wieviel erwartet ihn noch! Nach der Praça Paris verengert sich die Straße und drückt sich näher ans Meer als Avenida Beiramar und wird zur Praia do Flamengo. Hier waren früher die vornehmen alten Residenzen und blickten zwischen Gärten bescheiden aus einem ersten oder zweiten Stockwerk auf den Strand. Aber der Platz mit diesem freien Blick und der kühlenden Brise war zu kostbar. Elf und zwölf Stock hoch steigen jetzt in steiler zementener Front die Häuser empor, und die Riesenpalmen, die den früheren Gebäuden die Dächer beschirmten, reichen den neuen kaum mehr bis zu ihrer Brust. Der Blick auf die Bucht wird allmählich enger, denn gegenüber steht stolz – und nachts mit einer Lichtkrone geschmückt – der Pão de Açúcar, der Zuckerhut, ein mächtiger Fels, der den Eingang zur Bucht bewacht, und vor dem jedes Schiff demütig vorüberziehen muß, das in den Hafen will. Und wieder eine Wende, eine Kehre, und man ist in einer anderen Bucht, der von Botafogo.

Verschwunden die freie Vista, man glaubt an einem von Bergen umstandenen See zu sein zwischen anderen Bergen und Hügeln als vordem, denn dies gehört zum landschaftlichen Geheimnis von Rio, daß seine Berge dank ihrer unregelmäßigen Formung von jedem Winkel aus gesehen eine andere Silhouette zeigen; was von Botafogo aus gesehen schroff wirkt, ist vom Flamengo aus gesehen lind, die eine Fläche desselben Felsens grün bewaldet, die andere nacktes Gestein, die dritte von Häusern bis zum Gipfel bestanden, und ebenso ändert durch das unablässige Zickzack die Bucht bei jeder Wendung ihre Konturen. In dieser Stadt der Vielfältigkeit wirkt dasselbe Meer, dasselbe Gebirge infolge der unbeschreiblichen Varietät der Ausblicke immer neu und überraschend. Statt dasselbe wiederzufinden, entdeckt man sich alles hier immer wieder von Anfang an.

Und wieder zwei Straßen, und man ist unvermutet in einer anderen Buch, der Praia Vermelha, die so versteckt in einem Engpaß zwischen den Felsen liegt, so abseits von den Wohnvierteln, daß ich Wochen brauchte, um sie zu finden. Und plötzlich ist alles wieder anders. Verschwunden die Stadt, verloren der Ausblick auf die Bucht. Keine Luxushäuser, kein Verkehr, keine Geschäftigkeit, nur Wellen und Fels und Strand und Stille. Unwillkürlich hat man das Gefühl, man sei am Ende seines Wegs, am Ende der Stadt.

Aber man ist nur bei einem neuen Anfang, bei einem der vielen Anfänge, mit denen diese Stadt immer wieder überraschend beginnt. Nur eine Straße und ein Tunnel durch den scheinbar weglosen Felsen, und man findet sich plötzlich am Badestrand von Copacabana, diesem Super-Nizza, diesem Super-Miami, an dem vielleicht schönsten Strande der Welt. Unglaubhaft wie es klingen mag, jedoch mit diesen fünf Minuten von Rio nach Rio befindet man sich an einem völlig anderen Meer, in einer anderen Luft, in einer anderen Temperatur, als wäre man stundenweit gefahren. Und was man am Strande von Flamengo und der Avenida Beiramar gesehen, war wirklich ein anderes Meer, weil nur das Wasser der völlig umschlossenen Bucht, das Meer allerdings, aber ein gebändigtes, gefesseltes, geschwächtes Meer, das keine Kraft mehr hat zu wilden Wellen und trotz aller Breite und Weite keine deutliche Flut und Ebbe mehr aus sich zu holen vermag. Hier aber in Copacabana steht plötzlich die umsprühte, vom Wind umschlagene Stirn gerade gegenüber dem Atlantischen Ozean, und man weiß und fühlt, daß tausende Meilen weit bis hinüber nach Europa und Afrika nichts vor einem liegt als dies gewaltige Meer. Mächtig, grünschäumend wirft sich die Flut, Poseidons Gespann, mit den weißen Mähnen seiner Wasserrosse gegen den riesig breiten, helleuchtenden Strand. Der Donner umbraust einem die Ohren, und so stark ist dieser anprallende Schlag, so mächtig der Atem des Atlantischen Riesen, daß die verstäubte Luft dampft von Jod und Salz. So stark und durchsättigt ist sie von Ozon, daß, verwöhnt von der sonst weichen und ein wenig schwülen Atmosphäre, viele Menschen es gar nicht vertragen können, an dieser ewig donnernden, ewig sprühenden Küste zu wohnen. Aber wie erfrischend darum! Mit fünf Minuten Fahrt ist es vier oder fünf Grad kühler geworden, und auch dies gehört zu den hundert Geheimnissen dieser Stadt, die nur der lang Ansässige wirklich meistert, daß hier von Ecke zu Ecke die Temperaturen sich merklich unterscheiden, daß im selben Wohnviertel die rückwärtige Straße heißer sein kann und die vordere kühl, die rechte windig und die linke windstill, nur weil sie in einem bestimmten Winkel zur Meerbrise liegt, oder weil andererseits diese Brise durch einen Bergvorsprung gehemmt wird. So ist zum Beispiel der Anfang von Copacabana, der Leme heißt, nicht so beliebt und nicht so fashionabel und kostspielig, obwohl er nur einen Kilometer weit entfernt liegt und scheinbar die gleiche Front zum Meere hat. Die Avenida Atlântica aber, die Front von Copacabana, ist der Luxusstrand. Er hat ein berühmtes Hotel, die obligaten Cafés, mit Zigeunermusik, ein Spielkasino und die breite Promenade, er hat seine eigenen – und darum etwas unbrasilianischen – Sitten. Hier allein sieht man wie in den europäischen und nordamerikanischen Sommerstationen Mädchen in Hosen, Männer in bloßem Sporthemd (was sonst streng verpönt ist und einem sogar den Einlaß in einen Autobus verunmöglicht). Hier sitzt man im Freien in Restaurants und Cafés. Es gibt keine Geschäfte, keine Lastwagen, denn dieser Strand will allein dem Luxus, dem Vergnügen, dem Sport, der Promenade, den Farben, der Körperlust und Augenlust gehören. Er ist im letzten gewissermaßen die Luxuskabine für das gigantische Bad an dem riesigen Strande, der an manchen Tagen hunderttausend Menschen zusammenholt, ohne deshalb überfüllt zu sein. Manchmal hat man das Gefühl, als gehöre dieser Strand nicht zur eigentlichen Stadt; er sei nur ähnlich wie in Nizza, aber viel grandioser, einer arbeitenden, tätigen Millionenstadt zugunsten der Fremden und Luxusmenschen künstlich aufgesetzt worden und erst allmählich in das Leben, in den Organismus eingewachsen. In der Tat, vor zwanzig Jahren waren es kaum ein paar schüchterne Häuschen, die sich damals in die Sanddünen wagten. Aber seit man die Liebe zur Luft, zur Sonne, zum Wasser und die neuen Geschwindigkeiten des Automobils entdeckt, stellten ganze Quartiere sich mit unheimlicher Geschwindigkeit auf. Heute fährt man nach Copacabana so selbstverständlich wie in Wien in den Prater oder in Paris ins Bois, die vordem auch noch ein Ausflug und beinahe eine Reise gewesen. Wenn nicht das Herz, so ist Copacabana gewissermaßen die Lunge, durch die Rio atmet. Aber bei all seiner Schönheit ist eines symbolisch: daß man an diesem Strande sitzend oder stehend, Brasilien eigentlich im Rücken hat. Denn diese eine Avenida blickt – freilich über einen ganzen Ozean – nach Europa hinüber. Sie ist so neueuropäisch, wie die Avenida Rio Branco vor dreißig Jahren europäisch war, und es ist typisch, daß die Fremden und die Reisenden lieber an der Avenida Atlântica leben als die richtigen *cariocas*, die sich hier eher zu Gast als zu Hause fühlen.

Und wieder eine Kehre – hier muß der Fußgänger innehalten, es ist zu weit für einen Tag – und man meint auf Zauberflügeln plötzlich in die Schweiz getragen zu sein; da liegt, ein paar Dutzend Meter entfernt vom Strande, ein See, die Lagoa Rodrigo de Freitas, rings von Bergen umschlossen. An seinem flachen Rande hat sich mit unheimlicher Geschwindigkeit eine ganz neue Villenstadt angeschmiegt, aber über ihm halten die Berge Wacht, und des Nachts spiegeln sich ihre dunklen Konturen magisch in seinem schwarzen Metall. Aber nicht rasten! Nur einen Blick auf diesen Bergsee inmitten einer Metropole, auf den romantische Negerhütten unbekümmert niederblicken; noch ein anderer langer Strand, der von Ipanema und noch ein zweiter, der von Leblon, ist zu umfahren, wo noch die Häuser und die Palmen des Boulevards jung sind. Dann erst nähert die Avenue sich der offenen Natur, und es beginnt die Avenida Niemeyer, wie die Corniche der Riviera in und durch den Fels gesprengt, hart an dem immer felsiger, immer abrupter werdenden Strand sieht sie hinab auf das Meer, das hier unruhiger und gefährlicher sich gebärdet. Aber zur Rechten beruhigen schützend die Hügel, mit grünem Gestrüpp, mit Palmen und Bananen niedersteigend – es ist eine Fahrt voller Abwechslungen, ehe man bei Joá einen Hügel erreicht, der Rast und Überblick gewährt. Aufgetan die Bucht mit ihren Inseln und Felsen, aufgerollt das Panorama der fernen Berge, verschwunden hinter dieser farbigen Kulisse die Stadt – man ist im Freien, man ist am Ende! Aber wie lange noch? Ein Jahr? Ein Jahrzehnt? Denn schon werden am nächsten Strande, der Praia da Tijuca, die Grundstücke ausgemessen; wo Sand weiß und weich einem jetzt den Schuh füllt, wird bald eine neue Häuserfront sich gegen das Meer stellen – wer kann sagen, wo Rio enden wird, wo es wirklich innehält.

Und wieder eine Kehre und wieder eine andere Welt. Der

Wagen klettert in steilen Kehren den Berg hinauf, für eine Viertelstunde ist man im Urwald; kaum ein Haus, bestenfalls ein paar Hütten, halb von Palmen verdeckt, in denen die Neger hausen. Schon beginnt man zu vergessen, daß man doch nur einen einstündigen Ausflug innerhalb der Stadtgrenze unternommen, und man hat das Gefühl, in dieser Zeit sich um Meilen und Meilen entfernt zu haben. Aber plötzlich an einer Kehre blickt man hinab, und da liegt sie wieder, die Stadt! Ganz anders liegt sie da, weil von einer anderen Seite gesehen, man erkennt sie und erkennt sie doch nicht. Und welchen Weg immer man nun nimmt, höher noch aufsteigend zu der Vista Chinesa, der Mesa do Imperador oder rückkehrend durch Tijuca, diesen alten aristokratischen Villenort, überall verschieben sich die Perspektiven; ein fotografischer Apparat verbrauchte zehn Dutzend Filmstreifen, um nur die überraschendsten dieser Aspekte festzuhalten. Und dann ist man wieder in der Stadt, man weiß nicht aus welcher Richtung und in welche Richtung – nach Monaten findet man sich noch nicht zurecht – und wieder auf neuen Boulevards, etwa dem palmenbestandenen der Mangue oder vorbei am Jardim Botânico oder auf der parkhaften Praça da República. In ein oder zwei Stunden hat man nicht nur eine Stadt sondern eine Welt umschwungen und steht, noch sanft taumelig, inmitten des farbigen Tumults der Menschen und Geschäfte: die eine dieser südländischen Straßen erinnert an die Cannebière von Marseille, die andere, steil die Hügel hinan, an Neapel, die tausend Kaffeehäuser mit heiter schwatzenden Männern an Barcelona oder Rom, die Lichtspielhäuser mit ihren Reklamen und die Hochhäuser an New York. Man ist zugleich überall und weiß doch an jenem einzigartigen Zusammenklang: man ist in Rio.

Die kleinen Straßen

Diese großen Boulevards sind das Neue, das Grandiose an Rio; weniges der Welt kann ihnen an Großartigkeit der Anlage und an landschaftlicher Schönheit verglichen werden. Aber sie sind Fahrstraßen, Paradestraßen, moderne, internationale Straßen, und ich liebe noch mehr als ihre blendende Pracht die kleinen Straßen, die namenlosen, die ungeachteten, die einen wandern lassen, ohne daß man weiß wohin, die einen ununterbrochen mit kleinem, natürlichem, südlichem Charme entzücken und um so romantischer wirken, je ärmer, je urtümlicher, je anspruchsloser sie sind. Auch die ärmsten – und gerade diese – sind voll von Farbe und Leben und wechselndem Bild. Man kann sich nicht satt sehen an ihnen. Nichts in ihnen ist hergerichtet, appretiert für den Fremden, nichts fotografierbar, und ihr Zauber ist nicht die Architektur, die Struktur, sondern gerade das Gegenteil, das lebendige Durcheinander, das Zufällige, das jede einzelne Gasse attraktiv macht und jede in einem anderen Sinne. Spazierengehen, eine alte Lust von mir, ist für mich in Rio geradezu zum Laster geworden; wie oft bin ich für eine Viertelstunde in Rio ausgegangen und, von einer Gasse zur andern verführt, nach vier Stunden zurückgekommen, ohne mich des Wegs zu erinnern oder eines einzigen Namens in dieser Stadt der ewigen Entdeckungen und Entzückungen. Und doch, nie hatte ich das Gefühl, ich hätte Zeit verloren oder vertan.

In den kleinen, engen Straßen von Rio herumzustreichen heißt zurückwandern in der Zeit. Man ist in einer kolonialen Welt, wo alles noch nahe, noch handlich, noch offen war, wo noch nicht die Autos sausten und die Verkehrslichter blitzten, wo man noch gemächlich ging, nicht viel mehr suchend als den Schatten, der das Schlendern angenehmer machte. Selbst die vornehmsten Gassen waren schmal; man sieht es noch heute an der Rua do Ouvidor, der alten Straße der noblen Geschäfte. Kein Wagen darf sie durchfahren – wie die Florida in Buenos Aires – und er käme auch gar nicht vorwärts, denn tagsüber drängt dort ein bunter Schwarm; jeder richtige Carioca kommt ein paarmal des Tags durch, es ist die große Promenade, der Treffpunkt, Kopf an Kopf, so dicht und belebt, daß man kaum einen Zoll des Pflasters sieht, wandert, plaudert, eilt hier ein unaufhörliches Getriebe, das durch die Abwesenheit des sonst infernalischen Autolärms diesen Korso zu einem unerschöpflichen Vergnügen macht. Aber dann links oder rechts weiter durch Gassen und Gäßchen; es hat keinen Sinn, nach dem Namen zu fragen, man kann sich ihn ja doch nicht merken. Lang und schmal kreuzen und überschneiden sie sich ständig, und zwischendurch führt dann eine breite mit rasselnden Trambahnen – jede überfüllt – oder hupenden Automobilen; keine ist architektonisch hervorragend, meist sind es nur einstöckige Häuser ohne Schmuck, in denen unten der Laden offensteht. Aber dieses Offenstehen der Läden, die nicht durch Tür oder Glas den Blick auf das Innere verwehren, macht jedes dieser Geschäfte zu einem Genrebild. Da sitzt in einem Winkel mit drei Gesellen der Schuster und nagelt die Schuhe, da ist ein Gemüseladen, ein Kranz von Bananen wölbt sich als Stillleben um die ganze Tür, Zwiebeln schaukeln sich in langen Kränzen, Melonen zeigen farbig ihre aufgeschnittenen Flächen, Tomaten häufen sich zu roten Bergen. Nebenan eine Apotheke, eine Drogerie, hundert Flaschen blitzen, ein Weinkeller tut sich auf, ein schwarzer Raseur schäumt seine Kunden ein, ein Korbflechter flickt Sessel. Dort arbeitet der Schreiner, hier schlachtet der Metzger, im Hofe waschen und wringen die Frauen, hier lockt, mit tausend Losen beklebt, ein Laden zur Lotterie, der Notar schreibt in seinem offenen Kontor halb auf der Straße – alles kann man hier in Arbeit sehen, und wo man ein Volk bei der Arbeit sieht, blickt man in sein wirkliches Leben hinein. Man sieht, wie die Menschen wohnen, das schlichte Eisenbett hinter der Werkstatt, nur durch einen Vorhang getrennt, man sieht, wie sie essen, wie sie jede Stunde verbringen. Nichts ist verborgen, verdeckt und nichts maschinisiert, standardisiert. Und wieviel gibt es hier zu sehen, wie vielerlei, denn in Brasilien wirkt noch das alte Handwerk, das in Europa und Amerika allmählich ausstirbt, unerschütterlich weiter. Auf einem Spaziergang kann man alle Metiers durch Zuschauen lernen – alles ist hier so herrlich geheimnislos und alles zugleich wunderbar farbig; da der Neger, dort der Weiße, dort der Mestize und alle in ihren hellen Leinenkleidern und die Frauen in bunten Farben und all dies noch zehnfach funkelnd in diesem einzigen strahlenden Sonnenglast. Und dann die Cafés – wie viele Cafés? Wer kann sie zählen, an jeder Ecke ist eines, und es ist ein ewiges Aus und Ein bis spät in die Nacht. Dann funkeln und leuchten, gegen die große Dunkelheit der Häuser gestellt, diese schattigen Gelasse wie schimmernde Höhlen, belebt bis tief in die Nacht; denn in dieser vitalsten Stadt geht das Leben immer weiter, die Straßenbahnen fahren ununterbrochen, und um fünf Uhr morgens sieht man schon die ersten Badenden am Strand. Wieviel Leben in diesen tausend Gassen und wieviel kommendes, werdendes Leben – überall Kinder, Kinder in allen Farben und Mischungen, und all dieser Tumult von Farbe und Bewegung – dies das typisch Brasilianische – gleichzeitig gedämpft durch eine stille Freundlichkeit, ein gutes Miteinandersein; wo immer man wandert und bis in die verlassensten und ärmsten Bezirke, überall begegnet man der gleichen Courtoisie. Auch wo die Häuser schon zu Hütten werden und die Gassen sich zwischen Felsen und Grün verlieren, hat man das Gefühl, daß diese Menschen dank einer eingeborenen Genügsamkeit auch mit diesem Wenigsten zufrieden sind.

Und zwischendurch immer Entdeckungen. Da plötzlich ein Platz aus der Kolonialzeit mit vornehmen Palais und großen verschlossenen Parks, da wieder ein Markt, der in seiner Üppigkeit an holländische Bilder und in seiner Farbengrelle an van Gogh und Cézanne erinnert, da plötzlich, ganz unvermutet, ein Stück Hafen mit schlafenden Fischerbarken und einem scharfen Geruch von Algen und Tang, da ein Park, den man nicht kennt, da im Schatten eines Hochhauses ein paar verfallene Hütten oder plötzlich eine alte Kirche. Man wandert in Gassen, und sie enden unvermutet, und man muß über Felsen weiterklettern. Man will zu einem vorstädtischen Fest und ist statt dessen – zwei Straßen früher – in einem Luxusrevier. Man will zum Bahnhof und ist statt dessen im kaiserlichen Park. Nichts paßt zusammen und doch alles ineinander; immer wieder ist man überrascht, und nie hat man genug. Schlendern, wandern und entdecken, diese Lust, die von allen Städten Europas Paris als letzte uns bot, hier habe ich sie in der verlockendsten Form wiedergefunden.

Kunst der Kontraste

Um spannend zu wirken, muß eine Stadt starke gegensätzliche Spannungen in sich haben. Eine bloß moderne Stadt wirkt monoton, eine rückständige wird auf die Dauer unbequem. Eine proletarische bedrückt, und von einem Luxusplatz wieder strömt nach kurzer Zeit eine mißmutige Langeweile aus. Je mehr Schichten eine Stadt besitzt, und in je farbigerer Skala ihre Gegensätze sich abstufen, desto anziehender wird sie wirken: so Rio de Janeiro. Hier spannen sich die Enden weitestens auseinander und gehen doch mit einer besonderen Harmonie ineinander über. Der Reichtum wirkt hier nicht provokant; die feudalen Häuser, die mit einem erstaunlichen Geschmack eingerichtet sind, zeigen an sich keine auffälligen Fassaden. Sie liegen verstreut irgendwo im Grünen mit schönen Gärten und Teichen und einem gewählten, meist altbrasilianischen Mobiliar; dadurch, daß sie nicht städtisch-prunkvoll sind, sondern ganz der Natur verbunden, wirken sie als etwas organisch Gewachsenes und nicht hochmütig vor das Auge Gestelltes; man muß sie eigentlich suchen, um sie zu finden, aber wenn man die Freude hat, in einem dieser Häuser zu Gaste zu sein, wird man des Bewunderns nicht müde; denn von jedem Innenraum geht hier durch die offenen Türen der Blick in die Landschaft hinaus. In dem Garten spiegeln künstliche Teiche chinesische Pavillons, offene Veranden mit kühlen Fliesen und alten portugiesischen Azulejos geben gleichzeitig Gelegenheit, den weichen Atem der Blumen und Bäume zu fühlen, und schützen doch vor dem heftigen Andrang des Lichts. Nichts ist hier überladen und provokant, denn der Reichtum liegt hier meist in den Händen der alten Familien, die in Kultur und Tradition erzogen sind; was sie sammeln, sind meist die alten kolonialen Kunstwerke, die Bilder und Bücher ihrer eigenen Heimat.

So fehlt der sonst oft mißliche Eindruck des Zusammengeräumten und wahllos Zusammengehäuften. Gerade in diesen feudalen Häusern versteht man erst die alte Herkunft der brasilianischen Kultur. Aber nur zwei Schritte von der wohlgekiesten Ausfahrt, und man kann in einem Negerdorf sein oder in einem Armenviertel und – vom gleichen dunklen Grün umhegt, vom gleichen strahlenden Licht gebadet – stört nicht eines das andere; in gewissem Sinne ist hier durch die bindende Kraft der Natur der Gegensatz zwar nicht aufgehoben aber doch gelöster gemacht, und dieses ständige weiche Ineinanderspielen der Kontraste will mir als das Charakteristische an Rio de Janeiro erscheinen. Das Hochhaus und die Hütte, die schimmernden Boulevards und die schmalen niederen Straßen, der flache Strand und die trotzig ihre Häupter aufreckenden Gebirge, alles scheint sich eher zu ergänzen als zu befeinden. So hat das Leben hier freieres Spiel für alle Formen; man kann in einer luftgekühlten Konditorei, die in den Preisen an New York erinnert, sein Eis nehmen, und um die Ecke, oft noch im selben Haus um einen halben Cent, man kann im selben weißen Leinenanzug im Luxusauto fahren oder in der Trambahn mit den Arbeitern; nichts befeindet sich, und man findet da und dort, bei dem Stiefelputzer und dem Aristokraten die gleiche Courtoisie, die hier alle Schichten einverständlich verbindet. Was sonst sich feindselig oder mißtrauisch abtrennt, spielt hier alles frei durcheinander. Wie viele Rassen allein schon auf der Straße, der schwarze Senegalneger im zerrissenen Rock und der Europäer in seinem schnittigen Anzug, die Indios mit ihrem schweren Blick und schwarzglatten Haar und dazwischen in hundert und tausend Schattierungen die Mischungen aller Völker und Nationen: aber all dies nicht wie in New York und anderen Städten in Viertel abgeteilt, hie schwarz, hie weiß, hie gemischt, hie Italiener, dort Brasilianer, dort Japaner. Sondern all dies wogt heiter durcheinander, und die Straße wird durch die Fülle der Physiognomien zu einem ständig wechselnden Bild. Welche Kunst hier, die Spannungen zu lösen, ohne sie darum zu zerstören! Die Vielfalt zu bewahren, ohne sie ordnen zu wollen und gewaltsam zu organisieren! Möge sie dieser Stadt bewahrt bleiben! Möge sich nicht dem geometrischen Wahn der schnurgeraden Avenuen, der klaren Überschneidungen, diesem gräßlichen Schachbrettideal der modernen Geschwindigkeitstädte verfallen, die dem Ebenmaß der Linie, der Monotonisierung der Formen gerade das aufopfern, was immer das Unvergleichliche jeder Stadt ist: ihre Überraschungen, ihre Eigenwilligkeiten und Winkligkeiten und vor allem ihre Kontraste – die Kontraste von alt und neu, von Stadt und Natur, von reich und arm, von Arbeit und Schlenderei, die man hier in ihrer einzigartigen harmonischen Gelöstheit genießt.

Ein paar Dinge, die morgen vielleicht schon entschwunden sind

Einige der einzigartigen Dinge, die Rio so farbig und pittoresk machen, sind freilich schon bedroht. Vor allem die *favelas*, die Negerdörfer mitten in der Stadt, wird man sie in ein paar Jahren noch sehen? Die Brasilianer sprechen nicht gern von ihnen, und im sozialen, im hygienischen Sinne sind sie sicherlich eine Rückständigkeit inmitten einer Stadt, die von Sauberkeit blinkt und durch einen vorbildlichen hygienischen Dienst das vormals endemische gelbe Fieber in zwei Jahrzehnten gänzlich ausgerottet hat. Aber sie sind ein besonderer Farbton inmitten dieses kaleidoskopischen Bildes, und wenigstens eines dieser Sternchen im Mosaik sollte dem Stadtbild erhalten bleiben, weil es ein Stück menschlicher Natur darstellt inmitten der Zivilisation.

Diese *favelas* haben eine besondere Geschichte. Den Negern, die zum Teil von ganz kleinem Einkommen leben, war es zu teuer, in Mietswohnungen innerhalb der Stadt zu wohnen; von außerhalb wiederum täglich an den Dienstplatz zu kommen, bedeutet eine zweimalige Reise und kostet Fahrgeld. So suchten sie sich auf den Hügeln und Felsen inmitten der Stadt, zu denen keine Wege hinaufführen, irgendeine Stelle und bauten sich, ohne nach Grundbesitz zu fragen, ein Haus oder vielmehr eine Hütte. Für eine solche *mocambo* benötigt man keinen Architekten. Man nimmt ein paar Dutzend Bambusstäbe und schlägt sie in die Erde. Man füllt den Zwischenraum zwischen den Stäben mit Lehm, den man sich aufgräbt und hartschlägt. Man stampft den Fußboden glatt. Man deckt das Dach mit einer Art Binsen zu. Und die *favela* ist fertig. Sie braucht keine Fenstergläser, es tun es ein paar Zinkplatten, irgendwo im Hafen aufgelesen. Ein Vorhang, aus einem alten Sack gefertigt, verdeckt den Eingang, der allenfalls noch durch Latten aus alten Kisten verschönt wird, und es ist dieselbe Hütte, wie sie vor hunderten Jahren ihr Urahn im afrikanischen Kral gebaut. An Luxus ist ihre Ausstattung nicht verschwenderisch reich – ein selbstgezimmerter Tisch, ein Bett, ein paar Sessel und ein paar farbige Bilder aus alten Zeitschriften an den Wänden – und auch sonst entbehren sie mancher modernen Annehmlichkeit. So muß das Wasser den steilen, in den Lehm oder Felsen heraufgestuften Weg unten vom Brunnen heraufgeschleppt werden; ununterbrochen wie in einem Paternosteraufzug sieht man Frauen und Kinder das kostbare Naß auf dem Kopf herauftragen und zwar nicht in Krügen – das wär eine zu kostspielige Anschaffung – sondern in alten Benzinbehältern. Auch das elektrische Licht reicht nicht bis in diese Hütten, abends blinken und zwinkern sie nur mit kleinen Petroleumlichtern zwischen dem Gebüsch. Und immer wieder der steile Weg hinauf über Stufen und Steine und Stiegen, halsbrecherisch oft und selten sauber, denn zwischen den Hütten treibt sich das sonderlichste Getier herum, Ziegen und hagere Katzen, räudige Hunde und knochige Hühner, das Spülwasser rinnt und tropft trüb ohne Unterlaß den Felsen hinab – fünf Minuten von einem Luxusstrand oder einem Boulevard meint man inmitten eines polynesischen Urwalddorfes oder in einem afrikanischen Kral zu sein. Man hat das Summum an Primitivität gesehen, die niederste Form des Hausens und Lebens, eine Form, die man in Europa oder Nordamerika kaum mehr für glaubhaft gehalten. Aber sonderbar – der Anblick hat nichts Bedrückendes, nichts Abstoßendes, nichts Aufreizendes, nichts Beschämendes. Denn diese Neger fühlen sich hier tausendmal glücklicher als unser Proletariat in seinen Mietskasernen. Es ist ihr eigenes Haus, sie können dort tun und lassen, was ihnen beliebt, abends hört man sie singen und lachen – sie sind hier ihre Herren. Kommt ein Grundbesitzer oder eine Kommission, die sie vertreibt, um hier eine Straße oder ein modernes Wohnviertel anzulegen, so ziehen sie gleichmütig auf einen andern Berg. Nichts hindert sie, das dünne Haus gleichsam auf ihrem Rücken mitzunehmen. Und dann: weil sie hoch auf den Bergen liegen, an den unzugänglichsten Kanten und Ecken, haben diese Favellas den schönsten Blick, den man sich denken kann, denselben Blick wie die kostbarsten Luxusvillen, und es ist dieselbe üppige Natur, die hier ihr winzigstes Stückchen Grund mit Palmen überhöht und mit Bananen großmütig speist, jene wunderbare Natur von Rio, die es der Seele verbietet, schwermütig und unglücklich zu sein, weil sie unablässig tröstet mit ihrer weichen, beschwichtigenden Hand. Wie oft bin ich diese glitschigen, lehmigen Stufen hinaufgeklettert in diese Negerdörfer, und nie habe ich hier einen unfreundlichen, einen unfreudigen Menschen gefunden. Ein sonderbares, ein unvergleichliches Stück Rio wird mit diesen *favelas* verschwinden, und ich kann mir die Hügel von Gávea, den alten Morro kaum denken ohne diese kleinen, dem Felsen kühn aufgeklebten Dörfer, die mit ihrer Primitivität daran erinnern, wie vieles an Zuviel wir haben und fordern, und daß selbst im Minimum der Existenz wie in einem Tautropfen sich die ganze Vielfalt des Lebens zusammenfassen kann.

Auch eine andere Kuriosität von Rio wird bald dem zivilisatorischen Ehrgeiz und vielleicht auch der Moral zum Opfer fallen – wie in so vielen Städten Europas, in Hamburg, in Marseille: der eine Straßenzug, von dem man nicht spricht, die Mangue, der große Liebesmarkt, das *yoshivara* von Rio. Daß doch auch hier noch in letzter Stunde ein Maler käme, um diese Straßen festzuhalten, wenn sie abends unter den Sternen mit grünen, roten, gelben, weißen Lichtern und wehenden, fliehenden Schatten schimmern, ein phantastischer, ein orientalischer Anblick, wie ich ihn kaum ähnlich im Leben gesehen, und überdies noch geheimnisvoll durch die aneinandergeketteten Geschicke! Fenster an Fenster oder vielmehr Tür an Tür stehen und warten hier wie exotische Tiere hinter den Gitterstäben tausend oder sogar fünfzehnhundert Frauen aller Rassen und Farben, jeden Alters und jeder Herkunft, senegalische schwarze Negerinnen neben Französinnen, die ihre Altersrunzeln kaum mehr überschminken können, zarte Inderinnen und feiste Kroatinnen auf die Kunden, die in unaufhörlichem Zug vor diesen Fenstern vorüberspähen, um die Ware zu prüfen. Hinter ihnen schimmert in bunten Farben die Ampel und erhellt mit magischen Reflexen den rückwärtigen Raum, in dem sich das hellere Bett aus den Schatten hebt, ein rembrandtisches *clair-obscur*, das diesen täglichen und überdies erschreckend billigen Betrieb beinahe mystisch macht. Aber das Überraschendste, das zugleich Brasilianische bei diesem Markte ist die Stille, die Gelassenheit, die ruhige Disziplin; während in den Gassen von Marseille, von Toulon in solchen Straßen alles dröhnt von Lachen, Geschrei, Hochrufen und tollgewordenen Grammophonen, während die betrunkenen Gäste dort wild und gefährlich durch die Gassen gröhlen, bleibt hier alles bildhaft und leise. Ohne sich zu schämen, mit südländisch-ehrlicher Unbefangenheit wandern die jungen Leute an diesen Türen vorbei, um manchmal wie ein rascher Strahl Licht in ihren weißen Anzügen dort zu verschwinden. Und über all diesem stillen, heimlichen Geschehen steht der Himmel mit seinen Sternen; auch dieser abseitige Winkel, der sich in anderen Städten, seines Geschäfts irgendwie schamvoll bewußt, in die häßlichsten und verfallensten Quartiere drückt, hat in Rio noch Schönheit und wird ein Triumph der Farbe und des vielfältigen Lichts.

Werden wirklich auch die alten *bondes*, die offenen Trambahnen verschwinden und durch geschlossene »moderne« Wagen ersetzt werden? Es wäre unermeßlich schade, denn sie geben den Straßen einen sausenden, schmetternden Glanz. Welch ein Anblick, dessen man nie müde wird, diese überfüllten offenen Wagen, wo an den Trittbrettern die Männer wie Bündel weißer Trauben überhängen! Und nachts, wenn sie fahren, das Licht innen ergossen über die schwarzen, braunen, hellen Gesichter – es ist immer, als ob ein Blumenbouquet farbig vorbeigeschleudert würde! Und wie angenehm, in ihnen zu fahren! An den heißesten, den schwülsten Tagen kauft man sich in ihnen für einen Cent die schönste, die erfrischendste Brise und sieht dabei – im Gegensatz zu den Sargkästen der geschlossenen Automobile – rechts und links in die Straße, in die Geschäfte, in das Leben hinein. Nirgends kann man besser Rio, das wirkliche Rio erforschen, nicht im Cookautomobil und im Privatwagen, als in diesem Gefährt des kleinen Volkes; nur dank der *bondes* (sowie meiner Beine) glaube ich heute Rio wirklich zu kennen. Und ich brauche mich dieser Vorliebe nicht zu schämen, denn auch der Kaiser Dom Pedro II. liebte diese in ihren Gleisen scharf hinschmetternden, altmodischen Wagen so sehr, daß er sich einen eigenen zu seinen demokratischen Spazierfahrten reservierte. Welcher Fehler, wollte man diese ein wenig lärmende und wacklige Romantik verschwinden lassen, um das zu haben, was alle andern haben, und damit etwas zu verlieren, was Rio allein gehört: seine farbige, unbesorgte Lebendigkeit!

Gärten, Berge und Inseln

Nachts, wenn man an das Fenster tritt und das Meer liegt still und keine Brise geht, dann spürt man es an dem weichen, satten, mit geheimnisvollen Ölen und Harzen durchsüßten Atem der Luft, daß man in Rio immer inmitten von Bäumen und Gärten ist. Man begegnet ihnen überall. Nie eine Minute ohne einen Blick auf Grün. Die Straßen sind viellfach mit Palmen bestanden, um jedes kleine Haus quellen dichte Büschel, mit Blumen und sonderbaren Früchten durchsprenkelt, und je mehr man sich vom Meere entfernt, um so üppiger entfalten sich die Parks, und manche der Villen verschwinden fast völlig in ihrer andrängenden Umfassung. Immer sieht man auf Grün und uberall. Manchmal weitet es sich zu breiten Gärten, wie auf der Praça Paris und Praça da República, aber innerhalb der Stadt ist es immer noch gezähmte, gebändigte, gehütete Natur. In Trijuca aber schon wirft sie sich ungestüm wie ein Ozean heran, ein dicht verschlungenes Gewirr von Bäumen und Sträuchern und Lianen, es ist, als ob – so wie beim Meere die Wellen wetteifern, zuerst an den Strand zu gelangen – diese Stämme und Gipfel miteinander ringen und kämpfen würden, um aus dem grünen Dickicht hinauf an die Sonne sich durchzustoßen. Wald ist hier nicht wie bei uns dämmernder Durchblick, sondern dunkle kompakte Masse, und wenn man versucht, in ihn einzudringen – nur einige Schritte – so fühlt man sich gefangen, isoliert wie unter einer Taucherglocke; der Atem spürt die fremde und zusammengedrängte Luft wie den schwülen feuchten Atem eines riesigen und gefährlichen Tiers; man hat – eine Stunde von der Stadt – an die Zone des Urwalds gerührt.

Darum ist der Botanische Garten Rios, – der nach Aussage aller Fachleute (ich bin es nicht) auch der reichhaltigste der

Welt sein soll – ein solches Wunder und eine solche Wohltat. Hier ist alles, was der Urwald enthält, ohne seinen Schrecken, seine Endlosigkeit, seine Unwegsamkeit, seine Gefahr. Hier sind alle Bäume, alle Pflanzen, alle Phänomene der Tropen in ihren großartigsten Exemplaren, und man kann sie mühelos bewundern. Schon die eine gigantische Palmenreihe des Eingangs ist ein wunderbares Bild, die Triumphallee, die sich ein König – König João VI. – vor anderthalb Jahrhunderten errichtet hat, und die so herrlich symmetrisch und aufrecht steht wie die Säulenreihe eines tausendjährigen griechischen Tempels. Man hat unzählige Palmen gesehen, hier in Brasilien und anderorts, und meint doch nie gewußt zu haben, wie herrlich majestätisch, wie wahrhaft königlich eine Palme sein kann, ehe man diese sah – kerzengrade, wunderbar rund der Stamm mit seiner arabisch-feinmaschigen Panzerhaut und hoch dann, o, ganz hoch, viel höher als man jemals den Blick erhoben, die Krone. Und rings herum, zur Rechten, zur Linken dann die Vasallen, herberufen aus allen Ländern und Zonen, aus Sumatra und Malakka, aus Afrika und vom Äquator, ein Riesengeschlecht vielfältigster Art. Man weiß sie nicht anzusprechen, man weiß ihre Namen nicht, man kennt die Früchte nicht, die sonderbar geformten und gefärbten, die sie in ihrem Laubwerk tragen, aber man spürt, daß diese Riesen uralter Herkunft sind, und man sinnt den exotischen Fernen nach, aus denen sie gekommen, um ihre Früchte und Farben vereinigt hier darzubieten. Und dann wieder, überschattet von bunten Sträuchern, im sumpfigen Teich die mächtigen Blüten der Victoria Regia und auf den höheren waldigen Teilen Bäume und Sträucher unserer Zonen, die man wie Freunde in der Fremde erkennt – ein lebendiges Museum einerseits, ist dieser Garten doch gleichzeitig ein vollkommenes Stück Natur. Denn nichts ist genialer in seiner Anlage, als daß er einem der mächtigen Hügel angelehnt ist; dadurch wird die Illusion erweckt, als ginge von hier, mitten aus einem Park und einer Weltstadt, dieses wogende Grün weiter und weiter ins Land, das ganze Reich, die ganze Welt entlang, und man sei erst am Anfang ungeheurer Überraschungen. Nicht einen Augenblick fühlt man sich umgrenzt. Es ist, wie wenn man von einem Vorgebirge jäh an das Meer tritt, eine unvergeßliche Vision von der Unendlichkeit der Natur.

Aber ist der andere Park Rios, der Parque da Cidade, minder großartig? Er ist nur anders. Er wollte einzig der Schönheit dienen und nicht wie der Jardim Botânico auch der Wissenschaft. Als Garten eines der Patrizier Brasiliens, der ihn der Stadt übermachte, war er geschaffen, um von einer Villa auf der Höhe mit einem Blick alles zu umfassen, was Rios Landschaft an Vielfalt enthält, das Meer und die Berge, die Täler und die Üppigkeit seiner Vegetation. Aber es wurde nicht ein Blick, sondern ein Nichtendenkönnen an Blicken; da sanfte Hänge, dort kunstvolle Blumen, die wetteifern mit den Farbenfanalen der Araras, dieser schönsten aller Papageien, und dazwischen ein Teich und hier wieder eine Terrasse; alle Künste der Gartenarchitektur sind hier wissend enthalten. Und zu all dem muß man sich in Rio immer noch den Himmel erdenken, diesen klaren, reinen Himmel, der wie eine stahlblaue Scheibe alles Licht schärfer und zugleich diffuser verteilt, so daß jede einzelne Farbe mit gleichsam explosiver Kraft sich entlädt und die feinste Kontur eines Baumes sich genau abzeichnet. Und zu all diesen Herrlichkeiten endlich noch diejenige, die Natur erst vollkommen macht: die große Stille. Denn so weiträumig erstrecken sich diese Parks, daß man selten jemandem darin begegnet; hier kann man mitten in einer Weltstadt mit dem Vollkommenen selig allein sein. Hier schweigt der Lärm, und nur mit tausend warmen unsichtbaren Lippen atmet die Erde die weiche, schwülige Luft.

Einen andern Tag hinauf in höhere Zonen. Kann man Berge sehen inmitten einer Stadt ohne die Lust, sie zu besteigen, ohne das Verlangen, klar ausgebreitet das steinerne und grüne Gewirr zu sehen, in dem man lebt? Es wird einem leicht gemacht, denn der Corcovado, der 700 Meter hoch sich über – oder eigentlich inmitten – der Stadt erhebt und sein nachts elektrisch erhelltes Kreuz mit großartiger Geste segnend über die ganze Bucht von Guanabara hebt, ist nicht einmal ein Ausflug zu nennen; in zwanzig Minuten klettert ein Auto die scharfen Kurven auf den beschatteten Wegen hinan bis zum Gipfel. Und hier tut ein unvergeßliches Panorama sich auf. Endlich, endlich überschaut man die ganze Stadt mit ihrer Bucht, ihren Bergen und Seen, ihren Inseln und Schiffen, ihren Häusern und ihrem Strand! Endlich sieht man, mit blauen, grünen, weißen Linien gezeichnet, den Grundriß ihrer Anlage und gleichzeitig ihre Mächtigkeit. Vom Wind umbraust, an die Riesenstatue des Redentor gelehnt, umfaßt man die ganze Vista; es ist wahrhaftig der Blick aller Blicke und doch unfotografierbar wie alles in Rio, weil zu groß in seinen Perspektiven ausgespannt. Denn überall ist Blick, zur Rechten, zur Linken, nach Ost und West und Nord und Süd, da das Meer, ins Unendliche blauend, dort die Bergkette von Teresópolis, da das flache Land und der Strand und die Bucht und die Stadt; jetzt erst begreift man die einzigartige Kombination aus dieser Höhe des Vogelflugs.

Und doch ist der Corcovado bloß einer unter den Gipfeln und der beliebteste nur, weil für die Touristen durch Bahn und Autostraße so bequem zugänglich gemacht. Wie viele Wege noch auf diesen Bergen und Hügeln, wieviel Ausblicke auf jedem, der Blick von Boa Vista, vom Pico da Tijuca, von der Mesa do Imperador, von der Vista Chinesa, von Santa Teresa; von all den namenlosen Winkeln und Terrassen! Was von dem Gipfel des Corcovado aus zusammengeschlossen schien, vereinzelt, verteilt sich wieder, das Panorama löst sich filmisch auf in einzelne landschaftliche Szenen: man wird nicht fertig mit Rio. Man kann es nie zu Ende kennen, und das ist seine eigentliche, seine unvergängliche Schönheit.

Von den Hügeln hat man inmitten der endlos gebreiteten Bucht Inseln und Inseln erblickt, grau und felsig die einen, grün und blühend die andern, alle wie in einem Spiel von Giganten achtlos in die azurne Fläche gestreut. Soll man sie nicht auch noch besuchen? Ja, man soll es, wenigstens einige von ihnen. Ein breites, stämmiges Ferryboot steuert einen hinaus, vorbei zuerst an den Inseln knapp vor der Reede, die meist Nutzzwecken dienen, der Marineakademie oder als Petroleumdepots; erst nach einer Stunde nähert man sich den interessanteren. Manche sind nur nackte, kahle Riffe, von Vögeln umschwärmt, manche palmenbestanden und mit einzelnen alten Häusern. Endlich landet man in Paquetá, und mit einem Mal klingen in einem die alten Kindheitserinnerungen auf, die Erinnerungen an die Reisebücher: Columbus in Guanahani, Kaptän Cook in Tahiti und Robinson auf seinem Eiland. Denn Paquetá, das ist eines dieser seligen Eilande, dicht umblüht, flammend von Blumen, der erfüllte Südseetraum. Keine Autos, keine fashionablen Badeplätze wie in Honolulu und Hawaii, die dem Geld ihre Unschuld verkauft haben. Auf einem alten Pferdewagen umfährt man den Strand; ab und zu ein kleines Haus, ein Feld, ein Garten, sonst überall unverstörte, herrlich tropische Natur jenseits der Zeit und der Zeiten. Man hat das Gefühl, daß diese Insel niemandem gehört und jedem, aber – wunderbares Widerspiel – Rio ist wahrhaft unerschöpflich in der Kunst der Kontraste – nur durch einen schmalen Meerarm getrennt liegt gegenüber eine Insel, die wiederum einem einzigen gehört: Brocoió. Hier hat sich der Besitzer aus einem jahrelang unbehausten winzigen Eiland ein Paradies für sich allein gezaubert und in seine Mitte ein entzückendes Haus gestellt, frei mit seinen Terrassen nach allen Seiten, mit allem Komfort unserer Zeit, mit Büchern und einer Orgel und verlockenden Gastzimmern. Wie Paquetá ganz Natur, ist Brocoió ganz Kultur. Im wohlgepflegten, mit Steinen geänderten und gekiesten Garten spielen Hunde und Pfauen, und seltenes

Getier leuchtet auf, weite Gärten führen den Weg eine Anhöhe empor, in einer halben Stunde ist das ganze Reich umzirkt; aber welch eine begnadete Einsamkeit hier unter Palmen, die gegen einen ewig blauen Himmel lehnen und niederschatten auf ein ewig blaues Meer! Und Einsamkeit, Trosteinsamkeit nur so lange, als der Sinn sie ertragen will: ein Ruck, und das Motorboot springt an, und in einer halben Stunde ist man wieder in der Stadt und umdonnert vom Leben. Und schon, wenn der Umriß mit den Palmen, den schön erhobenen, in den Wellen verschwindet, fragt man sich, ob man dies wirklich gesehen oder nur geträumt hat. Wieder hat man (und wie oft nun schon in dieser Stadt!) einen Tropfen getrunken vom goldenen Überfluß der Welt!

Sommer in Rio

Es wird November. Die sogenannte »Saison« von Rio geht zu Ende und die Freunde, denen man begegnet, haben alle dieselbe Frage: wohin gehen Sie über den Sommer? Es ist ein Axiom, daß man die Monate, die man bei uns Winter nennt – Dezember, Januar, Februar und März – in die Berge flüchtet, oder es ist zum mindesten ein alter Brauch, den Kaiser Pedro II. für die Gesellschaft eingeführt hat. Im Sommer verlegte er seine Residenz nach Petrópolis, ihm folgte der Hof und dem Hof die Gesellschaft; alle Gesandtschaften und Ministerien verlegten ihre Tätigkeit in diese nahe und kühlere Gartenstadt, die heute dank des Autos eine Art Vorstadt von Rio geworden ist. Während der Sommerzeit, in den schulfreien Monaten, wohnt die Familie in einer Villa in Petrópolis, und der Geschäftsmann, der höhere Beamte steuert abends mit dem Auto hinauf und morgens hinab: es ist keine Reise mehr.

Es ist keine Reise mehr und eher ein Ausflug zu nennen. Zwanzig oder dreißig Minuten durch das flache Land, das die Energie der Regierung den früher fieberbringenden Sümpfen abgewonnen. Dann steigt die breite, blank zementierte Straße in scharfen Kurven die Höhe empor. Serpentine um Serpentine schraubt sie sich hoch, allmählich öffnet sich der Ausblick über das Tal und die Bucht, Kilometer um Kilometer schmettert vorbei und die Luft, die einen anspringt, wird frischer und kühler. Endlich eine Wendung und – man ist kaum mehr als anderthalb Stunden gefahren – die Höhe ist erreicht; kleine gefällige Häuschen, von einem Kanal durchzogen, flankieren die Straße und man ist in einem Kurörtchen, einem Sommerresidenzchen, das ein wenig altväterisch anmutet mit seinen roten Brückchen und etwas antiquierten Villen. Irgendwie, man weiß nicht warum, denkt man an ein deutsches Provinzstädtchen. Und, siehe da, man hat richtig gefühlt. Hierher hatte vor vielen Jahrzehnten der Kaiser deutsche Ansiedler kommen lassen, und sie bauten ihre Häuschen nach heimischer Art; sie gaben ihnen deutsche Namen und pflanzten in ihre kleinen schmucken Gärtchen wie zu Hause die Pelargonien. Auch das kaiserliche Palais wirkt wie das eines deutschen Duodezfürstentums, das durch eine nette Zauberei auf einen brasilianischen Berg getragen wurde; alles hat ein hübsches, zierliches Format, und erst in den letzten Jahren haben die neuen Villen den Charakter anspruchsvoller gemacht. Jetzt drängt sich alles hier ein wenig zusammen, die Menschen und die Häuser; die Straßen, vormals nur für die schweren, langsamen Karossen gedacht, schwirren von Automobilen, die Unruhe von Rio ruckt allmählich den Berg herauf. Aber die Lieblichkeit des Ortes wird niemals ernstlich bedroht werden können, denn die Natur selbst ist hier lieblich; die Berge zeigen keine Schroffen mehr sondern weichen in flutenden Wellen zurück, überall leuchten und flammen die Blumen in dieser Stadt der Gärten. Tagsüber klimmt das Quecksilber hier ungehemmt empor, aber die Nächte sind im Gegensatz zu Rio kühl und die Schwüle entlüftet; noch ist es nicht die starke, die ozonische Luft, die wir mit dem Bergland verbinden, aber doch schon Kühle und Reine, von dem Atem der Wälder und der Blumen leise durchduftet.

Wer wirkliche Berglandschaft fordert, muß noch weiter empor nach Teresópolis, das einige hundert Meter höher liegt; es ist, als ob man von einer österreichischen Landschaft in eine schweizerische käme. Die Kulisse ist hier enger und strenger, die Wälder dunkler, die Berge schroffer im Abfall – an einer Stelle blickt man wie von einer Zinne unvermittelt, daß einem beinahe schwindlig wird, über das ganze Land bis nach Rio hinab. Nicht wie in Petropolis liegen kurorthaft die Villen nebeneinander, sondern weit voneinander wie Bauerngehöfte im Grünen zerstreut. Hier und in Friburgo, das schweizerischen Ursprungs ist, hat man zum erstenmal alpine Landschaft im europäischen Sinne, und in merkwürdiger Abscheidung sind es zumeist die Europäer, die hier übersommern (wenn man das Gegenwort zu überwintern wagen darf), während die brasilianische Gesellschaft sich traditionell in Petropolis zusammenfindet.

So fragen die Freunde, wofür ich mich entschieden habe. Und ich entschied mich für Rio. Ich wollte dort den Sommer mitleben, denn man kennt eine Stadt, ein Land nur in seinen Extremen; man weiß nichts von Rußland, wenn man es ohne Schnee, nichts von London, wenn man es ohne seinen Nebel gesehen. Und ich bereue es nicht. Es ist heiß in Rio im Sommer, vielleicht mag es sogar keine Erfindung sein, daß man an den brennenden Tagen rohe Eier dort auf dem Asphalt garkochen kann, aber ich habe New York, wenn es dort einmal feucht zu dünsten beginnt und die Häuser zu Backöfen werden, schlimmer gefunden. Was allein den Sommer in Rio so lastend macht, ist, daß er zu lange dauert, drei und eigentlich vier Monate. Bei Tage erträgt man die Hitze leicht, denn es ist, wenn man so sagen darf, eine schöne, eine volle, eine reine Hitze, die Wärme einer prallen Sonne, eines strahlenden Himmels, der sich wolkenlos über die Bucht spannt und ihre an sich schon schmetternden Farben zu ihrem äußersten Fortissimo steigert: wer nicht dieses Weiß der Häuser, wenn die Strahlen prall auf sie fallen, nicht das malachitene Grün der Palmen, nicht das einzige Blau des Meeres dort im Sommer gesehen, der kennt diese Farben nur in gedämpften, vermengten, verminderten Formen. Aber diese massive Hitze hat ihre natürlichen Linderungen. Jede paar Stunden springt vom Meere her mit ganz unbrasilianischer Pünktlichkeit eine Brise auf, die erfrischt, und muß man nicht in die innere Stadt, wo diese wohltätige Zugluft nicht zu kann, so ist es eine Lust, an dem Strand – freilich nicht zu hastig – dahinzuschlendern. Schwerer erträglich sind die Nächte, wenn diese Brise stockt und man die Feuchte, die

Dicke, die Überfülltheit der Atmosphäre so dicht an die Haut drängen fühlt, daß sie mit allen Poren sich öffnet. Aber im allgemeinen dauern diese drückenden Tage nicht lang, und es macht ein Gewitter ihnen ein jähes Ende, ein Tropengewitter von jener Gewalt, die mir die Schilderungen Joseph Conrads glaubhaft illustriert haben. Das ist nicht Regen, der dann niederprasselt, das ist der ganze Himmel, der wie ein umgeworfenes Faß mit einem Male niederstürzt. Das sind keine Blitze, die wie bei uns als blaue Adern am Himmel aufspringen – das sind weiße Schüsse, und der Donner, der ihnen nachfällt, erschüttert die Häuser. Eine Viertelstunde, und die Straßen sind meterhoch überschwemmt, aller Verkehr stockt, kein Mensch wagt sich auf die Straße. Und wieder eine Viertelstunde, und der Himmel schimmert unschuldig im früheren Blau, als ob er von seinem Wutanfall nichts wüßte, das Licht glänzt scharf und klar durch die gefilterte Luft, und man atmet erstaunt und entlastet, wie nach einer Explosion, der man durch ein Wunder entkommen. Und dann wieder Tag um Tag strahlende Sonne, wolkenloser Horizont – so ist der Sommer in Rio.

In summa: er ist erträglich. Und zwei Millionen Menschen ertragen ihn, ohne zu klagen und sogar vergnügt. Sie passen sich ihm nur an. Alles trägt Leinenkleider, die ganze Stadt funkelt in Weiß wie bei einer Marineparade, und vom November an wird Rio ein einziger Badestrand; zwei, drei Straßen vom Ufer her – und fast überall ist Ufer – gehen die Leute in Schwimmhosen und Badekostümen, um rasch ein- oder zweimal des Tags den erfrischenden Sprung ins Meer zu tun; um fünf Uhr morgens, ehe sie frühstücken oder zur Arbeit gehen, rücken die ersten an, und das geht bis tief in die Nacht, an manchen Tagen sind an dem einen Strand von Copacabana hunderttausend Menschen zu finden. Nichts irriger als zu glauben, die Cariocas, die Leute von Rio, würden durch den Sommer erschöpft und ausgelaugt: im Gegenteil, es ist, als sammelte sich in ihnen diese aufgestaute

Hitze zu einem einzigen impulsiven Ausbruch, der dann mit kalendarischer Regelmäßigkeit im Karneval erfolgt. Der Karneval von Rio ist, man weiß es, ein Unikum an heiterem und leidenschaftlichem Überschwang in unserer seit Jahren reichlich verdüsterten Welt. Monatelang zuvor wird gespart und geübt, denn jeder Karneval bringt neue Lieder und Tänze. Und da der Karneval ein demokratisches Fest hier ist, ein Lustausbruch, eine Temperamentsmanifestation des ganzen Volks, hört man diese Lieder schon überall vorausgeübt, damit jeder einstimmen könne; man hört sie in den Kasinos, den Restaurants, im Radio, im Grammophon und in den Negerhütten; überall wird geübt und exerziert zu der großen Parade der kollektiven Freude. Wenn der Kalender dann endlich die Verstattung gibt, schließen für drei Tage alle Geschäfte, und es ist, als sei die ganze Stadt von einer riesigen Tarantel gestochen. Alles lebt auf den Straßen, bis tief in die Nacht wird getanzt, gesungen und mit allen denkbaren Instrumenten bis zur Raserei gelärmt. Jeder soziale Unterschied ist aufgehoben, Fremde wandern Arm in Arm mit Fremden, jeder spricht jeden an, und allmählich steigert sich die gegenseitige Erhitzung, das unaufhörliche Lärmen zu einer Art Tollheit; man findet Menschen erschöpft auf der Straße liegen, ohne daß sie einen Tropfen Alkohol getrunken, sie haben sich nur krank getanzt und gelärmt. Aber das Merkwürdigste, das typisch Brasilianische ist, daß selbst in diesen Ekstasen die Leute selbst des niedersten Volkes nicht ihre innere Humanität verlieren und zum Pöbel werden; trotz Maskenfreiheit geschieht nichts Brutales, nichts Unanständiges inmitten einer kindlich tobenden und Tag und Nacht durcheinanderquirlenden Menge; einmal sich Ausschreien, Austanzen, das Leise, das Zurückhaltende orgiastisch loswerden zu dürfen, erlöst sich im Taumel dieser drei Tage – es ist wie eines jener Tropengewitter des Sommers. Und nachher wieder das alte stille Gebaren, die Stadt kehrt in ihre alte Ordnung zurück. Der Sommer ist gefeiert, die gestaute Hitze aus den Menschen gleichsam herausgefahren, Rio ist wieder Rio, die Stadt, die still und stolz ihre eigene Schönheit spiegelt.

Niemand nimmt gern Abschied, der hier einmal gewesen. Bei jedem Fortreisen und von jedem Ort wünscht man sich zurück. Schönheit ist selten und vollendete beinahe ein Traum. Diese eine Stadt unter den Städten macht ihn wahr auch in düstersten Stunden; es gibt keine tröstlichere auf Erden.

Blick auf São Paulo

Um die Stadt Rio de Janeiro darzustellen, müßte man eigentlich ein Maler sein, um São Paulo zu schildern, ein Statistiker oder Nationalökonom. Man müßte Zahlen türmen und vergleichen, Tabellen nachzeichnen und versuchen, Wachstum in Worten sichtbar zu machen; denn nicht seine Vergangenheit und nicht seine Gegenwart machen São Paulo so faszinierend, sondern sein gleichsam unter der Zeitlupe sichtbares Wachsen und Werden, sein Tempo der Verwandlung. São Paulo gibt kein Bild, weil es seinen Rahmen ständig erweitert, weil es zu unruhig ist in seiner rapiden Veränderung; man zeigte es am besten als Film und zwar als einen, der von Stunde zu Stunde rascher abrollt; keine Stadt Brasiliens und wenige der ganzen Erde lassen sich an Ungestüm der Entwicklung dieser ehrgeizigsten und dynamischsten Brasiliens vergleichen.

Ein paar Zahlen also, nur um einen Maßstab zu haben, eine Art Thermometer für die Fieberkurve dieser Entwicklung. Um die Mitte des sechzehnten Jahrhunderts gründen die Jesuiten ein paar Hütten und Häuser um ihr primitives Kollegium, das siebzehnte und achtzehnte Jahrhundert sieht an dem Ufer des kleinen Flusses Tiete noch ein unbedeutsames Städtchen, Hauptquartier und Feldlager eher als ständiger Wohnsitz jener schweifenden Banden, der *paulistas*, die von hier aus in den berühmten und berüchtigten *entradas* das ganze Land nach Beute durchstreifen, ohne aber sich und die Stadt mit ihrem Sklavenfang wirklich reich zu machen. Noch tief im neunzehnten Jahrhundert, 1872, steht São Paulo mit seinen 26 000 Einwohnern, seinen engen und ärmlichen Straßen noch an zehnter Stelle unter den Städten Brasiliens, weit hinter der Residenzstadt Rio mit 275 000, hinter Bahia mit 129 000 Einwohnern, aber sogar noch hinter Städten, deren

Namen der Nichtbrasilianer gar nicht kennt wie Niterói mit 42 000 und Cuiabá mit 36 000 Menschen. Es ist der Kaffee, der große König, der zuerst seine Arbeitstruppen hierherkommandiert, und, einmal eingesetzt, nimmt der Aufstieg phantastische Proportionen an. Die 26 000 Einwohner von 1872 haben sich 1890 zu 69 000 verdreifacht, im nächsten Jahrzehnt springt die Ziffer zu 239 000 empor. Im Jahr 1920 sind es schon 579 000, um 1934 ist die Million überschritten und heute wohl schon der Pegel von anderthalb Millionen, ohne daß ein geringstes Anzeichen für eine Verminderung des Tempos zu vermerken wäre. 1910 wurden 3200 Häuser gebaut, 1938 über 8000, eine Zahl, die aber an sich keineswegs die Proportion des Aufstiegs ganz begreifen läßt, denn die neuen Häuser umfassen als Hochhäuser, als Wolkenkratzer jedes einzelne den vielfachen Wohnraum von Dutzenden früheren, einfachen und engen Einstockgebäuden; besser drückt sich der Steigerungskoeffizient aus im Mietwert, der allein von 1910 von 43 137 Kontos auf fast das Zwanzigfache mit zirka 800 000 emporgeklettert ist. Jede Stunde mindestens vier neue Häuser, das ist heute das ungefähre Entwicklungstempo dieser Stadt, die, seit die Industrie dem Kaffee die Königsherrschaft entrissen hat, mehr als 4500 Fabriken in sich vereinigt und faktisch mehr oder minder das ganze merkantile Leben des Landes unter seiner Führung hält.

Was sind die Ursachen, die einen solchen phantastischen Aufstieg bedingten und heute noch befördern? Im wesentlichen dieselben geographischen und klimatischen, die den Gründer Nóbrega vor vierhundert Jahren diesen Raum als den geeignetsten für eine gesunde und rasche Expansion in ganz Brasilien wählen ließen. Einer der besten Häfen Südamerikas, Santos, liegt nahe, das Hochplateau erleichtert den Verkehr nach allen Richtungen, das große Strombett des Paraná und La Plata ist leicht erreichbar, die Erde, die sogenannte *terra roxa*, fruchtbar und jeder Art der Anpflanzung willig, die hydro-elektrische Kraft im Überfluß vorhanden und überdies wohlfeil; dies alles allein schon genug, um das rapide Wachstum innerhalb eines sich selbst ständig potenzierenden Landes zu erklären. Aber der entscheidende Faktor war von Anfang an das Klima, das, zwar mit Sonne gesättigt, auf diesem achthundert Meter hohen Plateau doch niemals jene erschlaffende Wirkung auf die Arbeitskraft übt wie in den tropischen Zonen und den nieder gelegenen Küstenstädten. Schon im siebzehnten Jahrhundert hatte es sich erwiesen, daß der *paulista* energischer, tatkräftiger, aktiver gesinnt sich entwickelte als die übrigen Brasilianer. Die eigentlichen Träger der nationalen Energie, erobern und entdecken sie das Land, *semper novarum rerum cupidi*, und dieser Wille zum Wagnis, zu Fortschritt und Expansion hat sich in späteren Jahrhunderten dem Handelswesen und der Industrie vererbt. Das eigentliche Vorwärtstempo bringen dann die Immigranten in den letzten Jahrzehnten des neunzehnten Jahrhunderts. Unwillkürlich sucht der Immigrant Lebensbedingungen und eine klimatische Einstellung, die der seinen gemäß ist; die Italiener, die den Hauptstock der Zuwanderung bilden, finden in São Paulo das Klima von Norditalien, von Mittelitalien und die Sonne des Südens wieder. Sie müssen sich nicht umstellen, nicht umlernen; ungebrochen bringen sie ihre ganze Stoßkraft mit sich und verstärken sie eher noch im neuen Lande. Denn der Einwanderer ist immer ungeduldiger vorwärtszukommen als der Ansässige, er besitzt nichts Ererbtes, von dem er ausrastend leben und zehren könnte, sondern muß alles erst erwerben. Das steigert sein Tempo, seinen Energieeinsatz. Und dieser Einschuß von Tatkraft und Wagemut reißt dann die andern mit; gerade die arbeitswilligsten, die ambitiösesten Brasilianer etablieren sich in São Paulo, wo sie diese höher zivilisierten, besser vorgebildeten und leistungswilligeren Arbeiter zur Verfügung haben. Das Kapital strömt dem Unternehmungsgeist wieder willig nach, ein Rad greift ins andere, und so wird der Umschwung von Jahr zu Jahr immer rascher; vier

Fünftel all dessen, was heute im ganzen Lande industriell und organisatorisch geleistet wird, hat hier seinen Handgriff und seinen Impetus. São Paulo hält heute mehr als jeder andere Bundesstaat Brasiliens die Wirtschaft in Schwebe, es ist gewissermaßen sein Muskelzentrum, das Organ seiner Kraft.

Nun ist der Muskel im Organismus zwar eines der notwendigsten Elemente, aber an sich kein schönes Organ. Wer sich von der Stadt São Paulo besondere ästhetische, sentimentale oder pittoreske Eindrücke erwartet, sei gewarnt; es ist eine Stadt, die der Zukunft entgegenwächst und so unruhig und ungeduldig, daß sie für ihre Gegenwart kaum viel Sinn hatte und noch weniger für ihre Vergangenheit. Wer etwas Historisches hier sucht, wird es sowenig finden wie in Houston oder einer der andern nordamerikanischen Petroleumstädte; selbst das alte Kollegium der Stadtbegründer, das wie ein Pantheon pietätvoll hätte bewahrt werden sollen, ist längst irgendeinem Zweckbau zum Opfer gefallen. Von seinem siebzehnten, seinem achtzehnten Jahrhundert hat São Paulo sich soviel wie nichts bewahrt, und wer auch nur einen Überrest von dem paulistischen Wohntypus des neunzehnten Jahrhunderts sehen will, möge sich beeilen, denn mit einer fast erschreckenden Geschwindigkeit wird hier weggeräumt, was noch an gestern, an vorgestern erinnert; manchmal hat man das Gefühl, nicht in einer Stadt zu sein, sondern auf einem gewaltigen Bauplatz. Auf allen Seiten, nach Osten und Westen und Süden und Norden quellen die Häuser in die Landschaft über, und in der inneren City, im Geschäftsviertel, stülpt sich Straße nach Straße um; jemand, der vor fünf Jahren hier gewesen ist, muß sich zurechtfragen und zurechtfinden wie in einer neuen Stadt. Überall ist alles zu eng, zu nieder, zu klein geworden, die Straßen verlangen gebieterisch, breiter zu werden, und quetschen die Gebäude in die Höhe empor, Unterführungen müssen den Automobilen einen neuen Weg ins Freie bahnen, überall verändert sich alles eigenwillig und mit einer gewissen egoistischen Hast; so hat man noch heute hier das lebendige Bild von dem Werden und Sichumformen einer echten Kolonisten- und Immigrantenstadt. Nicht wie bei uns in Europa sind diese Städte langsam Ring um Ring um ein Zentrum gewachsen, sondern improvisatorisch, hastig, aufs Geratewohl. Irgendeiner hatte, herübergekommen, ein wenig Geld verdient; Zinshäuser waren keine zur Stelle, so baute er rasch (der Grund kostete nicht viel und ebensowenig die Arbeit) irgendwohin ein Haus, eines dieser kleinen, kunstlosen Häuser, wie man sie hier überall sieht, die ganze Küste, das ganze Land entlang; jedes nur immer ein offener Laden und darüber ein Stockwerk mit zwei, drei Zimmern, und wenn der Besitzer ein Italiener war, so strich er noch mit scharfen Farben, ockergelb oder ziegelrot oder meerblau, die Fassade an; ein Haus klebte sich an das andere, und dann war eine Straße da und noch eine und noch eine und noch eine und allmählich eine Stadt. Keiner war gewiß, in diesem Hause dauernd zu leben; vielleicht zog man weiter in eine ander Stadt, vielleicht kehrte man mit seinen Ersparnissen heim, vielleicht wurde man reich, dann baute man sich eben ein schöneres, eine jener überladenen Prunkvillen in Pseudobarock oder orientalischem Stil, wie sie vor dreißig Jahren hier überall als vornehm galten. Der Begriff der Dauer, der Seßhaftigkeit, der Stetigkeit, der Ständigkeit, der restlosen bürgerlichen Einordnung in das Stadtwesen mußte notwendigerweise diesen noch nomadischen Einwanderern völlig fehlen, und darum konnten von vornherein diese Städte im architektonischen Sinne nur Provisorien werden, nur ein zufälliges Nebeneinander vieler Wohnstätten, etwas wild und planlos Gewachsenes aus Ziegel und Lehm, das man ebenso leicht niederzureißen sich entschließt, wie man es gebaut hatte; ein Haus, das zwanzig Jahre alt ist, gilt hier so wie bei uns ein zweihundertjähriges als längst überlebt, und es wird mit gleicher Hast niedergerissen, wie es erbaut worden war.

Erst seit die Industrie, der Handel und der Reichtum sich

so sprunghaft entfalten, scheint São Paulo entdeckt zu haben, daß es längst eine Großstadt ist und die repräsentativen Pflichten einer Großstadt hat. Alles ist hier mit einem Mal zu eng, zu klein geworden, die Straßen, die Plätze, die Kirchen, die Verwaltungsgebäude, die Bankgebäude, die Spitäler, und mit einem entschlossenen Willen ist nun die Stadt an der Arbeit, sich ein Zentrum, eine Form zu schaffen; wer heute hierherkommt, erlebt einen der interessantesten Augenblicke. Er kann sehen, mit welcher Energie hier ein Nebeneinander in ein Ineinander, ein Provisorium in ein Definitivum umgestaltet wird. Überall wird gearbeitet, Brücken werden unterfahren, Parks und Promenaden angelegt, Avenuen durch die engen Stadtteile geführt, große staatliche Gebäude errichtet und all dies planhaft, freilich nach Plänen, die, wie man mir sagt, jedesmal von dem rasenden Wachstumstempo der Stadt noch während des Baus schon überholt werden. Gegenseitig sich immer um ein paar Stockwerke überbietend, stemmen sich im Zentrum die Wolkenkratzer empor, um die Raumenge zu bewältigen, während gleichzeitig hügelauf und hügelab in immer weiterem Kreise die Villenvorstädte sich radial verbreitern. Und auch ethnographisch schichtet sich die Stadt völlig um. Während sie vordem einzig gegliedert war nach den Nationen der Einwanderer in ein italienisches Viertel (São Paulo ist zugleich eine der größten italienischen Städte der Welt), ein armenisches, ein syrisches, ein japanisches, ein deutsches, schmilzt dies alles jetzt ineinander, und nach rein repräsentativen Formen scheidet sich die Stadt, innen eine City mit stark nordamerikanischen Architekturformen und außen eine Wohn- und Gartenstadt, beide befähigt, in einigen Jahren und Jahrzehnten in einem neuen Sinne schön zu werden. Schon jetzt, wenn man von einem der Hochhäuser die leichtgewellte weite Fläche überblickt, gewinnt man allerhand erfreuliche Ausblicke; aber das Wesentliche ist in São Paulo, dieser typischen Entwicklungsstadt, das Werdende und nicht das schon Vollendete; stärker als selbst in Nordamerika und hier unten nur ähnlich in Montevideo habe ich das Phänomen einer Stadt gesehen, die sich gewissermaßen umstülpt und völlig peau neuve macht. Wenn man also auf dem Begriff der Schönheit durchaus beharren will, so kann man die São Paulos nicht eine vorhandene, sondern nur eine werdende nennen, eine nicht so sehr optische als energetische und dynamische, eine Schönheit und Form von morgen, die man durch das Heute eben jetzt mit einer ungeduldigen Gewalt durchbrechen fühlt.

Den Sinn und die Prägung gibt zunächst dieser Stadt noch die Arbeit. São Paulo ist keine Genießerstadt und nicht auf Repräsentation eingestellt, sie hat wenig Promenaden und keine Korsos, wenig Ausblicke und Vergnügungsstätten, und auf den Straßen sieht man fast nur Männer, hastige, eilende, tätige Männer. Wer hier nicht arbeitet oder zu Geschäften kommt, weiß nach einem Tage nicht mehr wohin mit seiner Zeit. Der Tag hat hier doppelt soviel Stunden wie in Rio und die Stunde doppelt soviel Minuten, weil jede mit Tätigkeit bis an den Rand vollgepreßt ist. Hier gibt es alles Neue, alles Moderne, ein gutes Kunsthandwerk und sehr erlesene Luxusgeschäfte, aber man fragt sich, wer hier Zeit hat für Luxus, für Genießen statt Verdienen. Unwillkürlich ist man an Liverpool, an Manchester erinnert, an diese Nur-Arbeits-Städte, und in der Tat verhält sich São Paulo zu Rio de Janeiro wie Mailand zu Rom, wie Barcelona zu Madrid, beides nicht die Hauptstädte, nicht der Sitz der Verwaltung, nicht die Hüter der Kunstwerte des Landes, aber den Residenzen überlegen durch werktätige Energie. Die eine Provinz São Paulo leistet – auch dank des kühleren Klimas, das den eingewanderten Europäern nichts von ihrer Aktivität nimmt – allein industriell und kaufmännisch mehr als der Großteil des übrigen Landes, sie ist moderner, fortschrittlicher als alle andern und deshalb nordamerikanischen oder europäischen Städten ähnlicher durch ihre intensive Organisation. Nichts von der wundervollen Weiche Rios, von dieser Atmosphäre, die ständig zum Schauen und zu schönem Müßiggang verlockt; die Musikalität, die jene helle Stadt und die ganze Bucht von Guanabara umschwebt, ist hier ersetzt durch Rhythmus, einen starken, heftigen Rhythmus, den Herzschlag eines Läufers, der vorwärts, vorwärts rennt und sich an der eigenen Geschwindigkeit berauscht. Was ihr an Schönheit noch fehlt, ist aufgewogen durch Energie, die hier in diesen tropischen Zonen viel auffälliger und wertvoller wird, und was noch wesentlicher ist: diese Stadt weiß, daß sie sich ihre Form erst erobern muß, und da die Paulisten eine starke Rivalität gegen Rio de Janeiro beseelt, ein Wille, nicht inferiorer, nicht unkünstlerischer zu wirken, so kann man hier in den nächsten Jahren auf allerhand Überraschungen gefaßt sein.

An eigentlichen Sehenswürdigkeiten – ein unangenehmes, hochmütiges Wort – hat São Paulo heute noch nicht viel, und alle drei haben bei ihrer Großartigkeit einen fatalen Beigeschmack. Da ist das Ypirangamuseum, das die ganzen ethnographischen Verschiedenheiten der brasilianischen Fauna, Flora und Kultur in ausgezeichneter Weise und durchdachter Übersicht zeigt; aber was man im Durchwandern der Säle fühlt, ist eher Sehnsucht als Erfüllung, denn die tausend verschiedenfarbigen Kolibris und Papageien möchte man doch in ihrer Urwelt sehen, frei und unbekümmert statt ausgestopft, und man weiß, ein paar Stunden weit, da beginnt schon der Wald und die Dschungel, und während man noch vor den Schaukästen steht, träumt man von diesen phantastischen Regionen. Alles Exotische hört sofort auf, exotisch zu wirken, sobald es schaumäßig aufgestellt und schematisiert ist; sofort wird es trocken wie ein Lehrgegenstand, wie eine starre Kategorie, und deshalb empfindet man (gegen die eigene Vernunft, die ein solches Museum bewundert und seine Leistung nicht genug schätzen kann) festgehaltene Natur inmitten einer so wild und üppig blühenden Natur ein wenig als Widersinn. Einer diese entzückenden kleinen Affen, von Palme zu Palme frei sich schwingend, begeisterte uns gewiß als eine Gnade der Natur, aber eingereiht und mumifiziert in allen Varianten an eine Wand gereiht, löst der Anblick von hundert Affenarten nur eine technische Neugier aus. Schon Menagerien wirken nicht ganz wirklich, um wieviel weniger Museen, selbst wenn sie wie dieses mit der äußersten Sorgfalt geleitet und zu einem großartigen Ganzen vereinigt sind. Alles Eingeschlossene bedrückt – und so ward mir das Herz auch nicht frei, als ich die andere Sehenswürdigkeit sah, die *penitenciária*, das berühmte Gefangenenhaus von São Paulo, eine Musteranstalt, die der Stadt, dem Land und seinen Leitern hohe Ehre macht. Hier ist das Problem der Strafanstalt – das moralisch nie ganz lösbare – im humansten Sinne angefaßt, und das Land, das die Todesstrafe nicht kennt, hat sich bemüht, für seine Verbrecher nach den durchdachtesten und neuesten Prinzipien zu sorgen. Hier ist die Humanität in der Behandlung der Zuchthäusler nicht wie in anderen Ländern als eine Rückständigkeit abgeschafft, sondern bewußt entwickelt und nach der Idee gefördert, daß jeder Gefangene die ihm gemäßeste Arbeit leisten und das ganze Haus gleichsam eine autarke Gemeinschaft bilden solle, wo alles durch die Insassen geschieht. Man sieht in diesem großen, großartig reinen und hygienisch gebauten Häuserkomplex den ganzen Betrieb einzig von den Insassen in Bewegung gehalten; das Brot wird von ihnen gebacken, die Medikamente verfertigt, die Klinik geführt und das Spital, die Gemüse gepflanzt und die Wäsche gewaschen, kaum irgendwann muß von außen jemand zur Hilfe gerufen werden; jede Bestrebung zu künstlerischer Tätigkeit wird von den Leitern gefördert, ein ganzes Orchester hat sich geformt, in Sälen sieht man ihre Zeichnungen, und so gibt sogar in einem Lande, das in den schwerer erfaßbaren Zonen noch ziemlich viel Analphabeten zählt, das Gefangenenhaus Gelegenheit nachzuholen, was die Schule versäumte. Nichts Musterhafteres kann man sich erdenken als diese Anstalt, die für sich allein schon den europäischen Hochmut korrigieren könnte, bei uns seien alle Einrichtungen die perfektioniertesten der Welt, und doch – mit entlastetem Atemzug saugt man die Luft ein, sobald endlich die letzte von den vielen schweren Eisentüren, die man durchschritten, hinter einem zufällt und man wieder Freiheit atmet und freie Menschen sieht.

Mit einem ähnlichen Atemzug der Entlastung verläßt man auch die Schlangenfarm zu Butantan, obwohl man Großartiges dort gesehen und Wesentliches gelernt. Was dort das große Publikumsschauspiel ist – nichts lieben ja die Menschen mehr, als sich zu grauen, wenn es gleichzeitig nicht gefährlich ist – hatte mir wenig zu sagen: wie man die Giftschlangen dort aus ihren Höhlen holt, mit Stangengriffen faßt und den Wehrlosen das Gift auszieht. Dies hatte ich vor Jahren schon in Indien gesehen, und jedesmal ist es mir graßlich, wenn der Mensch aus der Wehrlosigkeit eines überwältigten Tieres ein Schaustück oder eine Unterhaltung formt. Aber längst ist die Anstalt von Butantan über die ursprüngliche Absicht hinausgewachsen, einzig der Beobachtung der Schlangen und der Erzeugung von Heilserum gegen die vielen Giftbisse zu dienen; sie hat sich in den letzten Jahren zu einem Forschungsinstitut größten Stils entwickelt, in dem mit den modernsten Apparaten die hervorragendsten Fachleute arbeiten; ich habe in dieser einen Stunde, da mir die verschiedenen Versuche der Umpflanzungen, der chemischen Zerlegungen erklärt wurden, mehr gelernt als in Jahren durch Bücher; immer ist für uns Laien die sinnlich optische Arbeit an dem Objekt die einzige, die uns den abstrakten Problemen am ehesten begrifflich entgegenführt. Und weil es eben das Sinnliche, das Optische ist, das mir immer am stärksten die Phantasie in Erregung setzt, so hat mich nichts dort so beeindruckt als eine einzige mittelgroße Flasche, mit kleinen weißlichen Kristallen gefüllt: es ist das Gift von achtzigtausend Schlangen, das da in konzentriertester kristallisierter Form in dieser Flasche bewahrt ist, und das furchtbarste aller Gifte. Jedes dieser kaum wahrnehmbaren Körnchen, deren jedes unter dem Fingernagel spurlos verschwinden würde, kann leicht in einer Sekunde einen Menschen töten. Tausendfacher als in den riesigsten Granaten ist die Vernichtung in dieser einzigartigen, furchtbaren, dieser unersetzbaren Flasche zusammengedrückt, ein Wunder, größer als in jenem berühmten Märchen aus Tausendundeiner Nacht – nie hatte ich den Tod in so konzentrierter Form gesehen und hunderttausendfach in Händen gehabt wie in der Minute, da ich dieses kühle und zerbrechliche Glas umspannte. Dieses Unfaßbare der möglichen Zerstörung eines ganzen atmenden Menschenwesens in einer Sekunde mit allen seinen Gedanken und Erfahrungen, das plötzliche Stocken eines Herzens und aller Muskeln, nur weil ein Körnchen, viel winziger als ein Salzkorn, ihm ins Innere dringt, und diese Möglichkeit – bei einem einzigen Lebewesen schon unerfaßbar – nun verhunderttausendfacht nebeneinander zu sehen, hatte etwas Erschütterndes und zugleich Großartiges. Alle die Apparate dieses Laboratoriums wurden mir mit einem Mal zu Kräften, die der Natur das Gefährlichste wie im Spiel entwinden, um es nun in einem neuen, einem eigenen schöpferischen Sinn der Natur zu nützen, und mit Ehrfurcht sah ich plötzlich auf dies kleine Haus, das vom Wind umflogen einsam in der Grüne eines Hügels ruht, umfaßt von Natur und sie doch noch gewaltiger umfassend durch den menschlichen, unermüdlichen Geist.

Besuch beim Kaffee

Freundliche Sitte wie jedwede in diesem gastfreien Land: besucht man in Brasilien ein Haus, so wird einem zu jeder Stunde des Tages Kaffee angeboten, köstlicher schwarzer Kaffee in kleinen Tassen, es ist hier eine Selbstverständlichkeit. Man trinkt ihn auf andere Art als bei uns – oder vielmehr, man trinkt ihn eigentlich gar nicht, sondern stülpt ihn mit einem einzigen scharfen Ruck hinunter wie einen Likör, ganz heiß, so heiß, daß, wie man hierzulande sagt, ein Hund heulend davonlaufen würde, wenn man ein paar Tropfen auf ihn schüttete. Wie viele solcher schwarzduftender, glühender Tassen ein Brasilianer durchschnittlich im Tage konsumiert, dürfte statistisch kaum festzustellen sein – ich nehme an, zwischen zehn und zwanzig – und ebenso schwer wäre es, apodiktisch zu entscheiden, in welcher Stadt er am besten mundet. Mit homerischem Eifer fordern hier alle Orte den Ruhm der vorzüglichsten, der richtigsten Zubereitung für sich, und so habe ich ihn unparteilich mit gleicher Begeisterung getrunken in den kleinen Kaffeehäusern in Rio, wo die Tasse zweihundert Reis kostet (ein in unseren Währungen kaum münzbarer Betrag), und in der Fazenda selbst und in Santos, der Kaffeestadt, und sogar im Instituto do Café in São Paulo, wo seine richtige Zubereitung geradezu zur Wissenschaft erhoben wird und ich nach genommenem Kurs einen Sack Kaffee und die richtigste Kaffeemaschine zur weiteren Ausübung mitbekam – überall, an allen Stellen war er gleich zauberhaft würzig, stark und nervenbelebend, ein schwarzes Feuer, das die Sinne heller und die Gedanken leuchtkräftiger macht.

König Kaffee, so möchte man diesen schwarzen Potentaten hier nennen, denn er beherrscht noch immer ökonomisch dieses riesige Land und regiert von seinem Hafen in Santos aus mehr oder minder sämtliche Märkte und Börsen der Welt, sechzehn Millionen Sack von den vierundzwanzig, welche unsere Erde konsumiert, werden hierzulande gepflanzt und verschifft: im letzten sind diese winzigen perlgrauen oder rehfarbenen Körner die eigentliche Münze und Währung des Landes. Mit Kaffee kauft und bezahlt Brasilien die wenigen Rohstoffe, die ihm fehlen, Öl vor allem und Getreide, mit Kaffeekörnern (mit Milliarden Kaffeekörnern allerdings) die Maschinen und technischen Behelfe. Darum war der Weltmarktpreis des Kaffees das eigentliche Thermometer der brasilianischen Wirtschaft; stieg sein Wert, so blühte das ganze Land, drohte er zu sinken, so verbrannte die Regierung die überschüssigen Säcke oder warf die kostbaren Körner den unverständigen Fischen vor. Kaffee bedeutete hier durch ein Jahrhundert im letzten Gold und Reichtum, Gewinn und Gefahr; von seinem Wert und Walten hing bis zu einem gewissen Grade die Handelsbilanz des ganzen Landes ab; nicht der Milreis hat den Wert des Kaffees in manchen Jahren bestimmt, sondern der Weltmarktspreis des Kaffees den Wert des Milreis.

Dieser große Finanzpotentat Brasiliens, der Kaffee, ist wie so viele andere heute reiche Leute in diesem Lande ursprünglich ein Einwanderer, ein Immigrant. Seine eigentliche Heimat ist Arabien, das Mokka-Land, und die Legende erzählt, daß Hirten dort eines Tages mit Überraschung beobachteten, wie ihre Ziegen immer, wenn sie von einem bestimmten Strauch geknabbert hatten, lebendiger herumtollten. Bald versuchten sie selbst diese Bohnen und stellten fest, daß sie ohne jede Schädigung für die Gesundheit eine besondere Wirkung ausübten und die Müdigkeit minderten, weshalb sie das Gebräu aus diesen köstlichen Bohnen *Kahma* nannten (von *kaheja*, was Abhalten vom Schlaf bedeutet). Die Araber brachten das erfrischende Elixier den Türken, bei der Belagerung Wiens fielen den Österreichern ganze Säcke als Beute in die Hände, bald entstand in Wien das erste Kaffeehaus, und das braune Getränk wurde in ganz Europa Mode – eine flüchtige, wie die gute Madame de Sévigné irrigerweise meinte, als sie von Racine ärgerlich sagte: *Cela passera comme le café.* Aber der Kaffee blieb – Racine überdies gleichfalls – und wanderte in die französischen Kolonien nach Guyana hinüber, wo die Pflanzen und Samen ängstlich als Handelsgeheimnis gehütet wurden. Wie tausend Jahre vordem die Chinesen das Urprodukt der Seide, den Cocon, vor allen Fremden versteckten und die Ausfuhr auch nur eines einzigen unverarbeiteten Cocons mit dem Tode bedrohten, bis dann zwei Mönche in einem ausgehöhlten Pilgrimsstab einen Cocon nach Europa schmuggelten – so hatte der Gouverneur von Cayenne strengen Auftrag, keinem Ausländer Zutritt zu den Pflanzungen zu gewähren. Glücklicherweise für Brasilien besaß dieser Gouverneur eine Frau, und diese schenkte 1727 in einer oder nach einer schwachen Stunde dem portugiesischen Sergeanten Major Francisco de Melo Palheta einige Sträucher und Wurzeln; damit war der braune Einwanderer nach Brasilien hineingeschmuggelt, und er fühlte sich wie alle Einwanderer bald heimisch in dem neuen Land. Zuerst siedelte er sich in Nordbrasilien im Amazonasgebiet und dem Maranhão bei seinen Vettern Zucker und Tabak an – Kaffee ohne diese Vetternschaft bleibt immer unvollkommener Genuß; allmählich rückt er 1770 nach Süden in die Gegend von Rio de Janeiro hinunter. Rings um die Hügel von Tijuca, wo heute schon die Hochhäuser den ländlichen Villen den Raum streitig zu machen beginnen, rafft er die Felder an sich und läßt sich von Tausenden von Sklaven hegen und pflegen; aber noch immer behagt ihm die Luft nicht ganz, und schließlich bemächtigt er sich der ganzen Provinz São Paulo, um nach tausendjähriger Wanderung von dort aus sein Imperium über die ganze Welt auszubreiten. Seinem orientalischen Ursprung gemäß entwickelte er sich immer mehr zum Tyrannen, er unterjocht die ganze brasilianische Wirtschaft von seinem Königsthron in São Paulo aus. Er läßt sich die herrlichsten Lagerhäuser errichten, befiehlt Schiffe aus der Welt heran, er diktiert den Preis des Geldes, jagt das Land in wilde Spekulationen und lebensgefährliche Krisen und ersäuft sogar seine eigenen Kinder – Tausende und Tausende Säcke – im Meer, weil die Welt ihm nicht den vollen Tribut zahlen will.

Einem so mächtigen Herrn und einem zumal, der sooft meine Arbeit gefördert und mir in ungezählten Stunden die Freuden der Geselligkeit erhöht, einen respektvollen Besuch abzustatten, hielt ich für meine gebotene Pflicht. Freilich um diesen Herrn und König in seiner Residenz aufzusuchen, muß man heute schon tiefer ins Land reisen als ehedem. Ursprünglich, als der Kaffee von den Portugiesen aus Afrika herübergebracht wurde – Heinrich Eduard Jacob hat die Sage dieser Weltwanderung in seinem Buche bezaubernd erzählt – lagen die Pflanzungen noch hart an der Küste. Die Täler um Santos und manche der herrlichen Parks von Tijuca, unmittelbar neben Rio de Janeiro, waren durch Jahrhunderte Kaffeeplantagen; von den Feldern wurden die Säcke auf dem Rücken der Neger geradenwegs zu den Schiffen gebracht. Aber in Jahrzehnten und Jahrhunderten, nachdem sie Milliarden und Abermilliarden dieser magischen Bohnen gezeugt und genährt, wurde die Erde dort allmählich müde, die Körner verloren an Größe, Kraft und Aroma. Achtzig Jahre, fast genau das patriarchalische Alter der Menschen, währt die Lebensdauer eines solchen Strauchs auf derselben Scholle. So verlegte man – an ungenütztem Boden hat Brasilien noch niemals Mangel gehabt – die Pflanzungen jeweils tiefer und tiefer hinein in das Land, von Santos nach São Paulo, wo die rote, kräftige Erde viermal soviel zeitigte als in Rio, von São Paulo nach Campinas, weiter und weiter und immer tiefer hinein. Also nun nach dem Kaffee, dorthin, wo er jetzt seine Heimat hat! Ihm nach von Rio de Janeiro eine zwölfstündige Nachtfahrt nach São Paulo, von dort wieder drei nach Campinas, dieser alten Kolonie der Jesuiten, und nun genügt ein Auto und man ist mitten im Kaffeeland und endlich auf einer Fazenda.

Fazenda oder *hacienda* – woher ist einem das Wort so geläufig? Warum rührt es einen so merkwürdig romantisch an und vertraut, warum weckt es in einem so vergessene, starke und mitschwingende Gefühle? Ach, man erkennt es wieder, nichts bleibt innerlich so verhaftet wie die Bücher, die man leidenschaftlich in seiner Knabenzeit gelesen; wie hatte man diese Fazendas oder Haciendas Brasiliens und Argentiniens in den Romanen Gerstäckers, Sealsfields, diese kleinen Gutshäuser mitten in tropischer Wildnis oder auf den unendlichen Pampas mit der Phantasie der Kindheit sinnlich gesehen, diese exotischen Fernen, immer umringt von Gefahren und unerhorten Abenteuern. Wie hatte man als Knabe geträumt, dies einmal zu erleben! Und nun ist man da; freilich nicht auf feurigem Mustang trabt man heran, sondern das Automobil steuert einen sacht durch die blumenüberhangene Einfahrt in den Hof; aber doch, genau wie auf den alten Stichen und in den Darstellungen der verschollenen Kindheitsromane sieht sie aus, die Fazenda, ein einstöckiges, flaches Haus inmitten des unübersehbaren Besitzes, nach allen vier Seiten von einer breiten, schattigen Veranda umrahmt. Siehe, und nahe davon stehen um einen viereckigen kleinen Platz die Häuser der Arbeiter, und man erinnert sich aus den Büchern, hier wohnten – es ist ja erst fünfzig Jahre her – die Sklaven, und abends saßen sie dann auf diesem Platz und sangen ihre melancholischen Lieder; vielleicht gedenkt noch einer oder der andere der weißhaarigen Neger, die hier still und zufrieden herumgehen, der verschollenen Zeit. Allerdings, tritt man ein in das gastliche Haus, so springt die Weltuhr sofort in die heutige Stunde; man sieht zwar noch die altgetäfelten Decken, den ererbten schönen Hausrat aus dem kostbaren, steinharten Jacarandaholz, die silbernen Schalen und Hausaltäre aus der portugiesischen Zeit pietätvoll bewahrt, aber längst sind diese Fazendas keine Einsamkeiten mehr, zu denen nur manchmal in gefahrvoller Reise ein Wanderer vordrang, sondern behagliche, moderne Landhäuser mit allem Komfort, mit Schwimmbassins und Spielplätzen, mit Radio und Grammophon und Büchern (unter denen man – dies hast du, Knabe, zu träumen vergessen! – seine eigenen reichlich findet). Heiterkeit und Freundlichkeit waltet hier statt der einstigen Gefahr; selbst die tropischste Welt und die ödeste Einsamkeit hat das technische Jahrhundert wohnsam zu machen gewußt.

Um die Fazenda dehnt sich in weiten, weichen, immer von neuem wiederholten Hügelwellen die eigentliche Pflanzung; wie eine Insel liegt jedes dieser Häuser in einem unabsehbaren Meer von Grün. Aber dieses Grün ist – adieu Romantik! – eigentlich recht monoton, und man darf es sich verschweigen, daß Kaffeepflanzungen oder gar die Tee-Hügelungen, die man von Ceylon kennt, im Grunde ungeheuer langweilig wirken. Die Kaffeesträucher, alle gleich hoch und gleich breit und von dem gleichen kalten Grün, sind in ganz gleichen Abständen voneinander gepflanzt, und man hat das Gefühl einer militärischen Kolonne in Blattgrün statt in Feldgrau, die ohne Schwung und Farbenfreude in die Ferne marschiert; bald ermüdet das Auge, diese gekämmten grünen Hügel anzusehen, und man freut sich, wenn man auf eine Bananenpflanzung stößt, die mit ihren wirren Büscheln, mit ihren wiegenden Kronen doch Baum zu Baum individueller wirkt und nicht so trostlos monoton. Aber der Sinn dieses Strauches ist ja nicht seine Schönheit, sondern seine Fruchtbarkeit; jeder einzelne dieser nicht einmal mannshohen Büsche bringt zweitausend Beeren mindestens im Jahr (man erntet bei diesen Qualitätspflanzungen nur ein einziges Mal), und da auf diesen Fazendas oft Hunderttausende solcher Sträucher abgeerntet werden, kann man das Geheimnis dieser tiefen, dunklen Erde begreifen, die solche unvorstellbare Mengen mit Saft und Süße bis in den letzten Bohnenkern erfüllt.

Die eigentliche Ablesarbeit ist so einfach wie nur denkbar.

Hier allein hat die Technik noch nichts erfunden, um den Menschen überflüssig zu machen; wie vor hunderten Jahren werden von der Hand der Pflücker die Beeren vom Strauche genommen, und vielleicht singen die Arbeiter dieselben monotonen Lieder zu denselben monotonen Bewegungen wie einst die schwarzen Sklaven. Dann werden die Bohnen, als wäre es Sand, auf Wagen und Lastautomobile gekarrt, in die Fazenda gebracht und hier dem König Kaffee einige vorgeschriebene Zeremonien erwiesen, als da sind eine gründliche Waschung und darauf eine Trocknung in der prallen Sonne; dann erst werden mit Schüttelmaschinen die Hülsen von dem eigentlichen Kern gelöst und die entschälten, gereinigten Bohnen dann über Leitungen und Siebe in die Säcke verstaut.

Damit ist (oder scheint) die Arbeit zu Ende. Es ist kein romantischer Prozeß, nicht anders etwa, als wenn man Erbsen aus der Schote nimmt und trocknen läßt, und nur eines war mir bei allen diesen Prozeduren auf dem Felde und in der Fazenda und in der Fabrik überraschend – die totale Abwesenheit jedes Aromas. Ich hatte gemeint, wenn man eine Kaffeepflanzung mit Tausenden Büschen durchschreitet, müßte man einen Duft von diesem aromatischsten aller Getränke spüren, einen feinen Duft, der dies weite Grünen umwebt und überschwebt, einen Duft, wie man ihn doch selbst bei einem Getreidefelde spürt oder in jedem Wald und Holzschlag. Aber sonderbar: der Kaffee ist vollkommen stumm, er verbirgt hartnäckig sein Aroma im innersten Kerne. All die geheimnisvollen Salze und Öle und Ingredienzen, die sich, sobald die Körner geröstet sind, so stark und würzig lösen, bleiben vordem völlig tot und stumm; man kann in den Magazinen bis zu den Knöcheln in Kaffeebohnen waten, und es duftet so wenig wie wenn man in trockenem Sand stapfte, nicht einen Augenblick wüßte man mit verbundenen Augen auf einer solchen Fazenda, ob die verschnürten Bündel und Säcke Baumwolle enthalten oder Kaffee oder

Kakao; es war eine kleine Enttäuschung für mich, der ich hier von einem süßen, narkotischen Brodem träumte, zu sehen, wie die Tausende Säcke dieser köstlichen Nervenwürze tot und stumm und duftlos übereinandergeschichtet lagen, als wären sie Zement.

Und die zweite Überraschung dann in Santos, dem großen Verladehafen Brasiliens; ich hatte gemeint, daß die ganze Prozedur mit der Einfüllung des Kaffees in Säcke schon beendet sei. Nun sah ich dort in den großen Betrieben, daß die Arbeit noch einmal beginnt. Denn die Welt will nicht da und dort den gleichen Kaffee, die einen bevorzugen die großen, die anderen die kleineren Körner, so wie man auch in den Schlachthäusern Argentiniens sieht, daß die Fleischsorten nach dem verschiedenen Geschmack der einzelnen Länder fett oder mager, Großvieh oder Kleinvieh gleich an der Exportstelle sortiert werden. Noch einmal muß in Santos, diesem großen, glühenden Backofen am Meer, jede einzelne Kaffeebohne heraus aus ihrem Sack. Noch einmal werden sie zusammengeschüttet zu riesigen Massen, die dann ein Rohr – der fleißigste Kaffeetrinker der Welt – mächtig ansaugt, die Masse wird Strom und läuft aufwärts und abwärts durch ein Gefäll von Sieben, so daß die größeren Sorten von den kleineren Körnern getrennt werden, an laufenden Bändern picken gleichzeitig flinke braune Frauenhände während des Vorbeiströmens die wertlosen, verkümmerten Körner heraus; so wird die Qualität in einzelne Qualitäten gesondert, die Kaffeevölker werden uniformiert und mit einzelnen Sortennamen bedacht, immer genau fünfzig Kilogramm einer und derselben Art schüttet die selbsttätig wägende und zählende Maschine in einen neuen Sack, der schon Nummer und Qualitätsmarke trägt, und während der eben noch offene und blitzschnell angefüllte Sack weitergestoßen wird auf dem rollenden Band, vernäht eine andere Maschine das obere Ende des Sackes. Nun erst, nach diesen raffinierten und supertechnischen Verteilungen ist der Kaffee wirklich reisefertig und kann auf den wartenden Schiffen in alle Zonen der Erde fahren.

Aber auch diese letzte Etappe der Reise vom Lagerhaus in das Schiff ist noch erstaunlich anzusehen. Denn nicht mehr wie in verschollenen Zeiten wird Sack für Sack auf einen sonngebräunten Menschenrücken geschwungen und über das Laufbrett an Deck getragen. Nicht wie wir es sonst in Häfen gewohnt sind, reichen Krane in elegant leichter Drehung vom Kai die gehäufte Ware in den Frachtraum des Schiffes hinab, sondern hier wird auf Schienen eine Brücke aus Stahl herangeführt und der Höhe des Bordes angepaßt. Diese Brücke trägt ein Paternosterwerk, einen fließenden Teppich, auf dem nun direkt aus der Tiefe ihres Lagerhauses die Säcke (weit bequemer als die Passagiere) an Bord befördert werden. Es ist schön anzusehen, dieses lautlose, stille, mechanische Fließen; Wie eine Lämmerherde auf einem schmalen Pfad Rücken hinter Rücken zu wandern genötigt ist, so zieht hintereinander stundenlang ein weißer Sack nach dem andern erst vom Lagerhaus empor und dann sacht wieder ins Schiff hinein, wobei man eigentlich erst erkennt (denn Zahlen selbst bleiben immer abstrakt), welche phantastische Quantitäten an Ware ein Schiffsbauch für eine zweiwöchige Reise in sich einzuschlucken vermag; und da hier Schiff an Schiff täglich wartend steht, ahnt man auch, welche ungeheuren Massen unsere kaffeetrinkerische Menschheit in jeder Stunde verbraucht.

Endlich hat das gefräßige Schiff genug Kaffee in sich geschluckt. Ein Pfiff, und das flirrende Laufband stoppt, ein, zwei Säcke gleiten, von der Geschwindigkeit noch weitergestoßen, saumselig den andern nach. Dann schrillt das Zeichen des Dampfers, die Turbinen wettern los, langsam löst man sich von dem Kaffeestrand. Noch leuchten die Häuser in der Sonne, noch heben sich schlank die Palmen, aber immer ferner schimmert das große Grün dieser tropischen Welt, und bald sieht man nur ungewiß die Hügel mehr und schon ist auch dieses letzte Grüßen entschwunden aus dem Königreich des Kaffees. Vorüber! Vorbei und schon Erinnerung! Aber doch, wenn man daheim eine Tasse trinkt dieses köstlichsten und kunstfreundlichsten aller Getränke, wird man in dem zarten Duft jedesmal wieder all das besinnen, die tropische Sonne, die ihm das heimliche Feuer in den innersten Kern getrieben, das lodernde Licht, in dem hier alle Dinge des Daseins glühen, und jeden Baum und jede Bucht dieser fremden Landschaft, die, solange man in ihr weilt, unwiderstehlich den Sinn zum Träumen erzieht und in der Ferne ein Heimweh weckt nach diesen Zonen der frei und mächtig und unerschöpflich schaffenden Natur.

Besuch bei den versunkenen Goldstädten

Vila Rica und Vila Real, im achtzehnten Jahrhundert die reichsten und berühmtesten Städte Brasiliens, sind heute auf keiner Landkarte mehr zu finden. Die hunderttausend Menschen, die sie bevölkerten zu einer Zeit, da New York und Rio de Janeiro und Buenos Aires noch unbeträchtliche Siedlungen waren, sind zerstoben, und selbst die prunkreichen Namen längst von ihnen gefallen. Vila Rica, im Volksmund später als Vila Pobre verhöhnt, heißt heute Ouro Preto und ist nichts als ein romantisches Provinzstadtchen mit ein paar Dutzend holprigen Straßen. An der Stelle von Vila Real steht ein armes Dorf, das sich bescheiden in den Schatten der neuen Hauptstadt der Provinz Minas Gerais, des modernen Belo Horizonte drückt. Ihr Glanz und ihre Größe haben knapp ein Jahrhundert gewährt.

Dieser flüchtige Glanz von Reichtum und Gold, der damals die ganze Welt überflammte, war aus dem kleinen Flüßchen Rio das Velhas geholt und aus den Flanken der Berge, die ihn umschließen: es ist ein einmaliges Abenteuer, von Abenteurern begonnen. Zu Ende des siebzehnten Jahrhunderts dringt zum erstenmal in diese unwirkliche, düstere Zone ein Trupp von *bandeirantes*, jener verwegenen Gesellen, die von São Paulo aus das ganze Land auf der Suche nach Sklaven und Erzen durchwandern; tagelang, wochenlang streifen sie durch die weglosen Schluchten, ohne eine Siedlung, ohne eine menschliche Spur zu finden. Aber sie lassen nicht ab, denn die Berge funkeln an den brüchigen Stellen von blankem Metall, und die Erde leuchtet dunkelrot wie gesättigt von geheimnisvollen Kräften. Endlich winkt ihnen das Glück: der kleine Fluß Rio das Velhas, der von Ouro Preto nach Mariana in seinem ungeduldigen Lauf die Kanten der

Berge abschürft, rollt in seinem Sande Gold mit sich, reines, volles Gold, und vor allem viel Gold; man braucht den Sand nur in hölzernen Schüsseln zu fassen und zu schütteln, und es bleiben die kostbaren Körner zurück. Nirgends auf Erden liegt im achtzehnten Jahrhundert das Gold so reich, so flach, so offen zutage als hier im brasilianischen Bergland. Einer der *bandeirantes* bringt die erste Beute im ledernen Säckchen nach Rio de Janeiro – damals zwei Monate entfernt, heute sechzehn Eisenbahnstunden – ein anderer nach Bahia, und sofort beginnt ein Sturm in die Wildnis, nur jenem bei der Entdeckung der Goldgruben Kaliforniens vergleichbar. Die Pflanzer verlassen ihre Zuckerplantagen, die Soldaten ihre Kasematten, die Priester ihre Kirchen, die Matrosen ihre Schiffe; auf Booten und Mauleseln und Pferden und zu Fuß drängt eine riesige Rotte heran und peitscht ihre schwarzen Sklaven mit; bald kommt der erste, der zweite, der dritte Zuzug aus Portugal, und allmählich sammeln sich solche Massen, daß eine Hungersnot auszubrechen droht in dieser Einöde ohne Viehzucht und ohne Vegetation. Ein wüstes Treiben hebt an, denn noch ist keine Autorität zur Stelle, das Gesetz zu verteidigen; leider fehlt uns der richtige literarische Augenzeuge, der brasilianische Bret Harte, um das Phantastische dieses ersten wildesten Tumults zu schildern, aber er muß ohnegleichen gewesen sein. Die *paulistas*, die ersten Entdecker, kämpfen gegen die *emboabas*, die fremden Eindringlinge. Nach ihrer Auffassung gehört ihnen das Gold allein als Lohn für die unzähligen Expeditionen, die ihre Väter, ihre Brüder vergeblich von São Paulo aus unternommen. Sie werden besiegt, aber das schafft keinen Frieden. Wo Gold ist, herrscht Gewalt. Mord, Raub, Diebstahl mehren sich von Stunde zu Stunde, und verzweifelt ruft der Priester Antonil in seinem ersten Bericht (1708) aus: »Kein vernünftiger Mensch kann einen Zweifel hegen, daß Gott in den Minen nur darum so viel Gold entdecken ließ, um damit Brasilien zu strafen.«

Zehn Jahre und mehr herrscht in diesem verlassenen Gebirgstal ein vollkommmenes Chaos. Endlich greift die portugiesische Regierung ein, um sich selbst ihren Anteil an dem Gold zu sichern, das diese zuchtlosen Abenteuerer entweder verschwenden oder auf Schleichwegen aus dem Lande schaffen. Ein Gouverneur, der Conde de Assumar, wird über die neue *capitania* eingesetzt und rückt mit Fußtruppen und Dragonern an, um die Autorität der Krone zu wahren. Eine seiner ersten Maßnahmen ist, daß, um eine genaue Kontrolle zu sichern, kein Staubkorn Gold mehr aus der Provinz geschafft werden darf. Alles Gold muß zunächst an das Schmelzhaus, das er 1719 errichtet, abgeliefert werden, in dem die Regierung gleichzeitig den ihr gesetzlich zustehenden Anteil – ein Fünftel alles gefundenen Goldes – sofort in Abzug bringen kann. Aber den Goldgräbern ist jede Art Kontrolle verhaßt. Was kümmert sie in ihrer Wildnis der König von Portugal? Unter Führung Filipe dos Santos rotten sich zweitausend Männer, die ganze weiße oder halbweiße Bevölkerung von Vila Rica, zusammen und bedrohen den Gouverneur, der – von der unvermuteten Revolte völlig überrascht – den Aufrührern in einem aufgenötigten Vertrag alle Forderungen bewilligt. Aber heimlich zieht er zugleich seine Truppen zusammen und überfällt nun seinerseits die Aufständischen nachts in ihren Häusern. Der Aufrührer wird gevierteilt, ein Teil der Ortschaft niedergebrannt und von nun ab mit den strengsten und sogar grausamsten Methoden Ordnung in Minas Gerais erzwungen. Langsam beginnen sich inmitten des arbeitenden, schöpfenden, tragenden, schüttelnden Ameisenhaufens von Sklaven und Goldwäschern aus erbärmlichen Lehmhütten und flüchtig gezimmerten Zelten die Konturen einer wirklichen Stadt abzuzeichnen. Um den Palast des Gouverneurs, das Schmelzhaus und das nicht minder zur geordneten Verwaltung wichtige Gefängnis ordnen sich steinerne Häuser, enge Straßen umschließen den Hauptplatz, allmählich erheben sich die Kirchen, und zugleich mit dem unermeßlichen Reichtum, der von den Fünfzig- und sogar Hunderttausenden robotenden Sklaven aus der Erde geschüttelt und gegraben wird, hält ein absurder Luxus Einzug in diese Städte – ein frenetischer, kindischer Luxus, der im grotesken Gegensatz zur Abseitigkeit und Weltverlassenheit dieses öden Gebirgstals steht. In Vila Rica und Vila Real und Vila Albuquerque wird im Anfang des achtzehnten Jahrhunderts allein mehr Gold gewonnen als in ganz Amerika einschließlich des viel berühmteren Mexiko und Peru. Aber innerhalb dieser Wildnis ist für Gold wenig zu kaufen; gierig stürzen sich die unseligen Narren des Goldes darum auf jeden pompösen Tand, den die Händler mit hundertfachem Gewinn in diese unzugänglichen Bergtäler heranhkarren. Abenteurer, die gestern noch Bettler waren, stolzieren in grellen samtenen Gewändern, prahlen mit seidenen Strümpfen und zahlen für eine eingelegte Pistole zwanzigfach mit Dukaten, was dieselbe Ware in Bahia in Silbermünzen wert ist; eine hübsche Mulattin kostet mehr als am Hof des französischen Königs die teuerste Courtisane. Alle Berechnungen, alle Maße werden durch die Fülle des allzu leicht geförderten Metalls hier absurd; schmutzige Gesellen verspielen mit Würfeln und Karten in einer Nacht Beträge, mit denen man in Europa die kostbarsten Gemälde eines Raphael und Rubens erwerben könnte oder ganze Schiffe ausrüsten und die wundervollsten Paläste erbauen. Aber am liebsten kaufen sie, längst zu vornehm, selbst einen Spaten in die Hand zu nehmen, für ihr Gold Sklaven und Sklaven, damit sie ihnen mehr und mehr Gold scheffeln. Der Sklavenmarkt in Bahia kann gar nicht genug heranschaffen, die Boote können kaum all diese schwarze Fracht befördern. Und so wächst die Stadt von Jahr zu Jahr, schon sind die ganzen Hügel mit den Hausungen der schwarzen Arbeitstiere wie mit Termitennestern besät, schon verschönern sich die Häuser der Sklavenbesitzer und Goldausbeuter. Sie steigen sogar – Zeichen besonderen Reichtums – bis zu zwei Stockwerken und füllen sich mit Möbeln und Schmuck. Künstler kommen, durch den erträumten Verdienst angelockt, von den Küstenstädten, um Kirchen und Paläste zu errichten und die Brunnen mit Skulpturen zu schmücken. Ein paar Jahrzehnte noch solchen wirbelndeln Aufstiegs, und Vila Rica muß die reichste, die schönste und volkreichste Stadt Amerikas werden.

Aber ebenso irrlichthaft, wie er aufgetaucht, verschwindet der trügerische Zauber. Das Gold des Rio das Velhas war nur Schwemmgold, Alluvialgold gewesen, und nach fünfzig Jahren ist die kostbare Oberfläche abgeschöpft. Um das tückische Metall aus der Tiefe der Felsen zu holen, von denen Jahrhunderte oder vielleicht Jahrtausende es in unsichtbarer Arbeit zu Sand zerrieben haben, fehlen diesen primitiven Goldwäschern die Kraft, das Werkzeug und vor allem die Geduld. Eine Zeitlang versuchen sie direkt in den Felsen Stollen zu treiben, um an das kostbare Metall zu gelangen, aber die Mühe bleibt vergeblich, und bald verläuft sich der nomadische Schwarm. Die Neger werden in die Zuckerplantagen zurückgetrieben, einzelne der Abenteurer machen sich in der »matta«, den tiefergelegenen, fruchtbaren Tälern seßhaft; nach ein oder zwei Jahrzehnten sind die Goldstädte verlassen. Die Lehmhütten, wo die Tausenden von Sklaven hausten, sinken spurlos in die Erde zurück, Wind und Regen verschwemmen die Strohdächer, die sie deckten, die Häuser der Stadt selbst verwahrlosen, und durch fast zwei Jahrhunderte wird kein neues mehr gebaut: wie in den Zeiten des Anfangs ist es wieder eine Mühe, zu diesen verschollenen, vergessenen Orten zu gelangen.

Bis zur gegenwärtigen Hauptstadt von Minas Gerais, der erst knapp in unserem Jahrhundert gegründeten Stadt, ist der Weg allerdings dank der modernen Technik leicht; ein Flugzeug schwingt einen in anderthalb Stunden von Rio de Janeiro zu dem Hochplateau von Minas Gerais hinüber, zu dem vordem die ersten *bandeirantes* zwei Monate wandern mußten und die Eisenbahn heute noch sechzehn Stunden benötigt. Diese neue Hauptstadt der Provinz, Belo Horizonte, ist – in Brasilien sind die eigenartigsten Varianten wie auf allen Gebieten auch auf dem des Städtebaus zu finden – keine organisch gewachsene, sondern eine geplante, eine aus Willen, Überlegung und auf Jahrzehnte vorausblickender Berechnung geschaffene Stadt. Die ursprüngliche, die traditionelle Hauptstadt von Minas Gerais, das alte Vila Rica, das heute Ouro Preto heißt, zu modernisieren, hätte bedeutet, ein einzigartiges historisches Dokument brasilianischer Geschichte zu verderben; so entschloß sich die Regierung, lieber eine völlig neue Hauptstadt neben der alten zu konstruieren und zwar an der landschaftlich schönsten, geographisch wie klimatisch günstigsten Stelle. Ursprünglich sollte sie Cidade de Minas heißen, aber man zog vor, um ihres weiten Fernblicks willen – hier sieht man die schönsten Sonnenuntergänge Brasiliens – ihr den italienisch schönen Namen Belo Horizonte zu schenken. Aber längst vor der Namensgebung, längst ehe der erste Stein zur ersten Straße gelegt wurde, war diese Stadt in einem weit vorausblickenden Stadtplan völlig vorausmodelliert. Weder ihre Form noch ihre Entfaltung – nichts sollte dem Zufall überlassen werden, jedem künftigen Wohnviertel war seine Bestimmung, jedem Straßenzug seine bestimmte Breite und Richtung von vornherein zugewiesen, und jedes öffentliche Gebäude mußte sich gleichzeitig prominent und doch harmonisch dem künftigen Stadtbild eingliedern; wie Washington ist Belo Horizonte das glückliche und vorbildliche Resultat einer freien, von keiner Vergangenheit gehemmten und nur der Zukunft entgegengewandten Planung. Mächtige Diagonalen schneiden den Kreis, in dem sich – regelmäßige Distanzen und Zwischenräume wahrend – die Stadt entfaltet hat und immer weiter entfalten wird, in sinnvoller und wohldurchdachter Ordnung ab. Im Zentrum liegen die Gebäude der öffentlichen Verwaltung beisammen, breite Gartenflächen führen die symmetrischen Straßenzüge allmählich ins Freie, und jeder Straßenzug ist abwechselnd nach den Städten, Landschaften, großen Persönlichkeiten Brasiliens benannt, so daß ein Spaziergang entlang der Peripherie zugleich einen systematischen Kurs heimischer Geschichte erteilt. Als Musterstadt von Anfang an gedacht, erfüllt Belo Horizonte diese Aufgabe durch vorbildliche Organisation und Sauberkeit; während man in den anderen Städten gerade von der Vielfalt der Kontraste, dem pittoresken Übereinander und Durcheinander verschiedener Zeit- und Kulturschichten bezaubert ist, überrascht einen hier die vollkommene und harmonische Einheitlichkeit. Eine durchaus schöne Stadt, weil aus einer Idee geboren, hat sich Belo Horizonte eine einzige Linienklarheit der Entwicklung bewahrt, und der Sinn dieser ihr eingebauten Idee: Hauptstadt einer Provinz zu sein, die selbst so groß ist wie ein europäisches Königreich, wird von Jahr zu Jahr offenbar; vor 1897 ein leeres, unbebautes Stück Landschaft, heute schon über 150000 Einwohner zählend, ist sie um ihrer günstigen Lage und ihres vortrefflichen Klimas willen in raschem und dank des vorausschauenden Plans in durchaus harmonischem Wachstum. Wird erst die metalllurgische Ausbeutung dieser reichsten Provinz systematisch einsetzen und Minas Gerais seine Industriekraft entfalten, so ist trotz aller Vorberechnung nicht abzusehen, zu welcher Größe sie sich entwickeln kann: einer nächsten Generation wird jedenfalls dieser Name Belo Horizonte so vertraut sein wie der von Rio oder São Paulo.

Von Belo Horizonte nach Ouro Preto, von der neuen zur alten Hauptstadt, heißt aus der Zukunft in die Vergangenheit reisen, aus dem Morgen wieder zurück in das Gestern. Die Straße schon, kaum man den guten Asphalt der Hauptstadt verläßt, beginnt einen sehr eindringlich an das Gestern zu mahnen, denn die rote, lehmige Erde wird bei Hitze zu einem staubigen Qualm, nach einem Regenguß zu einem zähen Brei; wie einstens ist es noch immer nicht ganz bequem, in die Goldwelt zu gelangen. Von dem hellen freundlichen Hochplateau von Belo Horizonte das Land weit überschauend, hatte man gemeint, hinter der schroffen Bergkette erstrecke sich ein weites, flaches, tropisches Land. Aber die Straße führt in unermüdlichen Biegungen und Wendungen, steigend und fallend, immer wieder durch Bergland; an manchen Stellen klimmt sie tausend und sogar vierzehnhundert Meter hoch zu ragenden Gipfeln, und dann überblickt man ein Panorama, das in seiner Großartigkeit nur der Schweiz vergleichbar ist: Hügel an Hügel in erstarrten riesigen Wellen, ein anderer grüner, unendlicher Ozean aus Stein und Wald. Stark und duftend fährt der Wind über diese Höhen dahin, und sein stilles Sausen ist der einzige Ton in dieser Einsamkeit. Kein Wagen auf dem Wege, kaum eine Hütte auf stundenlanger Fahrt, kein bestelltes Feld, kein Glockenruf, kein Vogelsang – immer nur der Urton des Anfangs in dieser leeren, unbeseelten Welt, die den Menschen noch nicht zu kennen scheint. Aber dennoch liegt in dieser einsamen, wildschönen Landschaft etwas, was die Phantasie merkwürdig irritiert; man spürt, daß hier in Erde und Stein und Fluß ein besonderes Geheimnis sich verbirgt. Ein merkwürdiges Leuchten geht von den Bruchstellen der Berge aus, ein Funkeln von Erz und Metall. Selbst ohne daß man es von Buch und Bildung wüßte, ahnt man an dem schillernden Glanz, daß diese Berge Erz in sich schließen, einen noch ungehobenen und kaum errechenbaren Reichtum an Metall. Denn schon die Straße selbst verrät ihn mit ihrem pulvrigen Lehm, der von Eisen so dunkelrot gesättigt ist, daß bereits nach kurzer Fahrt das Automobil purpurn leuchtet wie der feurige Wagen Elias'. Und es verrät ihn der Fluß, der Rio das Velhas, der schwer und satt den glitzernden Sand mit sich hinschwemmt; funkelnde Unterwelt voll kostbarer Quarze ist hier verborgen, und Jahrzehnte, vielleicht Jahrhunderte wird es dauern, ehe sie sich aufschließt der menschlichen Ungeduld. Aber noch stört kein Spatenschlag, kein Maschinenrattern die Einsamkeit; hinauf, hinab geht der Weg durch das steinerne Gewinde, hinauf, hinab, und schon ist man derart gewöhnt an diese großartige Unbeseeltheit, daß man menschliche Siedlung erst wieder im Talland erwartet: hier oben, so meint man, lebt niemand und hat niemals ein Mensch gewohnt.

Da plötzlich an einer Kurve leuchtet etwas auf wie ein weißer Doppelblitz: die beiden hellen Türme einer schlanken schönen Kirche. Und man erschrickt fast vor diesem jähen Einbruch menschlicher Vollendung in diese harte strenge Einsamkeit. Aber da, am Nachbarhügel, ebenso leicht und schlank und weiß, eine zweite, eine dritte. Es sind die elf Kirchen, die die einstige mächtige Stadt Vila Rica beschirmten und nun das kleine schlafende Städtchen Ouro Preto. Sie bieten zuerst einen unwirklichen Eindruck, diese ragenden Kirchen, die frei und stolz ihre Schönheit in den Himmel heben, während unter ihnen etwas klein und ungewiß liegt wie ein vergessener oder weggeworfener Überrest – diese wie vom Vogel Greif des Märchens hierhergetragene Stadt, die plötzlich müde geworden war und, ausgeblutet von ihren Menschen, sich nicht mehr aus ihrer Erschöpfung aufrichten konnte. Nichts hat sich hier geändert, während in Rio de Janeiro, in São Paulo man jede Stunde ein neues Haus baut und sich sonst überall die Dimensionen mit tropischer Wachstumskraft ins Phantastische vermehren; auf dem Hauptplatz mit dem einstigen Palast des Gouverneurs, der über hunderttausend Menschen gebot, schatten ein paar Leute vorüber und verlieren sich in den engen holprigen Nebengassen, Maulesel traben genau wie zur Kolonialzeit in langen Zügen, einer hinter dem andern mit ihrer Last von Holz, in dunklen Stuben arbeitet der Schuster mit gleichem Pech und Draht und Werkzeug, wie sein Urahn als Sklave oder Sklavensohn es getan. Die Häuser scheinen so müde, daß man meint, sie lehnten sich nur so nah und nieder aneinander, um eines das andere zu stützen; ihr Verputz ist so alt und grau, so abgeblättert und zerfaltet wie ein Greisenantlitz. Man weiß, auf dem steinigen, stockigen Pflaster, in dem hier und in Mariana die Gäßchen auf und nieder steigen, sind die Schritte der Großväter und Ahnen derselben Menschen im gleichen Kleid zu gleichem Werk gegangen; spät am Abend scheint es einem gespenstischerweise, als wären es noch die Menschen von einst oder ihre Schatten. Manchmal wundert man sich, daß die Glocken an den Kirchen die Stunden zählen, denn wozu sie zählen, die Zeit, wenn sie stille steht und stockt? Hundert Jahre, zweihundert Jahre scheinen hier nicht mehr als ein Tag. Man kommt zum Beispiel vorbei an einer Reihe verbrannter Häuser; ohne Dach, ohne Holzsparren stehen rauchgeschwärzt die nackten und halb niedergefallenen Mauern. Ein Feuer, so glaubt man, hätte dort vor einer Woche, vor einem Monat gewütet, und man habe sich noch nicht die Mühe genommen, den Schutt wegzuräumen. Aber dann wird man belehrt, es seien dies doch die Häuser, die im Juli 1720 der Gouverneur Conde de Assumar niederbrennen ließ. Seit diesen 220 Jahren hat sich keine Hand gerührt, weder sie neu aufzubauen noch sie niederzureißen. Alles ist geblieben in Ouro Preto, in Mariana, in Sabará, wie es war zur Zeit der Sklaven und des Goldes. Mit unsichtbaren Flügeln, ohne sie zu berühren, ist die Zeit über die verlassenen Goldstädte dahingefahren.

Aber gerade dieses Stehenbleiben in der Zeit gibt heute diesen verlassenen Schwesterstädten von Ouro Preto, Mariana, Sabará, Congonhas do Campo und São João d'El-Rei ihren einzigartigen Reiz. Wie sonst in einem Museum hinter gläserner Vitrine ist hier inmitten einer vielfältigen Landschaft das Bildnis der kolonialen Zeit und Kultur derart unversehrt bewahrt wie an keiner anderen Stelle Amerikas und vielleicht noch eindrucksvoller als an jedem anderen Ort; diese alten Minenstädte sind heute das Toledo, das Venedig, das Salzburg, das Aigues-Mortes Brasiliens, bildhaft gewordene Geschichte und dazu noch Geschichte einer eigenartigen nationalen Kultur. Denn – so unwahrscheinlich es klingt

– in diesen abgelegenen, damals durch keine Straße mit der Küste, mit der Welt verbundenen Städten, in denen nur wilde, ungebildete, einzig nach Gold und raschem Gewinn gierige Abenteurer sich zusammengerottet hatten, war in der kurzen Zeit der Blüte eine ganz persönliche Kunst entstanden; die Kirchen und Kapellen dieser fünf Städte, von einer einzigen Gilde ansässiger Künstler geschaffen, gehören zu den eigenartigsten Denkmälern der kolonialen Vergangenheit, die der neue Weltteil besitzt, und die gesehen zu haben, auch eine ziemlich umständliche Reise lohnt.

An und für sich haben diese hellen, schön proportionierten Kirchen, die sich von den Hügeln von Ouro Preto, von Sabará, von Congonhas, von Mariana brüderlich grüßen, keine neuen Linien, keine bodenständige, keine typisch brasilianische Architektur. Sie sind alle in dem sogenannten jesuitischen Barock erbaut und die Pläne wohl aus Portugal herübergekommen; auch an Reichtum der Ausstattung werden sie von den Kirchen São Bento und São Francisco in Rio de Janeiro, an Alter und Ehrwürdigkeit wiederum von jenen in Bahia übertroffen. Was sie sehenswert und unvergeßlich macht, ist die harmonische Art, in der sie sich in eine völlig leere Landschaft hineinkomponieren, und ihre Einzigartigkeit besteht in dem Wunder, daß solche großzügige, kunstvolle Bauten in dieser damals völlig von der zivilisierten Welt abgelegenen Zone überhaupt entstehen konnten – in dem noch heute nicht ganz erklärlichen Wunder, daß innerhalb dieser eilig herangeschwemmten Rotte von Goldgräbern, Abenteurern und Sklavenhorden sich eine kleine Gilde einheimischer Künstler und Werkleute fand, die fähig waren in vollkommener und persönlicher Weise diesen Kirchen diese reiche plastische und malerische Ausschmückung zu geben. Woher sie gekommen und wie sie sich zum Werke gefunden, diese wandernde Gilde, die viele Meilen weit von einer Goldstadt zur andern zog, um dort in organischer Gemeinschaft diese weithin leuchtenden Denkmäler der Frömmigkeit über die gierige Fron des Goldes zu erheben, wird vielleicht für immer ein Geheimnis bleiben; nur eine Gestalt tritt plastisch aus dieser Gruppe hervor, der Plastiker dieses schaffenden Kreises – António Francisco Lisboa, genannt *o Aleijadinho*, der Verstümmelte.

Dieser Aleijadinho ist der erste wirklich brasilianische Künstler und schon deshalb typisch brasilianisch, weil ein Mischling, der Sohn eines portugiesischen Zimmermeisters und einer Negersklavin. In Ouro Preto 1730 geboren, zu einer Zeit, da die Stadt noch nichts war als ein Gewirr hastig herangefluteter Menschen, ohne richtige Häuser, ohne steinerne Kirchen und Paläste, wächst er auf ohne Lehrer, ohne Meister und ohne die flüchtigsten Elemente der Bildung. Was den andern an diesem kleinen wilden Mulatten zunächst auffällt, ist seine dämonische Häßlichkeit, die ihm eine Art Bastardbruderschaft zu Michelangelo gibt, dessen Namen er wahrscheinlich nie vernommen, und von dem er niemals ein Werk gesehen. Mit seinen dicken hängenden Negerlippen, seinen großen Schlappohren, seinen entzündeten und immer zornig blickenden Augen, seinem völlig zahnlosen und schiefen Mund, seinem verkrümmten Körper muß er schon in seiner Jugend einen so widrigen Anblick geboten haben, daß – wie die Chroniken schildern – jeder erschrak, der ihm unvermuteterweise begegnete. Dazu kommt noch von seinem sechsundvierzigsten Jahre jene grauenhafte Krankheit, die ihn verstümmelt und ihm erst die Zehen von den Füßen und dann die Fingerglieder wegfrißt. Aber keine Verstümmlung kann den so grausam von der Natur Gezeichneten an der Arbeit hindern. Jeden Morgen läßt sich dieser schwarze Lazarus von seinen beiden Negersklaven in die Werkstatt oder in die Kirchen tragen, und sie stützen ihm den unsicheren Stand seiner verstümmelten Füße, sie binden ihm an die fingerlosen Hände den Meißel, den Pinsel, damit er arbeiten kann, und erst wenn die Dunkelheit niedergesunken ist, führen sie ihn in der Sänfte wieder in sein Haus zurück. Denn der »Aleijadinho« weiß um das Grauen, das von ihm ausgeht. Er will keinen Menschen sehen und von keinen Menschen gesehen werden. Er will nur seine Arbeit, die ihn vergessen läßt an sein dunkles, sein unerträgliches Schicksal, er lebt nur für seine Arbeit und lebt nur für sie und durch sie bis zu seinem vierundachtzigsten Jahr.

Erschütternde Tragödie eines Künstlers, in dessen düsterer Seele vielleicht ein wahrhaftes Genie verschlossen war, und dem ein böswilliges Schicksal versagte, seine letzten, seine eigentlichen Möglichkeiten zu entfalten. Vielleicht war in diesem verstümmelten Mulatten tatsächlich ein Bildhauer trächtig, dessen Werke der ganzen Welt gegolten hätten. Aber in ein abgelegenes Bergdorf mitten in tropische Einsamkeit verschlagen, ohne Lehrer, ohne Meister, ohne mithelfende Kameraden, ohne Kenntnis, ja ohne Ahnung der großen Vorbilder kann dieser arme Bastard nur mühsam und auf unsicheren Wegen sich wirklich gültiger Leistung annähern. Einsam wie Robinson auf seinem Eiland in der kulturellen Wildnis seines Goldgräberdorfs hat Lisboa nie eine griechische Statue gesehen, nie selbst eine Nachbildung Donatellos oder eines seiner Zeitgenossen. Er hat nie die weiße Fläche des Marmors gefühlt, er kennt nicht die fördernde Hilfe des Erzgießers; nie steht ein Mitbruder ihm zur Seite, ihn die Gesetze der Kunst zu lehren und die von Generation zu Generation überlieferten Geheimnisse der Werktechnik. Wo die andern sich fördern durch Zuspruch, sich steigern durch ehrgeizigen Wettbewerb, steht er allein in einer seelenmörderischen Einsamkeit und muß suchen, erarbeiten, erfinden, was die anderen seit Jahrhunderten längst fertig und vollendet vorgefunden. Aber der Haß gegen die Menschen, der Abscheu vor seiner eigenen widrigen Gestalt treibt ihn tiefer und tiefer in die Arbeit hinein und auf qualvoll langsamem Wege sich selber entgegen. Während seine ornamentalen Plastiken nur geschmackvoll, nur handwerklich kunstvoll sind, aber in den Figuren im leeren Schema des

Barock beharren, erreicht er im siebzigsten, im achtzigsten Jahr eigenes persönliches Format. Die zwölf großen Statuen in *pedra de sabão*, in jenem merkwürdigen weichen, aber der Zeit standhaltenden Seifenstein, welche den Stiegenaufgang der Kirche von Congonhas krönen, haben trotz all ihrer technischen Fehler und Unbeholfenheiten volle Wucht und Gewalt. Genial in die Szenerie hineinkomponiert, atmen sie hier im Freien (während sie in der Gipsrepoduktion in Rio de Janeiro starr wirken) in starker Bewegung; eine wilde Seele offenbart sich in ihren herrischen und ekstatischen Gesten. Mühe und Qual eines dunklen und verstümmelten Lebens ist in ihnen zum Kunstwerk oder zumindest zu Kunstwirkung erlöst.

Auch die andern – zum Teil namenlosen – Künstler jener Kirchen hatten unermeßliche Schwierigkeiten zu überwinden. Es waren nicht die Quadern zur Stelle, um den Gebäuden die volle Wucht zu verleihen, nicht der Marmor, nicht die Werkzeuge, um ihn zu behauen; aber sie hatten das Gold, und sie hatten es im Überfluß. Sie konnten die hölzernen Balustraden, die Rahmen, das Schnitzwerk aufleuchten lassen in dem kostbaren Erz, und so strahlen diese Altäre in schimmerndem Glanz. Man kann es sich denken, wie die ersten Ansiedler, die in kümmerlichen Hausungen wohnten, die kaum ein Bett hatten und nichts außer ihrem Kleid, ihrem Dolch und ihrem Spaten, stolz waren, daß plötzlich diese weißen Kirchen mit aller Pracht der Bilder und Werke ihnen eine Ahnung von überirdischer Schönheit in ihr wildes und zügelloses Leben brachten. Bald wollten auch die schwarzen Negersklaven nicht zurückstehen. Auch sie wollten ihre Kirchen, in denen die Heiligen dunkelfarben sein sollten wie sie selbst, und sie brachten ihre geringen Ersparnisse, sich gleichfalls eine solche Herrlichkeit zu erbauen. So entstand auf dem anderen Flügel von Ouro Preto die Kirche Santa Ifigenia, gestiftet von »Chico Rei«, einem Negersklaven, der in Afrika Fürst seines Stammes gewesen und durch besonders glückliche Goldfunde sich und die Sklaven seines Stammes freigekauft. Dieser Kranz von Kirchen leuchtet heute mitten im einsamen Bergland und über den verschollenen Städten – ein einziger Anblick und ein wahrhafter Augentrost. Denn was der Fluß in ewiger Mühe herangeschwemmt, was die dunklen Berge von ihren Schätzen, den längst noch nicht ganz gehobenen, gegeben, hat sich in den edelsten und dauerhaftesten Wert dieser Erde verwandelt: in Schönheit. Längst sind die Städte, die Siedler verschwunden aus diesen wieder vereinsamten Tälern, aber die Kirchen sind geblieben als Wächter und Zeugen vergangener Größe. Ouro Preto, in seiner düsteren Verfallenheit das Toledo Brasiliens, und Congonhas, lieblicher gelegen und von milden Palmen gekront, sein Orvieto oder Assisi, haben der Zeit Trotz geboten, indem sie die Vergangenheit treu bewahrten. Mit Recht hat sich Brasilien entschlossen, dies kostbare Vermächtnis unversehrt als »nationales Denkmal« zu erhalten, um so mehr als Ouro Preto auch in seiner nationalen Geschichte durch die Verschwörung der *Inconfidência Mineira* ein Ort der Pilgerschaft geworden ist. Diese Städte gesehen zu haben, ist ein Erlebnis besonderer Art und nicht bloß eine Augen- und Seelenfreude. Denn geheimnisvoll fühlt man an ihrer eigentlich unverständlichen Existenz die vielfältige Magie dieses gelben Metalls, das Städte in die Wildnis stellt, in den wüstesten Freibeutern Sehnsucht nach Kunst erregt, das hier wie immer die guten Instinkte anreizt wie die schlimmen, und, selber kalt und schwer, in dem Blut und den Sinnen der Menschen die heißesten und heiligsten Träume erregt – dieses geheimnisvollen und unzerstörbaren Wahns, der aber- und abermals die Welt verwirrt.

Mit einem letzten Blick auf diese romantisch düsteren Hügel mit ihren wie Engelsschwingen sie überschwebenden Kirchen hat man diese eigenartige Welt verlassen, die der trügerische Glanz des Goldes vor Jahrhunderten wie eine Fata Morgana in den leeren Raum gezaubert hat. Aber man will nicht aus diesen Tälern des Goldes, ohne mit eigenen Augen wenigstens einen Schimmer oder eine Spur des geheimnisvollen Elements gesehen zu haben, das die Menschen hierhergetrieben, man will nicht aus der Goldwelt, ohne Gold berührt, betastet zu haben. Die Gelegenheit scheint leicht gegeben. Denn ab und zu im Vorüberfahren sieht man noch einen Mann mit beiden Füßen tief im Rio das Velhas stehen und nach alter Weise den Sand im Siebe schütteln; auch dies hat sich nicht geändert in zweihundert Jahren: noch immer versuchen hier arme und keineswegs mehr romantische Goldgräber ihr Glück, denn es ist jedem verstattet, nach alter Weise dem Schwemmgold nachzuspüren. Gerne hätte ich einem dieser armen Glückssucher bei dieser mühseligen Arbeit zugesehen; aber man warnte mich, nicht meine Zeit zu vergeuden. Denn Stunden und Stunden, ja oft Tage und Tage schütteln diese Ärmsten der Armen vergeblich das Sieb und schöpfen sinnlos den leeren Sand. Und es bedeutet schon eine besondere Glücksstunde, wenn einer endlich ein einziges gelbes winziges Körnchen in seinem Siebe findet. Davon kann er wieder notdürftig ein paar Tage leben, um so Woche für Woche weiter zu schütteln und zu suchen; es ist ein tragisches, ein verzweifeltes Bemühen geworden, hier noch im angeschwemmten Sande nach Gold zu suchen. Während die *garimpeiros*, die Diamantensucher ein guter Fund manchmal für Jahre entschädigt, sind diese Franktireurs der Goldjagd schlimmer daran als der ärmste Arbeiter. Goldgewinn ist längst nurmehr in organisierter und kollektiver Weise möglich wie in den modernen Minen von Morro Velho und Espírito Santo, die von englischen Ingenieuren geleitet und von amerikanischen Maschinen bedient werden. Es ist ein ungemein komplizierter, aber aufregend sehenswerter Betrieb, der einen vom Tageslicht tief in die Unterwelt führt; das Gold von Minas hat sich, seit es sie in ihrer Wildheit kennenlernte, vor den Menschen längst in die Felsen verkrochen. Es will sich nicht mehr leicht greifen und fassen lassen, aber in den Hunderten Jahren der Jagd ist der Mensch auch hundertfach geschickter und raffinierter geworden als seine Ahnen. Er hat sich mit der Technik eine wirksame Waffe erfunden, und in tiefen und immer tieferen Stollen arbeiten sich nun stählerne Hände an das boshafte Metall heran; über zweitausend Meter sind die Schächte schon hinuntergewühlt in den Berg, und nicht Minuten, sondern Stunden dauert es, ehe man im Aufzug den untersten Stollen erreicht. Dort geschieht die große Arbeit. Mit elektrischen Bohrern wird das dunkle Gestein abgesprengt und auf Schienenwegen in Karren von Eseln zum Aufzug geschleppt – von armen grauen Eseln, die dort als lebenslänglich Gefangene in den elektrisch erhellten Schächten zu arbeiten und zu schlafen für immer verurteilt sind, auch sie wie die Menschen Sklaven und Opfer des Golds. Nur dreimal im Jahr, zu Ostern, zu Pfingsten, zu Weihnachten dürfen sie, wenn der Betrieb ruht, für einen einzigen Tag in die obere Welt empor, und kaum sie das Sonnenlicht sehen, beginnen die rührenden Tiere jubelnd zu schreien, zu springen und wälzen sich vor Wollust auf dem Rücken aus Freude an dem wirklichen, an dem so lang entbehrten Licht. Aber was in diesen Karren emporgeschafft wird, ist durchaus noch nicht reines Gold. Es ist nur ein grobes Gestein, grau, schmutzig, hart, ein Konglomerat, in dem auch das schärfste Auge nicht einen gelben Schimmer von Gold wahrzunehmen vermöchte. Aber nun fassen die Maschinen mit ihren riesigen Kräften die Klötze, das Gestein wird mit haushohen Hämmern zertrümmert, zerschlagen und so lange zerrieben, bis es eine weiche, vom Wasser ständig durchströmte Masse bildet, die dann durch Siebe geleitet und über vibrierende Tische geführt wird. Immer mehr soll das Metallische von der übrigen wertlosen Masse gesondert werden. Der schon geläuterte, bereits ganz feine Sand wird dann noch- und nochmals durch elektrische und chemische Prozeduren immer genauer gesiebt, bis schließlich nach unzähligen – kaum einzeln zu beschreibenden raffinierten Phasen – das letzte minimalste Stäubchen Gold aus dem Gestein gerettet ist. Nun kann das reine Element in glühenden Schmelztiegeln herausgekocht werden.

Eine Stunde, zwei Stunden hat man all diese mit dem kollektiven Genie zahlloser Erfahrungen ersonnenen Prozeduren angespannt und erregt beobachtet. Man hat Hunderte und sogar Tausende Menschen in dieser riesigen Fabrik gesehen, die Arbeiter im Stollen, im Aufzug, an den Maschinen, die Verlader, die Träger, die Schmelzer, die Heizer, die Ingenieure, die Verwalter. Es dröhnen einem noch die Ohren von dem Donner der niederschmetternden Hämmer, es schmerzen einem die Augen, die zuviel gesehen haben, von dem unablässigen Wechsel von Dunkel, von künstlichem und dann wieder natürlichem Licht. Alles hat man gesehen, nur das Eigentliche noch nicht, das reine Gold, das sichtbare Resultat all dieser phantastischen Mühe. Und man ist ungeduldig zu wissen, wieviel diese Arbeit von den achttausend Menschen, die hier tagtäglich im Werke beschäftigt sind, fördert. Wieviel, welche gewaltigen Massen Goldes die komplizierte Prozedur dieser unübersehbaren Maschinerie und die Leistung all der eingesetzten geistigen, manuellen, chemischen, elektrischen Kräfte als Tageserträgnis an Gold produziert haben. Schließlich bekommt man die Tagesleistung zu sehen, und man erschrickt beinahe, denn es scheint so unsagbar widersinnig. Es ist nicht, wie ich gemeint hatte, ein riesiger Haufen, ganze Klötze wie in den Kammern Montezumas – es ist nicht mehr als ein kleiner Block Gold, nicht größer als ein Ziegelstein. Es ist also nicht mehr als ein einziges gelbes Stück Metall, das diese achttausend Menschen mit Hilfe der kompliziertesten Maschinen in kunstvollster organisierter Arbeit der Erde abgerungen, und dieser eine winzige Ziegelstein gelben Metalls bezahlt diese achttausend Menschen und verzinst die Investitionen und speist noch irgendwo die unbekannten Aktionäre. Und wieder einmal wurde ich des teuflischen Zaubers gewahr, den dieses gelbe Erz seit Jahrtausenden über die Menschen übt. Zum erstenmal hatte ich sinnlich und optisch den ganzen Widersinn dieser Hörigkeit empfunden, als ich in Paris in den unterirdischen Kellern der Banque de France sah, wie dort in einer Art Festung unzählige Meter tief unter der Erde der angebliche Reichtum Frankreichs in Barren aufgestapelt lag, tot und kalt, eigentlich imaginäre Millionen und Milliarden – als ich sah, wieviel Mühe, wieviel Kunst und geistige Kraft verschwendet wurden, in einer künstlich in Paris angelegten Mine dieses in Afrika, Amerika, Australien mühsam ausgegrabene Gold wieder in die Erde zu verstecken. Und hier, an einem anderen Ende der Welt sah ich dieselbe Mühe, dieselbe Kunst, dieselbe geistige Kraft, gesammelt in der Arbeit von achttausend Menschen, um dasselbe tote Metall listvoll der Erde zu entreißen, nur damit es irgendwo wieder in sie hineingesenkt werden könne in einen künstlichen Schacht einer Bank, eines Kellers. Und ich verbot mir, über den Irrwitz der Goldgräber von Vila Rica zu spotten, die dort in Prunkgewändern stolzierten, denn der alte Wahn ist noch heute derselbe, er ändert nur seine Formen. Noch treibt dieses kalte Metall mächtiger als alle Dynamos und geistigen Wellen die Menschheit an und bestimmt in unberechenbaren Auswirkungen die Geschehnisse unserer Welt; und gerade als ich kalt und völlig ungöttlich den gelben Ziegelstein Gold vor mir liegen sah, wurde das Paradoxe mir bewußt.

So erging es mir sonderbar in diesen Tälern des Goldes. Ich war gekommen, um seine Macht, seine Wirkung besser zu verstehen an dem Ort seines Ursprungs, im Anblick seiner wirklichen, seiner sinnlichen Formen. Aber nie wurde ich des Widersinns dieses Wahns tiefer gewahr als in der Minute, als ich völlig ehrfurchtslos den gelben Ziegelstein Gold anrührte, an dem noch die frische, unsichtbare Arbeit von Tausenden von Händen klebte; es war nichts als kaltes, hartes Metall.

Keine Schwingung, keine Wärme strömte über in meine Hände, keine Heizung ging über in meine Sinne, keine Ehrfurcht in meine Seele. Und ich konnte nicht verstehen, daß dieselbe Menschheit diesem Wahne dient, die doch fähig wäre, solche hohe, strahlende Schöpfungen wie jene leuchtenden Kirchen zu erschaffen und in ihnen das irdische Vermächtnis der Ewigkeit ehrfürchtig zu hüten: die Kunst und den Glauben.

Flug über den Norden

Bahia: Treue zur Tradition

Mit dieser Stadt hat Brasilien – und man darf es berechtigt sagen – hat Südamerika begonnen. Hier stand der erste Pfeiler des großen kulturellen Brückenschlags über den Ozean, hier ist aus europäischem, afrikanischem und amerikanischem Urstoff die neue, die noch fruchtbar gärende Mischung entstanden. Respekt darum vor Bahia, vor allem Bewunderung: diese Stadt hat das Vorrecht der Anciennität unter allen Städten des südamerikanischen Festlands. Mit seinen mehr als vierhundert Jahren, mit seinen Kirchen und Kathedralen und Kastellen bedeutet Bahia für die neue Welt, was für uns Europäer die jahrtausendalten Metropolen, was für uns Athen und Alexandria und Jerusalem: ein kulturelles Heiligtum. Und wie bei einem Menschenantlitz fühlt man ehrfürchtig vor dieser Stadt, daß sie ein Schicksal hat, eine glorreiche Vergangenheit.

Die Haltung Bahias ist die einer Königinwitwe, einer shakespearisch grandiosen Königinwitwe. Sie ist vermählt den Vergangenheiten. Längst hat sie die Königsmacht an ein jüngeres, ungeduldiges Geschlecht abgegeben. Aber sie hat nicht abgedankt, sie hat ihren Rang bewahrt und mit dem Rang eine unvergleichliche Hoheit. Stolz und aufrecht blickt sie von der Höhe herab auf das Meer, wo seit Hunderten Jahren alle Schiffe zu ihr kamen, noch trägt sie den alten Schmuck ihrer Kirchen und Kathedralen, und diese Hoheit der Haltung lebt weiter in ihrem Volke. Mögen die jüngeren Städte, mögen Rio de Janeiro, Montevideo, Santiago, Buenos Aires heute die reicheren, die mächtigeren, die moderneren sein: Bahia hat seine Geschichte, seine eigene Kultur, seine eigene Lebensform. Von allen Städten Brasiliens hat es am treuesten die Tradition bewahrt. Nur in ihren Steinen und Straßen versteht man Brasiliens Geschichte, nur hier begreift man, wie aus Portugal Brasilien geworden ist.

Bahia ist eine Stadt, die bewahrt, eine Stadt der Treue; sie hat nicht nur ihre alten Denkmäler geschützt gegen den eilfertigen Einbruch des Neuen, sie hat äußerlich ihre Physiognomie und innerlich ihre Tradition unverbrüchlich durch die Jahrhunderte erhalten. Wer ihr vom Meere naht, sieht sie nicht anders wie zur Zeit der Kaiser und der Vizekönige – unten der gleichgültige Hafen mit seinen vielfach modernisierten Geschäftsstraßen, aber oben das steinerne Haupt, die zur Bastion zusammengefaßte Stadt, die mit ruhiger und stolzer Ruhe den Besucher erwartet. Hier oben scharten sich hinter Palisaden vor vierhundert Jahren die Ansiedler zusammen, um gegen Überfälle von Piraten oder Eingeborenen geschützt zu sein. Aus dem Lehmwall wurde allmählich eine Mauer, hinter der die Stadt sich gesichert erhob; bald wagte man Kirchen zu bauen und Paläste auf dem schroff abwehrenden Fels, und dieses wundervolle Profil, diese weit geschwungene, diese königliche Linie hat sie sich erhalten. Nichts in Südamerika weiß ich dieser stolzen, dieser majestätischen Haltung zu vergleichen, mit der an der gleichen Stelle wie zu Cabrals und Magellans Tagen Bahia über seinen Hafen und seine alten Kastelle weithin über den Ozean blickt.

Wandert man empor den steilen, von bröckelnden Häusern umrahmten engen Weg, so erkennt man, wie reich diese Stadt einmal gewesen. Sie ist nicht verarmt heute, sie ist nicht zurückgesunken. Sie ist nur stehengeblieben, und das gibt ihr jene Schönheit, wie sie alle Städte haben, die Jahrzehnte und Jahrhunderte verträumt haben, wie Venedig, wie Brügge, wie Aix-les-Bains. Zu stolz, um der neuen Zeit ungestüm nachzujagen und Wolkenkratzer zu türmen, um mit Rio de Janeiro, mit São Paulo zu wetteifern, zu lebendig anderseits, um zu verfallen wie die Goldstädte von Minas Gerais und museal zu werden, ist sie geblieben, was sie war: die Stadt des alten portugiesischen Brasiliens, und einzig hier fühlt man Brasiliens Herkunft und seine jahrhundertealte Tradition.

Diese Tradition spürt man überall. Bahia hat – im Gegensatz zu allen andern brasilianischen Städten – seine eigene Tracht, seine eigene Küche, seine eigene Farbe. Nirgends zeigt sich die Straße so bunt wie hier, wo die afrikanische, die alt-koloniale Bevölkerung sich geschlossen behauptet hat; ununterbrochen meint man die Szenen aus Debrets »Brésil pittoresque« als lebendige Bilder zu sehen, all diese einstigen Dinge, die längst aus den andern Großstädten verschwunden sind. Zwar steuern die Automobile puffend die Straßen entlang, aber in der Altstadt schleppen noch Maultiere auf schaukelnden Sätteln Früchte und Holz, Lastesel kann man hier noch nach der Stunde zur Beförderung mieten wie Autos in einer modernen Stadt, und am Hafen wird die Fracht wie zu römischen und phönizischen Zeiten nicht durch künstliche Krane sondern auf dem Rücken der Lastträger in die Schiffe geholt. Die Verkäufer mit ihren breitkrempigen Strohhüten tragen wie eine ungeheure Waage auf ihren Schultern die Stange, von der rechts und links die Ware niederhängt, auf dem nächtlichen Markt sitzen bei Kerzen oder Acetylenflammen die Händler auf der bloßen Erde inmitten Bergen von Orangen, Kürbissen, Bananen und Kokosnüssen. Während an ihren steinernen Kais die Ozeandampfer groß und mächtig liegen, schaukeln noch am Ufer die Segelschiffe, die von und zu den Inseln fahren, schmal, schlank und leicht, ein schwankender Wald von Masten. Und sogar die *Sangadas* sieht man noch, die Kanoes der alten Brasilianer, eine Kuriosität ohnegleichen. Eigentlich ist es nur ein Floß, aus drei oder vier Baumstämmen ohne jede Kunst zusammengenagelt und darauf ein enger Sitz, nichts Primitiveres kann man sich erdenken. Aber mit diesen winzigen Flößen steuern die Leute verwegen weit hinaus ins Meer – man kann es nicht fassen – und man erzählt die heitere Geschichte, wie ein amerikanischer Dampfer, als er ein solches Floß mit seinem armen Segel weitab vom Lande sah, sofort beigedreht habe in der Meinung, er müsse Schiffbrüchige retten. Alles spielt hier in den buntesten Formen durcheinander, heute und gestern. Da ist die alte Universität mit ihrer hochberühmten Fakultät, die älteste des Reiches, die Bibliothek und der Palast und die Hotels und der moderne Sportklub. Und zwei Straßen weiter, und man lebt in portugiesischer Sphäre; kleine, niedere Häuschen, überfüllt mit Menschen und Leben, die tausend Formen des Handwerks und bald dahinter schon die *mocambos*, die Negerhütten zwischen ihren Bananensträuchern und Brotbäumen. Da sind asphaltene Straßen und daneben das katzenköpfige Pflaster verschollener Zeiten; in zwei, in drei, in vier verschiedenen Jahrhunderten kann man in Bahia innerhalb von zehn Minuten zugleich sein, und jedes wirkt gleich echt und natürlich. Denn das ist der eigentliche Zauber von Bahia: alles ist hier noch echt und unbeabsichtigt; die sogenannten »Sehenswürdigkeiten« drängen sich dem Fremden nicht auf, sie sind unmerklich eingeschmolzen in das Ensemble. Alt und neu, heute und gestern, vornehm und primitiv, 1600 und 1940, all das fließt ineinander in ein einziges flutendes Bild, das überdies noch umrahmt ist von einer der friedlichsten, der lieblichsten Landschaften der Welt.

Das Pittoreskeste im ständig Pittoresken sind die Bahianerinnen, die mächtigen dunkeläugigen Negerinnen mit ihrer eigenartigen Tracht. Man kann es eigentlich nicht Kostüm nennen, denn Kostüm meint schon ein in bestimmter Absicht oder bei bestimmtem Anlaß getragenes Kleid. Aber die Bahianerinnen, auch die ärmsten, tragen immer ihre Tracht, tragen sie Tag für Tag, und man kann sich keine pompösere erdenken. Sie ist mit nichts vergleichbar, nicht afrikanisch und nicht orientalisch und nicht portugiesisch, sondern alles zugleich. Ein farbiger Turban im Haar, mit raffinierter Kunst geschlungen, rot, grün, gelb, blau oder gefleckt, aber immer grell, eine bunte Bluse wie die der slovakischen und ungarischen Bäuerinnen, darunter glockenförmig ausschwingend ein gesteifter, riesig breiter Rock – man kann den Verdacht nicht loswerden, die Slavenahnen dieser Negerinnen hätten im Zeitalter des Reifrocks bei ihren portugiesischen Damen diese Krinolinen gesehen und als Sinnbild vornehmer Pracht in ihren billigen Kattunkleidern bewahrt. Ein Tuch noch über die Schulter, dramatisch geworfen, das auch gleichzeitig als Unterlage dient, wenn sie auf dem Haupt die Wasserkrüge oder mächtige Körbe tragen, ein paar klirrende Armbänder aus billigem Metall: so geht jede dieser schwarzen Bahianerinnen, aber jede in anderen Farben, anderen grellen Nuancen durch die Straßen. Doch das Imposante liegt eigentlich gar nicht im Kostüm, es ist die Haltung, in der sie es tragen, ihr Gang, ihr Gehaben. Sie sitzen auf dem Markte oder auf einer schmutzigen Schwelle; aber wie einen Königsmantel schlagen sie den weiten bauschigen Rock unter sich rund, daß sie wie in einer riesigen Blume zu sitzen scheinen. In dieser imposanten Haltung verkaufen diese schwarzen Fürstinnen die allerbilligste Ware auf Erden, kleine, fette oder würzige Bäckereien, die sie an einem Holzkohlenherdchen zubereiten – derart billige kleine Küchelchen und Fischragout, daß ein Blatt Papier, um sie einzuwickeln, schon zu kostspielig wäre. In einem grünen Palmblatt reicht es die schwarze, mit den Armbändern leise klingende Hand einem hin. Und ebenso majestätisch ihr Schreiten wie ihr Sitzen. Auf dem Kopf tragen sie Zentnerlast, Körbe mit Wäsche oder Fischen oder Obst, aber es ist Augenlust zu sehen, wie sie damit durch die Straßen gehen, stolz erhoben der Nacken, die Hände zu beiden Seiten in die Hüften gestützt, den Blick ernst und frei: ein Regisseur, der ein Königsdrama vorbereitet, könnte von diesen schwarzen Fürstinnen des Markts und der Küche viel lernen. Abends wenn man sie sieht in ihren dunklen Küchen, nur farbig erleuchtet von den Flammen, geheimnisvoll eifrig die sonderbaren Gerichte brauend, muß man an vorweltliche Zaubereien denken: nein, es gibt nichts Pittoreskeres als die

Negerinnen von Bahia, nichts Bunteres, Echteres, natürlich Belebteres als die Straßen dieser Stadt. Hier und nur hier kennt und versteht man Brasilien.

Bahia: Kirchen und Feste

Bahia ist nicht nur die Stadt der Farben: sie ist auch die Stadt der Kirchen, Brasiliens Rom. Daß sie so viele besitzt wie Tage im Jahr, mag ebenso eine Übertreibung sein, als daß sich Rio in seiner Bucht von Guanabara 365 Inseln zuzählt. In Wirklichkeit dürften es etwa achtzig sein. Aber sie beherrschen die Stadt. Sonst ist in großen Metropolen die zum Himmel aufragende Linie der alten Kirchen längst überhöht durch die Hochhäuser und modernen Bauten – nichts symbolischer vielleicht als jene alte Kirche bei der Wall Street in New York, die, einstmals die Straße beherrschend, sich ganz verschüchtert in den Schatten der Bankpaläste drückt. In Bahia aber beherrschen die Kirchen noch die Stadt. Sie stehen hoch und imposant auf ihren freien Plätzen, von ihren Klöstern und Gärten umringt, jede einem andern Schirmherrn geweiht, Franciscus, Benedictus oder Ignazius. Mit ihnen hat die Stadt begonnen; sie sind älter als der Palast des Gouverneurs und die vornehmen Häuser. Um sie hat sich die Niederlassung, Gottes Schutz in dem neuen Lande anflehend, geschart, und wenn die Seeleute, die nach Wochen und Wochen zwiefachen Blaus endlich Land erblickten, sahen sie als erstes die fromme Geste der hocherhobenen Türme. Und ihr erster dankbarer Weg ging für die Gnade der glücklichen Überfahrt ihrem Gotte zu danken.

Die mächtigste, nicht die schönste dieser Kirchen ist die Kathedrale, die sich an das alte Kolleg der Jesuiten lehnt, die Kirche der großen Erinnerungen, unter deren Fliesen Mem de Sá, der erste Gouverneur, begraben liegt, und von deren Kanzeln Padre António Vieira gepredigt. Sie ist die erste Brasiliens und wohl auch Südamerikas, deren Eingang mit echtem Marmor bedeckt ist; dieselben Schiffe, die Zucker aus Bahia frachteten, brachten auf der Rückreise den kostbaren Stein zurück. Denn nichts war diesen Männern des Glaubens zu kostbar für ihre Kirchen. Eng und düster, nieder und schmutzig starrten die Straßen, neun Zehntel der dunklen Bevölkerung hauste in Hütten und Mocambos. Aber die Kirche in diesem fernen Land, das keinen Luxus kannte, sollte alle Pracht haben; so brachte man die blauen Terrakotten, die *azulejos*, um die Wände zu schmücken, das Gold aus Minas Gerais hüllte das dunkle Holz in blendendes Licht. Und dann kam der Wettstreit der Orden. Hatten die Jesuiten eine weiträumige, pompöse Kirche, so wollten die Franziskaner eine noch schönere haben. Tatsächlich ist São Francisco noch reiner, weil schlichter in den Proportionen; welcher Zauber in seinen Klostergängen: die Wände mit Azulejos leuchtend, die Räume mit kostbarem Schnitzwerk aus Jacarandá geschmückt, die Decken getäfelt und in jeder Einzelheit das Walten eines besonnenen kultivierten Geschmacks! Aber auch die Karmeliter wollten ihre Kirche nicht minder schön und die Benediktiner, und dann kamen die Neger und wollten die ihre mit einer dunklen Madonna und dem Heiligen ihrer Farbe; so sind Kirchen und Klöster heute überall, kaum kann man eine größere Straße durchwandern, ohne auf eine zu stoßen, die nicht ihren antiquarischen Reiz hätte. Für jeden Gläubigen, der seine Andacht verrichten wollte, war in der einstigen Kolonie Raum zu jeder Stunde des Tags. Heute sind es dank jenes frommen Wettstreits sogar zuviel der Kirchen, um sie jemals gänzlich zu füllen und man brauchte Tage und Tage, um jede einzelne in all ihren Eigenheiten und Einzelheiten zu bewundern.

Diese Fülle der Kirchen (sie sind in den neueren Städten Brasiliens eher selten im Vergleich zu Europa) überraschte mich. Und ich fragte den freundlichen Geistlichen, der mich begleitete, ob Bahia noch immer wie einst die Stadt der Frömmigkeit sei. Er lächelte leise und sagte: »Ja, die Leute sind hier fromm. Aber sie sind es auf ihre Art.« Ich verstand zuerst nicht, was dies leise begleitende Lächeln meinte; es war nicht absprechend, nicht kritisch. Es deutete nur auf eine besondere Art der Frömmigkeit hin, die nicht ganz mit unserem Begriffe verbindbar ist, und die ich erst in den nächsten Tagen erkannte. Bahia ist von allen großen Städten Brasiliens die dunkelste; wie alles der Vergangenheit hat sie sich auch ihre alte Negerbevölkerung bewahrt und ist noch nicht in dem Maße wie die andern durch europäischen Zustrom aufgefärbt worden. Und die Neger sind seit Jahrhunderten die treuesten, die eifrigsten, die leidenschaftlichsten Anhänger der Kirche gewesen, nur daß die Form der Gläubigkeit auch innerlich bei ihnen einen anderen Farbton aufweist. Für diese naiveren, durch Denkarbeit nicht belasteten neugetauften Afrikaner bedeutete die Kirche nicht einen Ort der innern Sammlung, des stillen Insichversenkens; am Katholizismus lockte sie die Pracht, das Geheimnisvolle, das Farbige, das Üppige des Ritus, und schon Anchieta berichtete vor vierhundert Jahren, daß die Musik das Beste an Bekehrung bei ihnen vollbringe. Und noch heute ist bei diesem gutmütigen, leicht in seinen Sinnen erregbaren Volk Religion mit Festlichkeit, mit Freude, mit Schauspiel unlösbar verbunden; jeder Umzug, jede Prozession, jede Messe hat für sie etwas Beglückendes. Darum ist Bahia die Stadt der religiösen Feste. Ein Feiertag ist in Bahia nicht bloß eine rotgedruckte Linie im Kalender, sondern wird unwiderstehlich zum Volksfeiertag, zum Schauspiel, und die ganze Stadt setzt ihren Eifer daran, auf irgendeine Weise mitzutun. Wie viele solcher Feste es im Jahre gibt, konnte mir niemand verläßlich sagen, wahrscheinlich weil sich das Volk aus diesem merkwürdigen Mischgefühl von wirklicher Religiosität und Schaufreude immer neue erfindet.

So gehört nicht viel besonderes Glück dazu, in Bahia ein solches Volksfest zu sehen; aber ich hatte dieses Glück und noch dazu an dem Tage, da der Feiertag des Stadtheiligen

Bomfim gefeiert wird. Dieser im Kalender nicht auffindbare Bomfim hat in Bahia eine eigene Kirche, die etwa anderthalb Stunden abseits der Stadt mit bezaubernder Aussicht auf einem Hügel liegt und während einer ganzen Festwoche den Mittelpunkt der verschiedensten Feierlichkeiten bildet. Rings um den weiten Platz werden die kleinen Herbergshäuser von den bürgerlichen Familien gemietet; man besucht sich dort, man plaudert, man speist im Kreise der Freunde, während das geräumige Viereck inmitten für die vielen Tausenden bestimmt ist, die von der Abendmesse bis zur Morgenmesse hier unter den weißen, milden Sternen sich zu diesem frommen Anlaß in heiterster und ungezwungenster Weise zusammenfinden. Die ganze Front der Kirche strahlt in elektrischem Licht, und im Schatten unter den Palmen bauen sich unzählige Zelte auf, Speise und Trank zu bieten, im Gras kauern vor ihren kleinen Öfchen die schwarzen Bahia-Frauen, um mit ihren tausendfältigen billigen Leckereien das Publikum zu bewirten, und hinter ihnen schlafen, in weiße Laken gewickelt, inmitten des Getriebes ihre Kinder. Karusselle schwingen, es wird promeniert, getanzt, geplaudert, musiziert; von abends bis morgens, von morgens bis abends drängt das Volk heran, um durch die Messe ebenso wie durch ihre sorglose Freude dem Stadtheiligen ihre Reverenz zu erweisen. Aber die eigentliche, die unvergeßliche Zeremonie dieser Woche ist die Kirchenwaschung, die *lavagem do Senhor do Bomfim*. Charakteristisch schon für Bahia, wie dieser nirgendwo anders geübte Brauch entstanden ist. Die Kirche des Bomfim war ursprünglich eine Negerkirche. Und anscheinend hatte einmal ein Priester der Gemeinde aufgetragen, es gehöre sich doch, am Tage vor dem Fest des Heiligen die Kirche gründlich zu reinigen und den Fußboden mit Wasser zu scheuern. Die schwarzen Christen nahmen den Auftrag gerne an; welch eine gute Gelegenheit für die ehrlich frommen Gemüter, dem Heiligen ihre Liebe und Ehrfurcht zu erweisen! Sie wollten sie natürlich besonders gut fegen und scheuern, jeder war an dem bestimmten Tage zur Stelle, um der Ehre teilhaftig zu sein, dem guten Vater Bomfim sein Haus schön sauber zu fegen. Mit diesem durchaus frommen Bemühen begann es. Aber gemäß ihrem kindlichen, naiven Gemüt verwandelte sich dies Reinemachen der Kirche (wie jeder religiöse Akt) zum Fest. Sie rieben und fegten um die Wette, als wollten sie ihre eigenen Sünden abwaschen, Hunderte, Tausende drängten sich von nah und fern hinzu, immer mehr von Jahr zu Jahr. Und mit einem Mal war aus dem frommen Brauch ein Volksfest geworden, ein so stürmisches, ekstatisches, daß die Geistlichkeit Anstoß daran nahm und es abstellte. Aber der Wille des Volkes nach seinem Fest hat sich das *lavagem do Senhor do Bomfim* wieder erzwungen; heute ist es ein Fest der ganzen Stadt und eines der eindrucksvollsten, die ich zeitlebens gesehen.

Es beginnt mit einem Festzug, der durch die halbe Stadt den fast zweistündigen Weg nach der Kirche Bomfim zu pilgern hat, denn die ganze Bevölkerung will ihn sehen. Aber es ist ein richtiger Festzug des Volkes, nicht wie in Nizza heute der Karneval ein von Geschäftsleuten zu Reklamezwecken und vom Touristenbüro subventionierter; nichts rührender als eine Primitivität. Auf dem Platz vor dem Markte versammelt sich morgens die ungeduldige Menge zum Ausmarsch: und schon stehen die Lastautos vom Markt, die kleinen Eselskarren, die mit den billigsten Mitteln festlich drapiert werden, erwartungsvoll geschart. Ach, wie rührend primitiv ist dieser Schmuck! Dem Pferd wird die Spitzendecke vom häuslichen Bett umgeworfen, dem Lastwagen mit rotem, grünem, gelbem Seidenpapier die Räder umwickelt, dem Eselchen die Hufe mit Silberfarbe manikürt, den Fäßchen für die Waschung – ganz gewöhnliche Fäßchen vom Markt – mit goldenem Anstrich ein prunkvolles Ansehen gegeben; die ganze Ausstattung des Festzuges mag zehn Dollar schlimmstenfalls kosten. Aber doch wird es farbig und imposant durch die Bahiafrauen, die in frommem Eifer die

Krüge mit Blumen und die Fäßchen auf ihrem Haupt in der scharfen Sonne mit ihrer herrlichen Hoheit den ganzen langen Weg tragen. Prachtvoll sehen sie aus, diese schwarzen Königinnen, die sich zu ihrer farbigen Tracht für den festlichen Tag da noch ein Spitzentuch und dort noch eine klirrende Halskette geliehen haben, glücklich strahlend jede einzelne, mit ihrem frommen Gang zugleich dem Heiligen und der Freude des Volkes zu dienen. Auf Leiterwagen, auf ganz vorweltlichen Gespannen sitzen die jungen Burschen, die Besen stolz wie Gewehre schulternd, und unablässig übt sich eine mißtönende, ungeschulte Blechmusik; aber das alles glänzt und quirlt in dem lodernden Licht, und rückwärts blaut das Meer und zu Häupten der Himmel. Es ist ein Fanal der Farben und der Heiterkeit.

Endlich – mit der üblichen brasilianischen Verspätung – setzt sich der Zug in Bewegung. Er marschiert, die Frauen in langer Reihe, mit ihren Krügen zu Häupten, voran, sehr langsam durch die Stadt, denn alles will den Zug sehen. Von den Türen, von den Fenstern winkt und jubelt es *viva o Senhor do Bomfim*, die alten Leute haben sich ihre paar armen Strohstühle aus den Wohnungen auf die Straße gestellt, um nur nichts zu versäumen – für diese Genügsamsten der Welt, für das brasilianische Volk, ist ja ein Anblick schon ein Fest. Da dieser Zug mit den steil getragenen Krügen, aus denen kein Tropfen verschüttet werden soll, fast zwei Stunden dauert, waren wir in die Kirche vorausgefahren, um ihn dort zu erwarten. Aber schon war die Kirche voll. Frauen, Männer, unzählige schwarze lachende Kinder drängten dort in Erwartung des Fests, einer an den andern gepreßt; hoch oben die Fenster, die Sakristei, die Stufen, alles war schon überflutet von wolligen Köpfchen und zitternd vor Erwartung. Aber – ich begriff es erst später – gerade diese Erwartung steigert bei diesen Leichterregbaren Spannung zu einer Art sinnlicher Lust, und als ein erster Böllerschuß meldete, daß an einer Biegung unten am Wege die Spitze des Zuges gesichtet sei, entstand eine Explosion des Jubels, wie ich es selten gesehen. Die schwarzen Kinder patschten in die Hände und stampften vor Freude, die Erwachsenen schrien *viva o Senhor do Bomfim*, die ganze breite Kirche dröhnte für eine Minute von diesem Jubelschrei. Aber noch war der Zug weit. Die Erregung wuchs, man konnte es an den gespannten Gesichtern sehen, immer mehr ins Ekstatische. Bei jedem Böllerschuß ein neuer Aufschrei *viva o Senhor do Bomfim*, ein neues Klatschen und Tosen und immer heftiger und heftiger: ich muß gestehen, daß etwas von dieser gestauten Ungeduld, von dieser geballten Leidenschaft der Masse in mich überging. Und näher und näher. Endlich traten die ersten Frauen des Zugs hoheitsvoll durch das Kirchentor, um die Blumen fromm vor dem Altar niederzulegen – ich sah von oben, wie sie durch ein prasselndes Spalier von Schreien aufrecht schritten, und rings herum das Wogen der dicht aneinandergepreßten Köpfe, die tausend aufgerissenen wilden Lippen mit dem einzigen Schrei *viva o Senhor do Bomfim, viva o Senhor do Bomfim!* Man spürte deutlich eine geballte Erwartung, es war wie ein riesiges schwarzes Tier, das sich auf seine Beute stürzen will. Endlich kam der ersehnte Augenblick. Mit geschulter Energie drängten einige Polizisten die Menge von der Kirchenmitte zurück, um die Fliesen freizulegen, die gescheuert werden sollten. Wasser wurde aus den Krügen – unter fortwährenden tobenden Jubelrufen der Menge – auf den Boden gegossen, und die ersten nahmen die Besen. Aber diese ersten taten es noch in einer frommen, einer demütigen Art, ganz in der ehrfürchtigen Absicht, einen religiösen Dienst zu verrichten; sie verbeugten sich zuerst vor dem Altar und schlugen das Kreuz. Aber bald waren die andern, die gleichfalls dem Heiligen dienen wollten, nicht mehr zu halten; die Ungeduld des Wartens, das Schreien, das Jauchzen hatte sie ekstatisch gemacht. Und plötzlich begann inmitten der Kirche ein Treiben wie von Hunderten schwarzen Teufeln. Einer riß dem andern den Besen weg, oft waren es zwei, drei, zehn, die an einem Stiel durch die Kirche fuhren; andere, die keine Besen hatten, warfen sich hin und rieben mit den nackten Händen die Erde, und jeder, jeder schrie *viva o Senhor do Bomfim*, die Kinder mit ihren kleinen, gellenden Stimmen, die Frauen, die Männer – es war ein Lustschreien schon, die tollste Massenhysterie, die ich jemals gesehen. Da warf ein Mädchen, sicher sonst still und zurückhaltend, sich von den Ihren losreißend, die Hände hoch und gellte, das Gesicht lusthaft wie eine Bacchantin verzückt, *viva o Senhor do Bomfim*, *viva o Senhor do Bomfim*, bis ihr die Stimme brach. Eine andere, die vor Schreien und Toben ohnmächtig geworden war, wurde hinausgetragen, und zwischendurch tobten die tollen Teufel und rieben und schrubbten und fegten, als sollte ihnen das Blut unter den Nägeln vorspringen – etwas so ungeheuer Hinreißendes und Ansteckendes war in diesem religiös-lustvollen Fegen, daß ich nicht sicher war, ob ich nicht selbst, wenn ich mich inmitten dieser Exaltierten befunden hätte, einen solchen Besen an mich gerissen hätte. Es war eigentlich die erste Massentollheit, die ich gesehen, und noch gesteigert in ihrer Unwahrscheinlichkeit dadurch, daß sie in einer Kirche geschah, ohne Alkohol, ohne Musik, ohne Stimulantien und mitten am Tag unter einem glorreich strahlenden Himmel.

Aber das ist das Geheimnis von Bahia, daß hier noch von den Ahnen her sich das Religiöse mit dem Lusthaften im Blute geheimnisvoll verbindet, daß Erwartung oder monotone Erregung besonders bei den Negern und Mischlingen solche unerwartete Rauschempfänglichkeit auslöst; nicht zufällig ist ja Bahia die Stadt der *Candomblés* und jener *Macumba*, in der alte, blutige afrikanische Riten sich mit einem Fanatismus für das Katholische auf sonderbarste Weise verbinden. Über diese *Macumba* ist viel geschrieben worden, und jeder Fremde rühmt sich, durch einen besonderen Freund eine »echte« gesehen zu haben; in Wirklichkeit hat die

Sonderbarkeit, die Fremdartigkeit dieser Riten, trotzdem die Neger sie vor der Polizei vorsichtig geheimhalten mußten, den Wert einer Kuriosität erlangt und längst zu solchen pseudoechten Inszenierungen geführt wie in Indien die Darbietungen der von Cook für die Fremden engagierten Yogis. Auch die Macumba, die ich gesehen, war – ich gestehe es ehrlich ein – zweifellos gestellt und inszeniert. Um Mitternacht in einem Wald über Gestein und Gestrüpp eine halbe Stunde lang steigend und stolpernd – die Schwierigkeit der Zugänglichkeit soll die Illusion des Verbotenen und Geheimnisvollen steigern – kamen wir zu einer Hütte, wo bei spärlichem Licht ein Dutzend Neger und Negerinnen versammelt waren. Sie schlugen auf Pauken den Takt und sangen und sangen im Chor eine einzige Melodie, immer dieselbe, immer dieselbe, immer dieselbe, und schon diese Monotonie erregte und machte ungeduldig. Dann kam der Zauberer mit seinen Tänzen und seinem Opfer, immer wieder dazwischen von dem scharfen Zuckerschnaps trinkend und Tabak zerkauend, und es wurde getanzt und getanzt und getobt bis ins Epileptische, da der erste hinfiel mit starren Gliedern und verdrehten Augen. Ich wußte in jedem Augenblick, daß all dies vorbereitet und gelernt war, aber dennoch: durch das Tanzen, Trinken und vor allem die grauenhafte, nervenaufpeitschende Monotonie der Musik war Rauschhaftes selbst in dem Spiel, dasselbe rauschhafte wie in der Kirche Senhor do Bomfim, wo die Lust am Lärm, an der Ekstase um der Ekstase willen die friedlichsten, stillsten Menschen überwältigte. Auch hier wie in allem: was in Brasilien sonst schon vom Neuzeitlichen abgeschliffen, in seinen Ursprüngen verdeckt und von Europäischem überwachsen ist – all das, das Urtümliche, das Bluthafte und Ekstatische, verschollene Seelenepochen, ist hier in Bahia in geheimnisvollen Spuren noch erhalten, und in manchen seltenen Manifestationen spürt man noch hintergründig seine Gegenwart.

Ich hatte in São Paulo dem Kaffee meinen Besuch abgestattet, dem einstigen Potentaten des Landes, so wollte ich auch seine Geschwister sehen, die diese Erde reich, fruchtbar und berühmt gemacht. Solche hohe Herren kommen einem nicht entgegen. Man muß sich die Mühe machen, stundenlang zu ihren Residenzen zu reisen. Aber diese Mühe wird in sich selbst belohnt. Denn der Weg nach Cachoeira, der mitten durch die herrlich fruchtbare Zone um Bahia führt, ist eine einzige Folge schöner Blicke. Da sind die Palmenwälder zuerst, so dicht und so dunkel, so weit und so mächtig, wie ich bisher keine gesehen; man kennt Palmen sonst meist als Einzelgänger, als einsame Wächter über einer alten Hutte, als Hüter in einem vornehmen Park, als Spalier auf südlichen Boulevards. Hier aber waren sie dicht aneinander, Grün in Grün, Schaft an Schaft wie eine römische Legion, Schild an Schild, und diese üppige Masse gab nur die erste Ahnung von der Sattheit und Fruchtbarkeit der Gegend von Bahia. Dann wieder vorbei an langen Flächen, wo Mandioca gepflanzt wird, die Hauptnahrung des Landes, dieses wohlschmekkende und nahrhafte Wurzelmehl, das der Urbevölkerung war, was den Chinesen der Reis, und noch heute mit den Bananen und der Brotfrucht das freigebigste Geschenk der Natur an jeden Armen ist.

Allmählich nehmen die Felder andere Formen an. Wie Bambus schießen aufrecht Schäfte im Grün empor, immer in gleicher Höhe und rechts und links die gleichen Sträucher. Masse macht immer monoton, und so ist ein Zuckerfeld ebenso langweilig zu sehen wie ein Kaffee- oder ein Teefeld in seinem einförmigen, von keinem Farbton unterbrochenen Grün. Nein, er scheint kein amüsanter Gastgeber, der Zukker, er hat nichts zu bieten und nichts zu zeigen. Aber da plötzlich an einer Wegwende begegnet man einem Gespann, und im ersten Augenblick frage ich mich: ist das einer jener alten Farbstiche aus dem Museum oder Wirklichkeit? Denn es ist absolut das Gespann von anno 1600, der Wagen plump und statt der durchbrochenen Räder – wie in Pompeji, wie vor zweitausend Jahren – noch die runde Radscheibe. Und die sechs Ochsen, die ihn ziehen, haben noch denselben Ring durch die Nase für den Zügel wie auf den ägyptischen Wandbildern, und der Neger, der ihn führt, trägt denselben bunten Kattunrock wie in der Sklavenzeit, und genau so werden die Stengel in die Mühle geführt wie in den Zeiten der Kolonisation; vielleicht ist es noch dieselbe, obwohl einige Schornsteine am Rand des Horizonts modernere Raffinierung anzudeuten scheinen. Aber wie fühlt man verwundert (und wohltätig belehrt), einen wie schmalen Streif des Landes erst in Brasilien das Maschinelle und Neuzeitliche erfaßt, wieviel noch hier alter Brauch ist, alte Formen, alte Methoden – mag sein, volkswirtschaftlich zum Nachteil. Aber welche Freude doch jedem Auge, das sich ermüdet an der Monotonisierung der Welt. Respektvoll grüße ich den alten Potentaten, den Zucker, darum im Vorüberfahren: er hütet noch das heilige Erbe der Erdfrucht vor den Verführungen der chemischen Künste und gibt dem Land und der Welt in dem süßen Saft etwas von der gekelterten Kraft dieser Sonne und der Unerschöpflichkeit seiner gesegneten Erde.

Auch sein dunklerer Landesbruder, der Tabak, erweist sich konservativer als ich vermeint. In Cachoeira, dieser alten historischen Stadt, wo Häuser noch Schießscharten gegen die Indios tragen, haben sich die großen und berühmten Zigarrenfabriken des Landes zusammengefunden. Als alter Diener Sankt Nicotins hatte ich hier Dankbarkeit für manche duftige Zigarre zu sagen und wollte im stillen mir schuldbewußt nachzählen, wieviel solcher grüner Felder mit Tausenden und aber Tausenden Blättern ich in all den Jahren meines Lasters in Rauch verwandelt. Wählen ist immer schwer, und so sah ich alle drei Fabriken. Aber »Fabriken« ist hier ein übertriebenes Wort, denn ich hatte schon gefürchtet, ich würde nur mächtigen stählernen Maschinen gegenüberstehen, die an einem Ende den geschichteten Tabak einschlucken und am andern Ende die Zigarre gerollt, gehüllt, etikettiert und womöglich schon in die Schachteln gepreßt herausreichen, wodurch man ja in solchen Fabriken immer den Eindruck hat, eigentlich nur großen Automaten zuzusehen und nicht einem realen Umwandlungsprozeß. Aber nichts von alldem. Hier in Brasilien ist auch dieser Prozeß nicht maschinisiert. Jede Zigarre wird hier mit der Hand gemacht oder vielmehr: an jeder einzelnen arbeiten zwanzig bis vierzig geschickte Händepaare. Und man kann – für jeden Raucher eine Überraschung – der allmählichen Verwandlung zublickend, erstaunend wahrnehmen, wieviel Mühe sich unter seinem dünnen Deckblatt verbirgt. Hunderte dunkelfarbige Mädchen sitzen in diesen Sälen nebeneinander, jede Gruppe anders tätig, und im Durchschreiten macht man den ganzen Werdegang einer Zigarre gleichsam optisch mit. Im ersten Raum der Tabak, wie er vom Felde kommt, die großen, schon getrockneten Blätter, die einen merkwürdig bitteren und scharfen Duft ausatmen. Nach der ersten Sortierung – Frauen besorgen sie, die inmitten eines solchen Tabakbergs sitzen wie Bäuerinnen auf einem Strohschober – werden die Rippen losgelöst. Dann erst beginnt das Walzen des Tabaks zur Form der Zigarre, eine andere Gruppe gibt mit einem Messer vor einem Meßstab ihnen das gleiche Maß. Aber noch sind sie nur nackter Tabak, negerhaft und unbekleidet. Das Deckblatt muß ihnen erst Form und auch Geschmack geben. Jedoch – sonderbare Böswilligkeit der Natur – Brasilien, seit Jahrhunderten das reichste Tabakland, hat alle Formen des Tabaks, nur dieses eine Tabakblatt, aus dem das Deckblatt geformt wird, will hier nicht gedeihen. So muß dieses Deckblatt – Milliarden und Milliarden solcher Blätter – aus Sumatra hergeschafft werden, und an jeder Zigarre, die man achtlos schmaucht, haben zwei Erdteile Anteil, Asien und Amerika, und wir rauchen sie meist noch in dem dritten. Ist das Deckblatt endlich umgeschlagen, so muß eine andere handfertige Künstlerin die Spitze drehen, wieder andere schwarze Finger kleben die Etikette um, wieder andere die Steuerzettel (die hier in Brasilien allem anhaften außer dem neugeborenen Kinde). Dann erst kommt die Cellophanhülle, die Packung, das Zuschneiden, das Füllen der Kisten und der Brandstempel darauf – fast schäme ich mich, eine Zigarre in den Mund zu stecken, seit ich weiß, wieviel Mühe daran hängt. Und als ich die Hunderte gebeugten Rücken all dieser braunen Mädchen sah, fühlte ich schuldbewußt, wie viele Rücken ich so gebeugt. Aber derlei Bedenken dauern nicht lang. Und da diese Potentaten gastfreundlich mich mit Kistchen ihres trefflichen Fabrikats beschenkten, gingen, noch ehe wir nach Bahia zurückkehrten, einige dieser Skrupeln in blauem, kühlem Rauch auf.

Den dritten der drei Potentaten Nordbrasiliens, den Kakao, konnte ich nicht in seiner eigenen Residenz besuchen. Denn der Kakao hat seinen Lieblingsort in feuchten und schwülen Zonen unter einem Schirmdach von Urwaldbäumen, die ihm die erwünschte – und uns höchst unerwünschte – Treibhauswärme geben, in der er, umschwirrt von Myriaden Moskitos, am besten gedeiht. Aber glücklicherweise besitzt er außerdem ein elegantes Stadthaus in Bahia, das *Instituto do Cacau*, wo man in plastischem Bilde die blühenden Bäume mit ihren Früchten bequemer betrachten kann. Denn das ist das Sonderbare dieses Baumes, daß er gleichzeitig blüht und Frucht trägt; während die Früchte als kleine Kürbisse in einer Pflanzung abgeerntet werden, sind die andern schon nachgereift, und die Ernte kann also gewissermaßen in continuo erfolgen. Die Kerne, welche den süßen, schmackhaften Saft geben, sind – auch dies mußte ich erst lernen – bitter, und es erfordert sehr umständliche Prozeduren der Reinigung, Entbutterung, Sterilisierung, ehe hier die prallen Säcke mit elektrischen Rollen bis ins Schiff befördert werden; hier allein haben schon ganz moderne Methoden eingesetzt, und dieses Institut ist somit Kaufhaus, Warenhaus, Museum, Universität des Kakaos, und man lernt hier mehr in einer Stunde als daheim aus hundert Büchern.

Recife

Ungern – Bahia ist zu schön, zu verlockend! – besteigt man das Flugzeug, das einen weiter nordwärts trägt nach – wie soll man es nennen: Pernambuco oder Recife oder Olinda? Die Stadt hat eigentlich drei Namen; wenn Kaufleute Waren verschicken, konsignieren sie sie nach Pernambuo. Aber ich liebe die alten Namen der zwei Schwesterstädte, Recife und Olinda, die eigentlich schon in eine verschmolzen sind; seit Jahren klingt mir die Melodie der musikalischen drei Silben Olinda nach und erinnert an alte Bücher und Legenden aus jener verschollenen Zeit, da die Stadt ihren vierten Namen noch hatte: Maurietsstaad. Denn so sollte sie heißen nach Moritz von Nassau, der sie erobert und hier ein kleines Amsterdam begründen wollte mit blanken sauberen Straßen und einem schön geziegelten Palast; sein gelehrter Lobpreiser Barleus hat uns die Pläne und Abbildungen in dem mächtigen Foliobande übermittelt, der das einzige Denkmal des holländischen Dominiums geblieben ist. Vergebens suchte ich hier den Palast, den hoch berühmten, die mächtigen Zitadellen, die Häuser mit ihren holländischen Hügeln und die Windmühlen, die er zur Erinnerung an die Heimat mit herüberbrachte – entschwunden und verschwunden alles bis zum letzten Stein! Nichts ist vom Vergangenen geblieben als die alten portugiesischen Kirchen von Olinda und ein paar der stillen Kolonialstraßen, freilich dies alles durch eine friedliche und liebliche Landschaft verschönt. Olinda hat nichts von der Großartigkeit Bahias, nicht jene mächtige Vista der hoch erhobenen Stadt; es ist ein romantischer Winkel, ganz in Stille und Natur gehüllt, ein träumerischer Ort, seit Jahrhunderten mit sich selbst allein und kaum hinüberblickend zur lebendigeren, jüngeren Schwesterstadt. Denn Recife ist ganz Fortschritt und Regsamkeit: ein Hotel, das jedem Ort Amerikas Ehre machen würde, ein schöner Flugplatz, moderne Straßen, und in den modernen Einrichtungen steht es unter den ersten der brasilianischen Städte. Radikal fegt hier der Gouverneur die *mocambos* weg, die Negerhütten, die wir als so romantisch empfinden, und baut – ein sehr bemerkenswerter Versuch – jeder Erwerbsgruppe eigene Häusergruppen. Die Wäscherinnen, die Schneiderinnen, die kleinen Beamten erhalten gegen langsame und leichte Abzahlung helle freundliche Häuschen mit elektrischem Licht und allen neuzeitlich-technischen Errungenschaften statt ihrer ungesunden Quartiere; in ein paar Jahren oder Jahrzehnten wird sich hier eine Musterstadt entfalten. Und so reist man hier von Kontrast zu Kontrast, von der alten Stadt zur neuen, von dem Urwald in die Neuzeit ist es hier oft nur ein Schritt, nichts ist hier gleichgültig und schablonenhaft und jeder Tag einer Reise eine andere Entdeckung.

Flug zum Amazonas

Und weiter nach Norden. Von Recife nach Belém an der Mündung des Amazonenstroms muß man sich – sonst dauerte es ebensoviele Tage als jetzt Stunden – des Flugzeugs bedienen; es sind kleine, nicht sehr bequeme Hydroplane, die einen fast jede Stunde an einer anderen Stadt der Küste absetzen, in Cabedelo, in Natal, in Fortaleza, Camocin, Amarração, São Luiz, ehe man endlich in Belém landet. Aber welche kleine, unbekannte Städte sonderlichster Art lernt man dadurch kennen und wieviel Landschaft! Es ist der einzige Weg, den man wählen soll, denn mit dem Schiff sieht man nur Schale ohne den Kern, nur die Küste und nicht das Land; eine Bahn wiederum und Autostraßen sind hier nur selten zur Stelle. Einzig diese Vogelschau gewährt eine erste Ahnung von der Vielfalt und Größe dieses Landes. Die eigentliche Überraschung in diesem unablässig abwechslungsreichen Bilde sind die Ströme. Wie viele Flüsse durchschneiden das Land und wie mächtig sind sie an ihren Mündungen, jeder einzelne, obwohl wir ihren Namen nie gehört, so gewaltig wie die größten unserer europäischen Ströme. Aber gleichzeitig erkennt man auch – und dies hat Brasilien sehr gehemmt in seiner Entwicklung – wie unwillig, fast möchte man sagen: wie boshaft, wie tückisch sie sich dem Verkehr verweigern. Statt sich zu verbinden oder mit starkem Gefälle dem Meer entgegenzuströmen, winden und krümmen sie sich unablässig und zögern in seichten Lagunen. So liegt das Land eigentlich noch verlassen; selten zeigt sich ein Weg oder ein Dorf, weit dehnen sich die Wälder, die in Wochen und Monaten kaum jemand betritt, selten leuchtet ein Segel am Strande oder auf den unzähligen Flüssen und Teichen. Wieviel Land wartet hier noch auf den Menschen und ein wie schönes Land, gekühlt vom Atem der Brise, leuchtend im Licht, überall – außer in der kurzen Fläche, wo eine kleine Salzwüste weiß funkelt wie frisch gefallener Schnee – fruchtbar und wahrscheinlich noch lange nicht nach all seinen Möglichkeiten durchforscht! Hier wird erst die Zukunft Antwort geben.

Und dann Belém! Seit Kindheitstagen hat man geträumt, den Amazonas, den mächtigsten Fluß zu sehen – seit Kindheitstagen, seit man zum erstenmal von Orellana gelesen, der ihn auf einem kleinen Kanu von Peru als erster hinabgefahren in der denkwürdigsten aller Reisen – seit Kindheitstagen, da man in dem Tiergarten die Papageien sah, die dort im Glast ihrer Farben prunkten, und die geschwinden Äffchen, und an dem Schilde stand: Amazonas! Nun ist man an seiner Mündung oder vielmehr: einer seiner Mündungen, deren jede mächtiger ist als alle unserer Flüsse.

Belém selbst ist zuerst nicht so eindrucksvoll wie man erwartet, weil es sich nicht unmittelbar an den Strom lehnt und ihn nicht frei überblickt. Aber es ist eine schöne, belebte

Stadt, weit in ihren Proportionen, und überall sieht man Zeugnisse ihrer kühnen, stolzen Zeit. Denn zwanzig Jahre lang hat Belém geträumt, über Nacht eine moderne Luxusstadt zu werden; das war, als der große Boom des Gummis begann und der Norden Brasiliens noch das Monopol der *Hevea Brasiliensis* einzig in Händen hatte. Damals wurden die runden schwarzen Kautschukkugeln, die mit den Schiffen und Barken den Amazonas herabkamen, mit irrer Geschwindigkeit zu Gold, und die Stadt strömte über davon. Damals baute sich Belém ebenso wie Manaus ein großes prächtiges Opernhaus, das heute ziemlich nutzlos auf dem großen Platze steht, um die erträumten Carusos würdig zu empfangen, stattliche Villen reihten sich auf, und es schien, als wollte dank des »flüssigen Goldes« sich das Schwergewicht der Wirtschaft wieder wie einst nach dem Norden neigen. Dann ebbte die Konjunktur scharf und schärfer ab, die internationalen Compagnien, die Handelshäuser schrumpften ein oder verschwanden. Seitdem wurde Belém wieder, was es vordem gewesen, eine stattliche aber stille Stadt. Durch das Flugzeug ein Abstoßpunkt nach Nordamerika und Südamerika und Europa, hat es anderseits eine neue Zukunft vor sich; wenn einst die unermeßlichen und noch nicht ermessenen Gebiete des Amazonas sich erschließen, wird sein vorschneller Traum der Macht sich vielleicht noch großartiger erfüllen, als er geträumt war.

Die große Sehenswürdigkeit von Belém sind seine zwei Gärten, der zoologische und der botanische, die die ganze Fauna und Flora der Amazonenwelt in sich zusammenfassen. Wer nicht das Glück, die Zeit und den Mut hat, tagelang den Strom emporzufahren – die »grüne Wüste«, wie man es nennt, weil in ununterbrochener aber grandioser Monotonie rechts und links des Wassers die Wälder sich türmen – der kann hier auf gekiesten und bequemen Pfaden Urwald ahnen, atmen und schauen. Da ist die berühmte *Hevea Brasiliensis*, der Gummibaum, der dieser Zone Reichtum versprach und dann ihn der ganzen Welt, statt bloß seinem Heimatlande gegeben; ich durfte ihn ritzen, und nach einer Minute quoll durch den winzigen Einschnitt schon der weiße, klebrige Saft. Da ist ein anderes Wunder, der Baum, den die Eingeborenen als heilig verehrten, weil er der einzige ist, der nicht an seiner Stelle und in seinen Wurzeln verharrt, sondern wandert – wahrhaftig wandert. Denn er streckt sein Gezweig so weit vor, bis es müde wird und sich zur Erde neigt. Dort senkt es sich ein, gewinnt neue Kraft aus dem Boden, wird Zweig und Stamm und rankt sich empor, indes der alte Stamm eintrocknet und verfällt. So ist er ein paar Schritte weitergegangen, ein anderer Stamm und doch derselbe Baum, und so wandert er weiter, bestaunt von den Wilden als ein wissendes, beseeltes Wesen. Und dann andere Wunder, Riesenstämme, längst nicht mehr zu umspannen, die wirren Lianen, die tausendförmigen Sträucher und dazwischen das Getier, die farbigen Vögel, die dünnen und gläsernen Fische, deren manche wie ein Automobil vorne und hinten ein Warnungslicht tragen – Wunder einer verschwenderischen und kapriziösen Natur ohne Ende. Und all dies nicht museal und nüchtern-katalogisch aneinandergereiht, nicht künstlich aufgezüchtet, sondern dieser Erde entwachsen, zu ihr gehörig, mit ihr verbunden; zu kurz wird einem die Zeit, und unzulänglich erscheint einem das eigene Wissen. Ob man nicht die Reiseroute noch ändern sollte? Nicht doch den riesigen Strom empor in diese Zonen des Geheimnisses, wo die Natur sich in ihrer ganzen Übermacht dem Menschen zeigt? Aber wo könnte man im Endlosen enden? Wird es nicht immer noch verlockender, verführerischer werden, je weiter man ins Unbetretene vordringt, und dabei weiß man: nie wird es einem gelingen, auch nur eine Handbreit Brasiliens auszumessen! Ist es nicht Anmaßung, gleich auf den ersten Griff, mit nur einer mehrmonatlichen Reise ein Land, eine Welt kennen zu wollen, die sich selbst noch nicht einmal im Ausmaß kennt? Alles Reisen in Brasilien heißt

Entdecken und doch gleichzeitig Verzichten: Jeder sieht nur einen Teil, keiner kennt das Ganze. Aber wer klug ist, der ist auch dankbar und sagt in der rechten Stunde: genug für diesmal!

So wieder zurück auf den Flugplatz. Neben unserem Airliner liegt der andere, der den Amazonas empor sich nach Manáus wendet, indes unserer zum Äquator steuert und dann den Vereinigten Staaten zu. Unwillkürlich blickt man sehnsüchtig zurück, wie er jetzt die Flügel hebt und hinschwingt in die unbekannten Zonen. Aber dann besinnt man, da der Motor anhebt zu rattern, um uns fortzutragen, wieviel Dank man schon schuldet für Glück und Gewinn dieser Wochen und Monate. Wer Brasilien wirklich zu erleben weiß, der hat Schönheit genug für ein halbes Leben gesehen.

Daten zur Geschichte Brasiliens

7. Juli 1497	Erste Fahrt nach Indien (Vasco da Gama).
9. März 1500	Zweite Fahrt nach Indien (Pedro Álvares Cabral).
22. April 1500	Cabral landet auf dem Wege in Brasilien.
1501	Fernando de Noronha beginnt den Handel mit Brasilholz.
1503	Vespucci besucht Brasilien auf der Flotte Gonçalo Coelhos.
1507	Der Name *Amerika* zum erstenmal auf einer Karte (Waldseemüller).
1519	Fernão de Magalhães landet in Brasilien bei der ersten Weltumseglung.
1534	Brasilien wird in *capitanias* eingeteilt und verteilt.
1549	Der erste Gouverneur Portugals, Tomé de Sousa, landet in Bahia.
1549	Mit ihm die ersten Jesuiten, Manuel da Nóbrega als Provinzial.
1551	Der erste Bischof in Brasilien.
1554	Begründung São Paulos durch Nóbrega.
1555	Die Franzosen unter Nicolas Durand de Villegaignon landen in Rio de Janeiro.
1557	Das Buch Hans Stadens über Brasilien. *Viagem ao Brasil.*
1558	Das Buch André Thévet, *Les Singularités de la France Antarctique.*
1560	Kampf Mem de Sás gegen die Franzosen in Rio de Janeiro.
1565-1567	Austreibung der Franzosen, Begründung Rios als Stadt.
1580	Portugal fällt an die spanische Krone.

1584 Eroberung Paraíbas.
1598 Eroberung von Rio Grande do Norte.
1602 Gründung der *Companhia das Índias Ocidentais.*
1610 Eroberung Cearás.
1615 Eroberung Maranhãos, Gründung Beléms.
1624 Bahia fällt vorübergehend an die Holländer.
1627 Olinda (Recife) von den Holländern besetzt und *Mauritsstaad* benannt.
1640 Portugal wieder von Spanien unabhängig.
1645 Aufstand in Pernambuco gegen die Holländer.
1654 Endgültiges Ende der holländischen Okkupation.
1661 Friede zwischen Holland und Portugal.
1694 Erste Entdeckung des Goldes in Taubaté.
1720 Minas Gerais, das Goldgebiet, eine eigene Provinz.
1720 Niederschlagung des Aufstandes in Vila Rica anläßlich der Gründung der *casa de fundição.*
1723 Der Kaffee kommt nach Brasilien.
1729 Auffindung von Diamanten.
1737 Gründung von Rio Grande do Sul.
1739 Der erste brasilianische Dramatiker, António José, von der Inquisition in Lissabon verbrannt.
1740 Provinz Goiaz.
1748 Provinz Mato Grosso.
13. Jan. 1750 Vertrag von Madrid, der die Grenzen zwischen dem spanischen Amerika und dem portugiesischen (Brasilien) festsetzt.
1756 Erdbeben in Lissabon.

1759 Austreibung der Jesuiten.

1763 Rio de Janeiro zur Hauptstadt erhoben.

1789 Verschwörung zur Unabhängigkeit Brasiliens (Conjuração dos Inconfidentes) in Minas Gerais.

1792 Hinrichtung Tiradentes', des Führers.

1807 Flucht der königlichen Familie vor Napoleon aus Lissabon.

1807 Ankunft der königlichen Familie in Rio.

1808 Öffnung der Häfen für den Welthandel.

1808 Brasiliens Bevölkerung auf dreieinhalb Millionen geschätzt, darunter fast zwei Millionen Sklaven.

1810 Die »*History of Brazil*« von Robert Southey.

1815 Brasilien zum Königreich erhoben.

26. April 1821 König João VI. kehrt nach Portugal zurück.

1822 Dom Pedro, sein Stellvertreter, erklärt sich als unabhängig und zum Kaiser von Brasilien, wird als Pedro I. gekrönt.

1823 »*Voyage dans l'intérieur du Brésil*« de Saint-Hilaire.

1828 Verlust Uruguays, der »cisalpinischen Republik«.

1831 Abdankung und Abreise Kaiser Pedro I.

1840 Kaiser Pedro II. mündig erklärt.

1850 Verbot des Sklavenimports.

1855 Erste Eisenbahn.

1864-1870 Krieg gegen Paraguay.

1874 Telegraph zwischen Brasilien und Europa.

1875 Die Bevölkerungszahl hat zehn Millionen überschritten.

13. Mai 1888 Aufhebung der Sklaverei in Brasilien.

1889 Abdankung Pedro II. Proklamierung Brasiliens als föderalistischer Republik.

1891 Tod des Kaisers im Exil.

1899 Santos Dumont umfliegt den Eiffelturm.

1902 Euclides da Cunha veröffentlicht die *»Sertões«*.

1902 Brasiliens Einwohnerzahl überschreitet 30 Millionen.

1930 Brasiliens Einwohnerzahl überschreitet 40 Millionen.

1930 Getúlio Vargas übernimmt die Präsidentschaft.

Zeittafel

1881 geboren am 28. 11. in Wien, Schottenring 14, als zweiter Sohn des böhmischen Textilfabrikanten Moritz Zweig (1845–1926) und Ida Zweig, geb. Brettauer (1854–1938).

1887–1892 besucht er die Volksschule in der Werdertorgasse,

1892–1900 Maximiliangymnasium (später Wasagymnasium) im IX. Bezirk. Die Familie ist inzwischen in die Rathausstraße 17 umgezogen. Bis 1900 hat er einige hundert Gedichte geschrieben, von denen einige u. a. in »Deutsche Dichtung« und »Die Gesellschaft« veröffentlicht wurden.

Nach dem Abitur Reise nach Frankreich.

1900 Beginn des Studiums an der Universität Wien (Philosophie und Literaturgeschichte).

1901 Erste Buchveröffentlichung: *Silberne Saiten*, Gedichte, bei Schuster & Loeffler, Berlin.

1902 Erster Beitrag für das Feuilleton der »Neuen Freien Presse«, Wien: ›Die Wanderung‹, Erzählung.

Herausgabe der *Gedichte von Paul Verlaine: eine Anthologie der besten Übertragungen* bei Schuster & Loeffler, Berlin. Baudelaires *Gedichte in Vers und Prosa* (übersetzt von Zweig und Camill Hoffmann) erscheinen mit einer Einleitung von Zweig bei Hermann Seemann Nachf., Leipzig.

Im Sommer Reise nach Belgien, erste Begegnung mit Emile Verhaeren.

1902–1903 Ein Semester an der Universität Berlin.

1903 Einleitung zu *E. M. Lilien, sein Werk*, Schuster & Loeffler, Berlin. Im Sommer zum ersten Mal in Paris und Aufenthalt in der Bretagne.

1904 Abschluß des Studiums mit einer Dissertation über ›Die Philosophie des Hippolyte Taine‹.
Erster Novellenband *Die Liebe der Erika Ewald*, Egon Fleischel, Berlin.
Verhaerens *Ausgewählte Gedichte* in Zweigs Übertragung erscheinen bei Schuster & Loeffler, Berlin.
Reisen nach Paris und London.

1905 Reise nach Spanien und Algier.
Monographie *Paul Verlaine* bei Schuster & Loeffler, Berlin.

1906 Der Gedichtband *Die frühen Kränze*, Zweigs erste Publikation im Insel-Verlag, Leipzig.
Nach einem viermonatigen Aufenthalt in England erscheint seine Übersetzung von A. G. B. Russells *Die visionäre Kunstphilosophie des William Blake* bei Julius Zeitler, Leipzig.

1907 Im Februar Übersiedlung in die erste eigene Wohnung, Wien, Kochgasse.
Das Versdrama *Tersites* und *Rimbaud: Leben und Dichtung* (Übertragungen von Karl Klammer mit einer Einleitung von Zweig) erscheinen im Insel-Verlag, Leipzig.

1908 *Balzac: sein Weltbild aus den Werken*, bearbeitet und eingeleitet von Zweig, erscheint bei Robert Lutz, Stuttgart.
Tersites-Erstaufführung am 26. 11. in Dresden und Kassel.

1908–1909 Im November Beginn einer fünfmonatigen Reise nach Indien, Ceylon, Burma und Hinterindien.

1910 Die Monographie *Emile Verhaeren* und zwei Bände Übertragungen der Werke (*Ausgewählte Gedichte* und *Drei Dramen*) erscheinen im Insel-Verlag, Leipzig, sowie sein Aufsatz über *Dickens* als Einleitung einer Dickens-Gesamtausgabe.

1911 Reise nach Amerika: New York, Canada, Panama-Kanal, Kuba, Puertorico.

Erstes Erlebnis, Vier Novellen aus Kinderland, Ellen Key gewidmet, erscheinen bei Insel, Leipzig, sowie seine Übertragung von Verhaerens *Hymnen an das Leben* (Insel-Bücherei Nr. 5).

1912 Zweig veranstaltet für Verhaeren eine Vorlesungstournee und begleitet ihn nach Hamburg, Berlin, Wien und München.

Am 5. 5. Erstaufführung des Einakters *Der verwandelte Komödiant*.

Am 26. 10. Uraufführung des Trauerspiels *Das Haus am Meer* im Wiener Burgtheater. Bekanntschaft mit Friderike Maria von Winternitz (1882–1971).

1913 Bei Insel, Leipzig, erscheinen *Der verwandelte Komödiant*, die Übersetzung von Verhaerens *Rubens* und die Novelle *Brennendes Geheimnis* (Insel-Bücherei Nr. 122).

1914 Die Mobilmachung im Juli überrascht ihn bei Verhaeren in Belgien, er reist mit dem letzten Zug nach Wien zurück.

Am 12. 11. wird er »freiwillig auf Kriegsdauer« assentiert und zum k. u. k. Trainzeugsdepot in Klosterneuburg eingeteilt, ab dem 1. 12. auf sein Gesuch hin im Kriegsarchiv beschäftigt.

1915 Im Juli Dienstreise in das kurz zuvor befreite Galizien.

1916 Übersiedlung mit Friderike nach Kalksburg bei Rodaun.

1916–1917 Ankauf des Hauses am Kapuzinerberg, Salzburg.

1917 Das Anti-Kriegs-Drama *Jeremias* erscheint im Insel Verlag.

Am 5. 11. wird Zweig zu einer Vortragsreise in die Schweiz für zwei Monate von seinem Dienst entbunden. Mit Friderike erlebt er in Zürich Max Reinhardt bei den Theaterproben seines *Jeremias* und besucht R. Rolland in Villeneuve und in der Genfer Zentrale des Roten Kreuzes.

1917–1918 Begegnungen mit Fritz von Unruh, Hermann Hesse, James Joyce, Ferruccio Busoni und Annette Kolb.

Neue Freundschaften in den Genfer pazifistischen Kreisen: Baudouin, Masereel, Debrit, Arcos, Jouve und mit den Schweizern Faesi und Ragaz.

Übersetzung von Rollands Roman *Clérambault* und seinem Drama *Die Zeit wird kommen.*

Am 27. 2. 1918 Uraufführung des *Jeremias* im Stadttheater Zürich.

Im März Übersiedlung mit Friderike nach Rüschlikon bei Zürich.

Uraufführung des Dramas *Legende eines Lebens* am 25. 12. in Hamburg.

1919 Ende März Rückkehr nach Österreich und Übersiedlung in das Salzburger Haus am Kapuzinerberg.

Fahrten und *Die Zeit wird kommen* erscheinen bei E. P. Tal, Leipzig, Wien, Rousseaus *Emile oder die Erziehung* in einer von Zweig eingeleiteten und revidierten Übersetzung bei Kiepenheuer, Potsdam.

1920 Im Januar Eheschließung mit Friderike von Winternitz. Veröffentlichungen im Insel-Verlag, Leipzig: die biographische Dokumentation *Marceline Desbordes-Valmore,* die Erzählung *Der Zwang* mit 10 Holzschnitten von Frans Masereel und der Essayband *Drei Meister* (Balzac, Dickens, Dostojewski) als erster Teil der Reihe »Baumeister der Welt«. Die Übersetzung von Suarès' *Cressida* erscheint bei E. P. Tal, Leipzig, Wien.

Ende des Jahres erscheint bei Rütten & Loening, Frankfurt a. M., seine Biographie *Romain Rolland, der Mann und das Werk.*

1921 *Dostojewski: Sämtliche Romane und Novellen,* eingeleitet von Zweig im Insel-Verlag, Leipzig.

1922 *Amok, Novellen einer Leidenschaft,* Insel, Leipzig.

Paul Verlaine: Gesammelte Werke, herausgegeben von Zweig, Insel, Leipzig.

Die Augen des ewigen Bruders (Insel-Bücherei Nr. 349).

Rollands *Clérambault,* »Geschichte eines freien Gewissens im Kriege«, übersetzt von Zweig, erscheint bei Rütten & Loening, Frankfurt am Main.

1923 *Sainte-Beuve; Literarische Porträts* in zwei Bänden, herausgegeben und eingeleitet von Zweig, erscheint in der Frankfurter Verlagsanstalt, Frankfurt am Main.

1924 *Chateaubriand: Romantische Erzählungen*, nach einer älteren Übertragung revidiert und eingeleitet von Zweig, erscheint im Rikola Verlag, Wien–Leipzig–München. *Die gesammelten Gedichte* erscheinen bei Insel, Leipzig.

1925 Einleitung zu Renans *Jugenderinnerungen* (Frankfurter Verlagsanstalt) und Hans Pragers *Die Weltanschauung Dostojewskis* (Borgmeyer, Hildesheim).

Der Essayband *Der Kampf mit dem Dämon* (Hölderlin, Kleist, Nietzsche) erscheint im Insel-Verlag als zweiter Teil der Reihe ›Baumeister der Welt‹.

Im November, bei einem kurzen Aufenthalt in Marseille, skizziert er eine freie Bearbeitung von Ben Jonsons Stück *Volpone*.

1926 *Volpone* erscheint bei Kiepenheuer, Potsdam. Zusammen mit Gorki und Duhamel gibt Zweig das *Liber amicorum Romain Rolland* bei Rotapfel, Zürich, heraus.

Der Novellenband *Verwirrung der Gefühle* erscheint bei Insel, Leipzig; erreicht vor Ende des Jahres das 30. Tausend.

Der Uraufführung des *Volpone* im Burgtheater am 6. 11. folgen Inszenierungen in Dresden und Berlin.

1927 Am 20. 2. Gedächtnisrede ›Abschied von Rilke‹ im Staatstheater München.

Arbeit an *Drei Dichter ihres Lebens* (Essays über Casanova, Stendhal, Tolstoi). *Stern-*

stunden der Menschheit, fünf historische Miniaturen erscheint als Nr. 165 der Insel-Bücherei. *Die Flucht zu Gott*, Epilog zu Tolstois unvollendetem Drama *Das Licht scheint in der Finsternis*, als Bühnenmanuskript bei Felix Bloch Erben, Berlin veröffentlicht. Der Verlag Wremja, Leningrad, bringt eine zehnbändige russische »Gesamtausgabe«, mit einem Vorwort von Maxim Gorki.

1928 »Stefan Zweig, der Mann und das Werk«. Eine Biographie von Erwin Rieger erscheint bei Spaeth, Berlin. *Drei Dichter ihres Lebens* erscheint bei Insel, Leipzig, als dritter Band der Reihe ›Baumeister der Welt‹.

Quiproquo (später *Gelegenheit macht Liebe* betitelt), eine Komödie, zusammen mit Alexander Lernet-Holenia unter dem Pseudonym ›Clemens Neydisser‹ geschrieben.

Im September Reise nach Rußland zur Hundertjahrfeier Tolstois.

1929 Es erscheinen im Insel-Verlag, Leipzig: *Joseph Fouché. Bildnis eines politischen Menschen; Das Lamm des Armen*, Tragikomödie; *Kleine Chronik*, Novellen.

Gedächtnisrede bei der Trauerfeier für Hofmannsthal im Wiener Burgtheater.

1930 Im Januar Reise nach Italien, Besuch bei Maxim Gorki in Sorrent. Am 15. 3. Erstaufführungen von *Das Lamm des Armen* in Breslau, Hannover, Lübeck und Prag, am 12. 4. im Wiener Burgtheater.

1931 Reise nach Frankreich, Treffen mit Joseph Roth in Cap d'Antibes, Arbeit an *Marie Antoinette*.

Die Heilung durch den Geist (Essays über Mesmer, Mary Baker-Eddy, Freud) erscheint im Insel-Verlag, Leipzig, sowie die *Ausgewählten Gedichte.* Im Sommer Arbeit an einem Roman (›Postfräuleingeschichte‹), der unvollendet bleibt.

Marie Antoinette. Bildnis eines mittleren Charakters erscheint bei Insel, Leipzig.

Im November Reise ins Elsaß, danach ›Unvergeßliches Erlebnis, ein Tag bei Albert Schweitzer‹ veröffentlicht.

1933 Bücherverbrennung unter anderen der Schriften Zweigs auf den nationalsozialistischen Scheiterhaufen. Ab 20. 10. erster längerer Aufenthalt in London.

1934 Nach den Kämpfen in Wien zwischen Heimwehr und Sozialisten wird sein Haus in Salzburg nach versteckten Waffen durchsucht – Anlaß zu Zweigs endgültiger Übersiedlung nach London. Friderike bleibt zurück.

Triumph und Tragik des Erasmus von Rotterdam erscheint im Herbert Reichner Verlag, Wien.

Lotte Altmann (1933 als Flüchtling nach England gekommen) wird seine Sekretärin: Reise mit ihr nach Schottland zwecks Vorarbeiten für die *Maria Stuart*-Biographie.

Im August Reise in die Schweiz und nach Salzburg. Die Auflösung seines Salzburger Haushalts wird geplant.

1935 Im Januar Schiffsreise mit Toscanini und Schalom Asch in die USA zu Vorträgen und Verlegerverhandlungen.

Seine Übersetzung von Pirandellos Stück

Non si sa come (1934) auf Wunsch des Autors eigens für Alexander Moissi verfertigt, erscheint bei Reichner, Wien. Moissi stirbt im März vor Beginn der Proben in Wien.

Uraufführung der komischen Oper *Die Schweigsame Frau* von Richard Strauss (Libretto von Zweig) in Dresden am 24. 6. Nach drei weiteren Aufführungen wird die Oper verboten.

Im Oktober erscheint *Maria Stuart* bei Reichner, Wien.

1936 Umzug im März in eine ständige Londoner Wohnung, Hallam Street. *Castellio gegen Calvin – ein Gewissen gegen die Gewalt* sowie *Kaleidoskop* (die gesammelten Erzählungen in zwei Bänden) erscheinen bei Reichner, Wien.

Im August erste Reise nach Brasilien, anschließend nach Argentinien zum PEN-Kongreß in Buenos Aires.

1937 Es erscheinen bei Reichner, Wien: die Sammlung mit Erinnerungen, Aufsätzen und Essays *Begegnungen mit Menschen, Büchern, Städten*, die Legende *Der begrabene Leuchter* und die »Sternstunden«-Erzählung *Georg Friedrich Händels Auferstehung.*

Ungeduld des Herzens, Roman, in zweiter Fassung abgeschlossen. Im Mai Verkauf des Salzburger Hauses und endgültige Trennung von Friderike.

1938 Im Januar zieht Friderike mit der jüngeren Tochter nach Paris; Stefan Zweig mit Lotte in Portugal zu Studien für die *Magellan*-Biographie.

Magellan »Der Mann und seine Tat« erscheint bei Reichner, Wien.

Ende Dezember Scheidung von Friderike und Antrag auf britische Staatsbürgerschaft; Abreise nach den USA zu Vorträgen in 30 Städten.

1939 Unmittelbar vor dem deutschen Einmarsch in Prag Rückkehr nach London. Zweigs einziger Roman *Ungeduld des Herzens* erreicht rasch hohe Auflagen bei Cassells, London und erscheint deutsch bei Allert de Lange, Amsterdam und Bermann-Fischer, Stockholm. Gedenkrede bei der Londoner Trauerfeier für Joseph Roth im Mai.

Im Juli Übersiedlung nach Bath, wo er kurz nach Ausbruch des Krieges Lotte heiratet und ein Haus erwirbt.

Am 26. 9. spricht er seine ›Worte am Sarge Sigmund Freuds‹ in London.

1940 Am 12. 3. erhält er die britische Einbürgerungsbescheinigung. Im April Reise nach Paris zu Vorträgen. Im Juli mit Lotte nach New York, Zwischenstation einer Vortragsreise durch Südamerika.

Nach einem anstrengenden Vortragsprogramm in Brasilien, Argentinien und Uruguay fahren Zweig und Lotte im Dezember zurück nach New York.

1941 Er zieht nach New Haven zurück, schreibt dort *Amerigo – Geschichte eines historischen Irrtums* (postum 1944 bei Bermann-Fischer, Stockholm erschienen).

Brasilien – Ein Land der Zukunft erscheint, fast gleichzeitig, portugiesisch in Rio und in

Portugal, deutsch bei Bermann-Fischer und englisch bei Viking, New York. Dazu kommen spanische und schwedische Ausgaben sowie eine französische in New York.

Im Sommer mietet er eine Villa in Ossining, N. Y., wo er in großen Linien die Autobiographie vollendet, bevor er sich im August wieder nach Brasilien einschifft.

Nach einigen Wochen in Rio übersiedeln Zweig und Lotte nach Petrópolis, mieten dort einen kleinen Bungalow, wo u. a. die *Schachnovelle* entsteht und eine Studie über *Montaigne* begonnen wird.

Im November seine Autobiographie *Die Welt von gestern* ins reine geschrieben und an Bermann-Fischer abgeschickt. Steigende Depression angesichts der Kriegslage, insbesondere im Dezember nach dem Angriff auf Pearl Harbour und dem Eintritt Amerikas in den Krieg.

1942 Auf die Nachricht vom Fall Singapurs kehrt er bestürzt vom Karneval in Rio nach Petrópolis zurück, faßt den Entschluß zum Freitod und trifft unauffällige Vorbereitungen. *Schachnovelle* nach New York an G. B. Fischer abgesandt.

Am 22. Februar scheidet er zusammen mit Lotte aus dem Leben. Es folgt ein Staatsbegräbnis auf dem Friedhof von Petrópolis. Deutsche Erstausgabe der *Schachnovelle* im Pigmalion-Verlag, Buenos Aires.

Die Welt von gestern erscheint bei Bermann-Fischer, Stockholm.

Inhalt

Stefan Zweig
im Suhrkamp Verlag

Die Monotonisierung der Welt. Aufsätze und Vorträge. Ausgewählt und mit einem Nachwort von Volker Michels. 1976. 256 S. *Bibliothek Suhrkamp* Band 493

im Insel Verlag

Die Augen des ewigen Bruders. 1922. 64 S. *Insel-Bücherei* Band 349

Sternstunden der Menschheit. 1927. 80 S. *Insel-Bücherei* Band 165

Stefan Zweig/Maxim Gorki, Briefwechsel. 1974. 120 S. *Insel-Bücherei* Band 995

Stefan Zweig. Leben und Werk im Bild. Herausgegeben und eingeleitet von Donald Prater. Mit einem Essay von Volker Michels. 1981. 350 S. *insel taschenbuch* Band 532

Alphabetisches Gesamtverzeichnis der suhrkamp taschenbücher

1/1/8.86

1/2/8.86

1/3/8.86

1/4/8.86

1/5/8.86

1/6/8.86

1/7/8.86

1/8/8.86

1/9/8.86

1/10/8.86

1/11/8.86

1/12/8.86

1/13/8.86

1/14/8.86

1/15/8.86

- Das heimliche Fest 1285
- Jungfrau und Reptil 776

Die ZEIT-Bibliothek der 100 Bücher 645

Die ZEIT-Bibliothek der 100 Sachbücher 1074

Zengeler: Schrott 922

Zulawski: Die alte Erde 968

- Auf dem Silbermond 865
- Der Sieger 916

Zweig: Brasilien 984

1/16/8.86